Comment réussir sa paternité

Du même auteur :

Séparés, divorcés, une possible espérance, éd. Nouvelle Cité, 1990 (épuisé).

Séparés, divorcés, le chemin du pardon, éd. Nouvelle Cité, 1992 (épuisé).

ISBN : 978-2-84024-410-3

Société des Œuvres Communautaires, février 2012
Conception de la couverture : mc-design – Martin Casteres
Illustration de couverture :

Paul Salaün

Comment réussir sa paternité

EdB

Prologue

L'expérience de la paternité est universelle. Pour moi, elle a commencé en 1948 dans le village finistérien où je suis né. Mon père était orphelin de père et fils unique, si bien qu'il portait des blessures qui ont rejailli sur son attitude envers ses enfants.

Huit jours après ma naissance, j'ai été baptisé et je suis ainsi devenu enfant de Dieu. Mes parents, catholiques pratiquants, m'ont inscrit au catéchisme et m'ont emmené régulièrement à la messe, mais ils n'ont pas su me faire découvrir le Père. À l'époque préconciliaire, la religion était souvent vécue comme un ensemble de préceptes moraux qu'il fallait observer le mieux possible.

À l'adolescence, très déçu par mon père, j'ai perdu confiance en lui, me suis renfermé sur moi-même et je suis devenu très malheureux. Je n'ai pas trouvé alors, auprès des prêtres de mon lycée, la compréhension et l'aide dont j'aurais eu besoin.

Après le bac, j'ai préparé le professorat de Lettres classiques ; je suis devenu enseignant, métier qui, de par sa dimension éducative, n'est pas sans rapport avec la paternité.

Je me suis marié en 1970 et suis bientôt devenu père d'un garçon qui m'a apporté beaucoup de joie ; mais, comme beaucoup de soixante-huitards, j'étais plutôt un père copain.

Puis est venu le temps de l'épreuve : mon deuxième fils a été traumatisé à sa naissance et en est resté handicapé. Cela a entraîné une grave crise et l'éclatement de mon couple en 1978.

Depuis quelques années, j'avais abandonné la pratique religieuse et ma foi s'était endormie. J'ai alors éprouvé le besoin d'aller faire le point à l'abbaye de Timadeuc (Morbihan). Là, j'ai été accueilli par un moine qui a été pour moi une figure paternelle et j'ai vécu un retour au Père.

Aussitôt après, j'ai rencontré le Renouveau charismatique. C'est lui qui m'a fait découvrir comment Dieu peut nous aider à vivre un chemin de guérison intérieure. En lisant un livre sur ce sujet, j'ai compris que je devais d'abord pardonner à mon père son attitude envers moi. C'est ce que j'ai fait aussitôt dans le sacrement de réconciliation et j'ai reçu en même temps une forte effusion de l'Esprit Saint.

Celle-ci m'a permis de découvrir la miséricorde du Père envers moi, et son Amour a commencé à me reconstruire. Du coup, ma relation avec mes enfants et avec mes élèves s'en est trouvée progressivement améliorée.

Depuis plus de trente ans, je continue à approfondir ma relation avec le Père, que Jésus nous invite même à oser appeler « Papa ». Je poursuis mon chemin de guérison intérieure ; et j'essaye de témoigner de la miséricorde infinie de notre Père, notamment au sein du groupe de prière dont on m'a confié la responsabilité.

Mon groupe a organisé une réunion comportant un temps d'enseignement et un temps de prière centrés sur l'accueil de Dieu Père et sur la guérison des blessures reçues dans notre relation avec notre père de la terre. Ce fut un temps béni ; de là est née l'idée de ce livre, qui a pour but de partager à un plus grand nombre les trésors dont le cœur du Père est rempli, et qu'il veut déverser dans le cœur de ses enfants bien-aimés pour les restaurer et les vivifier.

Introduction

Une société sans pères

Une méditation et une réflexion sur la paternité sont devenues d'autant plus nécessaires que nous avons assisté au XXe siècle à une remise en cause radicale de la paternité. Cela a commencé à la fin du XIXe siècle avec S. Freud et la critique psychanalytique, K. Marx et la critique marxiste, F. Nietzsche et la critique individualiste [1]. Celles-ci ont conduit à l'explosion de 1968 qui a été une catastrophique remise en cause de la paternité, non seulement dans ses formes caricaturales, mais dans son principe même.

Cela a eu des conséquences dramatiques dans les familles où, faute d'heureux pères, beaucoup de jeunes n'ont plus de repères ; à l'école où les élèves ont de plus en plus de mal à supporter l'autorité des enseignants (je l'ai expérimenté, et ai vu la situation se dégrader au fil des années) ; dans la société, et en particulier dans les médias, où le leitmotiv est : « Faites-vous plaisir ».

> « Nous sommes dans une société incestueuse qui a perdu le sens de la paternité et de la filiation, déplore T. Anatrella : on ne fait pas la différence dans la vie affective et sexuelle entre les adultes et

---

1. Cf. G. Gennari, article « Fils de Dieu », dans le *Dictionnaire de la vie spirituelle*, Cerf 1983, p. 433-434.

les jeunes. On s'esclaffe quand un Gainsbourg chante un hymne à l'inceste avec sa fille [2]. »

Cette crise a gagné également l'Église. Cela est visible tout particulièrement dans la critique du Pape et de l'institution sur un certain nombre de points sensibles ; mais, plus largement, la sensibilité religieuse des chrétiens, surtout en Occident, en a été marquée. Alors que l'eucharistie est tout entière orientée vers le Père, certains chrétiens se tournent principalement vers Jésus et sont plus sensibles à son message de transformation sociale qu'à sa mission de Sauveur venu nous rendre toute notre dignité d'enfants de Dieu !

Peut-être est-ce pour cela que beaucoup, orphelins du Père, se tournent vers des guérisseurs pour être soulagés de leurs maux ; vers des devins pour être rassurés quant à leur avenir ; vers le spiritisme pour savoir ce qui se passe après la mort ; vers des gourous dans toutes sortes de groupements spirituels d'inspiration orientale ou dans les sectes. Et tout cela au détriment de leur véritable bonheur.

Déjà, il y a longtemps, le prophète Jérémie se faisait l'écho de la plainte de Dieu :

> « *Mon peuple a commis deux crimes : ils m'ont abandonné, moi la source d'eau vive, et ils se sont creusé des citernes lézardées qui ne tiennent pas l'eau.* » (Jr 2, 13)

Et le Seigneur, par la bouche du prophète Joël, leur lance cet appel :

> « *Revenez à moi de tout votre cœur* [...]. *Revenez au Seigneur votre Dieu (votre Père), car il est tendre et miséricordieux, lent à la colère et plein d'amour.* » (Jl 2, 12-13)

2. Tony Anatrella, psychanalyste, dans *Gros plan sur l'adolescence*, éd. Chalet 1992, p. 51.

Le retour au Père

Jésus y invite dans la magnifique parabole dite « de l'enfant prodigue », ou *« de la miséricorde du Père* [3] ». Dans la première partie de chaque chapitre de ce livre, nous effectuerons ce retour au Père afin de mieux réaliser combien il nous aime.

Pour découvrir qui est le Père, « il n'est pas inutile de purifier humblement notre cœur de certaines fausses images de ce monde-ci. [...] La purification du cœur concerne les images paternelles ou maternelles, issues de notre histoire personnelle et culturelle, et qui influencent notre relation à Dieu. Dieu notre Père transcende les catégories du monde créé. Transposer sur lui, ou contre lui, nos idées en ce domaine serait fabriquer des idoles, à adorer ou à abattre [4]. »

Nous devons donc écarter les fausses images de Dieu (le Père n'est pas Jupiter, ni un papa gâteau !) pour devenir capables d'accueillir la révélation du vrai visage du Père.

Cela est possible car, devant la faiblesse de notre intelligence et l'obscurcissement de notre cœur par le péché, Dieu a pris lui-même l'initiative de se révéler aux hommes.

> *« Il a plu à Dieu, dans sa sagesse et sa bonté, de se révéler en personne et de faire connaître le mystère de sa volonté* (cf. Ep 1, 9) *; grâce à celui-ci, les hommes, par le Christ, le Verbe fait chair, accèdent, dans l'Esprit Saint, auprès du Père, et sont rendus participants de la nature divine* (cf. Ep 2, 18 ; 2 P 1, 4) [5]. »

La révélation du Père a commencé dans l'Ancien Testament [6] et a trouvé son accomplissement en Jésus, le Fils de Dieu fait homme. *« Personne n'a jamais vu Dieu ; le Fils unique, qui est dans le sein du Père, nous l'a dévoilé* [7]. » (Jn 1, 18)

---

3. Lc 15, 11-32.
4. *Catéchisme de l'Église catholique* (CEC) § 2779.
5. Vatican II, *Constitution sur la Révélation Dei Verbum*, n° 2.
6. *Ibid.* 3 et 14-15.
7. Saint Jean est l'évangéliste qui met le plus en lumière la révélation du Père par Jésus. Alors que, dans l'Ancien Testament, Dieu est appelé Père 14 fois, il l'est 109 fois dans les écrits de saint Jean !

> « Toute la vie du Christ est révélation du Père : ses paroles et ses actes, ses silences et ses souffrances, sa manière d'être et de parler. Jésus peut dire : *"Qui me voit voit le Père"* (Jn 14, 9), et le Père : *"Celui-ci est mon Fils bien-aimé ; écoutez-le"* (Lc 9, 35). Notre Seigneur s'étant fait homme pour accomplir la volonté du Père, les moindres traits de ses mystères nous manifestent *"l'amour de Dieu pour nous"* (1 Jn 4, 9)[8]. »

La révélation du Père a été transmise par Jésus aux apôtres et à l'Église.

> « *Le Christ Seigneur, en qui s'achève toute la révélation du Dieu très-haut* (cf. 2 Co 1, 30 ; 3, 16-4, 6), *ayant accompli lui-même et proclamé de sa bouche l'Évangile d'abord promis par les prophètes, ordonna à ses apôtres de le prêcher à tous comme la source de toute vérité salutaire et de toute règle morale, en leur communiquant les dons divins* (cf. Mt 28, 19-20 et Mc 16, 15)[9]. »

L'Église est dépositaire du trésor de la Parole de Dieu et c'est elle qui est garante de la juste interprétation de celle-ci, grâce à l'assistance du Saint-Esprit. C'est pourquoi, pour découvrir le Père, il nous faut constamment revenir à la Bible, spécialement à l'Évangile, et à l'enseignement de l'Église.

Dans celui-ci, nous pouvons faire une place de choix au *Catéchisme de l'Église catholique*. C'est une véritable mine de pierres précieuses pour ceux qui veulent devenir adultes dans la foi ! Il est truffé de citations bibliques (l'index des références de celles-ci occupe 30 pages !), de citations des Pères de l'Église, des saints ou d'écrivains ecclésiastiques (9 pages de références), de citations des conciles, de documents pontificaux ou ecclésiaux (15 pages de références).

Lorsque l'Église nous transmet la révélation du Père, c'est pour nous permettre de le connaître en vérité et d'entrer dans une relation vraiment filiale avec lui ; mais nous ne pouvons

---

8. CEC § 516.
9. *Constitution sur la Révélation divine*, n° 7.

pas parvenir à la vérité tout entière sans l'assistance de l'Esprit Saint. Celui-ci, Jésus nous l'a promis avant sa passion (cf. Jn 16, 13) ; ressuscité, il l'a communiqué à ses apôtres (cf . Jn 20, 22 ; Ac 2). Au baptême, plongés dans la mort et la résurrection de Jésus, nous avons reçu l'Esprit Saint et sommes devenus enfants du Père. Grâce aux dons d'intelligence (cf. 1 Jn 5, 20) et de sagesse (cf. Ep 1, 17-18), nous pouvons connaître notre Père et goûter combien il est bon. C'est ce qu'expérimentent beaucoup de ceux qui vivent une nouvelle effusion de l'Esprit Saint dans le Renouveau charismatique. C'est ce à quoi tout baptisé est appelé.

Aussi, amis lecteurs,

> « *Que le Dieu de notre Seigneur Jésus-Christ, le Père à qui appartient la gloire, vous donne un esprit de sagesse qui vous le révèle et vous le fasse vraiment connaître ; qu'il ouvre votre cœur à sa lumière, pour que vous sachiez quelle espérance vous donne son appel,* [...] *quelle immense puissance il a déployée en notre faveur à nous les croyants ; son énergie, sa force toute-puissante, il les a mises en œuvre dans le Christ lorsqu'il l'a ressuscité des morts et fait asseoir à sa droite dans les cieux.* » (Ep 1, 17-20)

Redécouvrir ce qu'est être père

Saint Paul, à qui le mystère de la paternité de Dieu a été révélé de façon exceptionnelle, fléchit « *les genoux devant le Père, de qui toute paternité tient son nom, au ciel et sur la terre* » (Ep 3, 14). C'est en contemplant la paternité de Dieu que nous pourrons comprendre ce que doit être la paternité humaine, par-delà toutes les critiques dont elle a fait l'objet.

La paternité est d'abord un merveilleux mystère car, alors que les anges ne sont pas pères, c'est Dieu qui a voulu que les hommes le soient et deviennent ainsi de vivantes images de l'unique Père des cieux. En créant l'homme – homme et femme – à son image, Dieu a voulu que le couple vive un mystère d'amour et de fécondité qui trouve sa source dans la

Sainte Trinité et qui est le reflet de ce qui se vit au sein de celle-ci !

En Dieu, ce qu'il y a de plus intime et de plus profond, c'est sa paternité. Dieu est Père. C'est son nom et c'est son être.

Or, dans son infinie sagesse, il a voulu que l'homme participe à sa paternité, dans un mystère de communion d'amour avec la femme qui, elle, dans sa maternité, participe aussi à la fécondité de Dieu. C'est pourquoi, dit le père Marie-Dominique Philippe, « la procréation a quelque chose de sacré : [...] l'homme reçoit la femme de Dieu ; et cela pour qu'ils puissent réaliser ensemble une œuvre qui les dépasse, dont ils sont responsables, dépositaires ; cette œuvre est la famille, qui va se réaliser par la procréation [10] ».

Puisque c'est Dieu qui a confié à l'homme la mission de devenir père, c'est lui aussi qui, par son exemple donné dans la Bible, enseigne à l'homme comment devenir père à son image. Après avoir médité la Parole de Dieu, et en nous appuyant sur l'enseignement de l'Église, nous découvrirons dans chaque chapitre quelques repères pour ceux qui veulent vivre leur paternité comme le Père, c'est-à-dire à sa ressemblance et avec sa grâce.

Des pères faibles, blessés, pécheurs

Malheureusement, la perfection n'est pas de ce monde, car nous sommes tous plus ou moins faibles, plus ou moins blessés et plus ou moins pécheurs.

> « Les pères d'ici-bas, a écrit le cardinal Danneels, ne sont que des images brisées ou encrassées de ce qu'est la paternité de Dieu. [...] Ces derniers temps, elles le sont même de plus en plus [11]. »

10. P. M.-D. Philippe, *Au cœur de l'amour*, Le Sarment Fayard, 1987, p. 16.
11. Cardinal G. Danneels, *Le Père*, Paroles de vie, Noël 1998, p. 3.

Dans les pires cas, certains pères, bien loin de refléter le visage du Père, laissent transparaître le visage grimaçant de Satan. Quand des pères commettent l'inceste sur leur fille, ou battent sadiquement leur enfant, non seulement ils blessent celui-ci de façon abominable, mais en plus ils l'empêchent de découvrir la tendresse miséricordieuse de leur Père des cieux !

Dans chaque chapitre, nous évoquerons ces défaillances ou ces crimes des pères envers leurs enfants, pour les présenter à la miséricorde de Jésus qui, dans sa passion, a pris sur lui toutes nos blessures et tous nos péchés, et qui, aujourd'hui, veut guérir ses frères et sœurs blessés pour les conduire à son Père qui est aussi notre Père (cf. Jn 20, 17).

Un chemin de guérison

Oui, aujourd'hui encore, Jésus est à la recherche de ses brebis perdues ou blessées pour les ramener vers Dieu.

> « Le Père céleste, affirme le cardinal Danneels, s'occupe de restaurer la paternité terrestre des hommes, de la cicatriser et de la guérir. [...] En prenant pour exemple l'icône du vrai Père, telle que Jésus nous l'a fait connaître, notre image paternelle détériorée d'ici-bas peut être restaurée, guérie de ses blessures [12]. »

Personnellement, après ma conversion il y a trente ans, j'ai commencé à l'expérimenter. Et depuis, je n'ai cessé de m'intéresser à la manière dont Dieu s'y prend pour nous guérir intérieurement. Sans méconnaître l'apport très précieux de la psychologie, je mettrai donc en lumière surtout l'importance du retour au Père pour progresser sur ce chemin, et explorerai les trésors que l'Église met à notre disposition pour que nous vivions certaines étapes essentielles pour notre restauration intérieure.

12. *Ibid.* p. 5.

À la fin de chaque chapitre seront proposées des pistes qui permettent d'avancer sur ce chemin de guérison. Celle-ci requiert notre collaboration active pour que nous accueillions la grâce du Père qui veut notre bien. C'est pourquoi seront proposées aussi quelques Paroles de Dieu et quelques prières qui peuvent nous aider à recevoir la miséricorde de notre Père.

Celui-ci veut faire de grandes choses pour ceux qui mettent leur confiance en lui. Lui qui a créé l'homme et qui lui a fait le don de la paternité, il ne pourrait pas restaurer son ouvrage si son enfant le lui demande avec foi ? Il a ressuscité son Fils et il nous donne part à la résurrection de Jésus : il n'y a rien d'impossible pour lui [13] !

Aux lectrices

Lorsque j'ai fait lire mon manuscrit à Betty, une amie de mon groupe de prière qui vit une situation familiale difficile (mari malade ; ado révolté), elle l'a dévoré, puis m'a fait part de son heureuse surprise : a priori, elle pensait que ce livre était destiné aux pères, mais elle s'est rendu compte qu'il était aussi pour elle et sa lecture l'a « touchée, consolée, réconfortée ».

> « Mon père biologique, m'écrivit-elle, a été absent de ma vie depuis que je suis née. Petite, je me suis posé tant de questions à son sujet : Où est-il ? Que fait-il ? Quels sont son physique, ses goûts, son tempérament ? Aujourd'hui, il n'est plus. Je ne l'ai jamais vu et je ne le verrai jamais…
> Dieu notre Père, je ne l'ai jamais vu non plus, mais à plusieurs reprises, il m'a saisie de sa présence et m'a accordé des grâces sensibles. Aujourd'hui encore, il connaît toutes nos imperfections et nos blessures. Si nous le lui demandons avec confiance, il nous répond, parce que nous sommes ses enfants choisis et aimés.
> En lisant ce livre, j'ai cru renaître, mais cette fois-ci avec un Père attentionné, aimant, consolant. Je sens qu'il m'accompagne pour

13. Cf. Lc 1, 37 ; Ep 3, 20.

que je ne tombe pas. Je le sens à mes côtés, prêt à me relever. Sentir sa présence me donne la paix, la joie. Son Amour de Père miséricordieux à l'infini me comble, me fait grandir. Aujourd'hui, j'ai un papa, un Vrai Papa ; je ne le vois pas, mais un jour peut-être... Mon Père, je t'adore et je m'abandonne à toi. »

Amies lectrices, vous êtes toutes filles bien-aimées du Père (cf. la première partie de chaque chapitre). Vous avez toutes eu un père qui avait vocation à vous révéler la tendresse du Père. Peut-être l'a-t-il fait (cf. la deuxième partie de chaque chapitre) ; et, si vous êtes mariées et mères de famille, votre mari a besoin de vous pour assumer pleinement sa responsabilité paternelle. Si malheureusement vous avez été blessées, peut-être gravement, par votre père (cf. la troisième partie de chaque chapitre), puissiez-vous trouver dans le quatrième point de chaque chapitre des pistes bénéfiques pour vivre un chemin de guérison intérieure.

En lisant certains passages, vous vous direz peut-être : c'est valable aussi pour la mère ! Vous avez tout à fait raison ; mais j'ai choisi, dans ce livre, de centrer mon propos sur le père, sans ignorer le rôle tout aussi essentiel de la mère. Peut-être un livre comme celui-ci sera-t-il un jour écrit sur la mère ?

CHAPITRE 1

Avant la conception : le père désire l'enfant

1. Le désir du Père des cieux : Éphésiens 1, 3-6
2. Le père de la terre et le désir d'enfant
3. Les défaillances du désir paternel
4. Un chemin de guérison
5. Prières

1. Le désir du Père des cieux (Éphésiens 1, 3-6)

Quel était le désir du Père lorsqu'il a décidé de créer l'homme ? Saint Paul en particulier en a eu la révélation et il nous l'expose au début de sa splendide lettre aux Éphésiens, dont nous allons méditer quelques versets.

> « *Béni soit Dieu, le Père de notre Seigneur Jésus Christ : il nous a bénis de toute bénédiction spirituelle dans les cieux en Christ. Il nous a choisis en lui avant la fondation du monde pour que nous soyons saints et irréprochables sous son regard, dans l'amour ; il nous a prédestinés à être pour lui des fils adoptifs par Jésus Christ ; ainsi l'a voulu sa bienveillance à la louange de sa gloire, et de la grâce dont il nous a comblés en son Bien-aimé.* » (Ep 1, 3-6)

Dans ce passage débordant de joie spirituelle, saint Paul nous invite à contempler le désir du Père sur chacun de nous avant la fondation du monde.

UNE ŒUVRE TRINITAIRE

Remarquons tout d'abord que le désir de Dieu sur nous est une œuvre trinitaire. Paul bénit « *le Père, qui nous a bénis de toute bénédiction spirituelle* » (c'est-à-dire de l'Esprit Saint) dans les cieux en Christ (c'est-à-dire dans le Fils).

> « Le Père est reconnu comme la Source et la Fin de toutes les bénédictions de la création et du salut [14]. » « Et le Nouveau Testament révèle que Dieu a tout créé par le Verbe éternel, son Fils bien-aimé. C'est en Lui *"qu'ont été créées toutes choses, dans les cieux et sur la terre,* [...] *tout a été créé par Lui et pour Lui. Il est avant toute chose et tout subsiste en Lui"* (Col 1, 16-17). La foi de l'Église affirme de même l'action créatrice de l'Esprit Saint : il est le "donateur de vie" (Credo), "l'Esprit créateur" *(Veni Creator Spiritus),* la "Source de tout bien" (liturgie byzantine) [15]. »

14. CEC § 1082.
15. CEC § 291.

« Dieu est Amour » (1 Jn 4, 8) : la Sainte Trinité est communion d'amour ; c'est pourquoi la création est une œuvre d'amour et la vocation de l'homme est l'amour. Jean-Paul II l'affirme :

> « En créant l'humanité de l'homme et de la femme à son image et en la conservant continuellement dans l'être, Dieu inscrit en elle la vocation, et donc la capacité et la responsabilité correspondante à l'amour et à la communion. L'amour est donc la vocation fondamentale et innée de tout être humain [16]. »

De même qu'au sein de la communion d'amour trinitaire, le Père engendre le Fils, de même il donne au père de la terre, au sein de la communion d'amour familiale, la grâce de la paternité. Celle-ci est une des nombreuses bénédictions dont le Père nous a comblés en son Fils bien-aimé, avant même la fondation du monde.

Les bénédictions

Il est remarquable que le désir originel du Père soit de nous combler de bénédictions : *« Béni soit Dieu, le Père de notre Seigneur Jésus Christ : il nous a bénis de toute bénédiction spirituelle dans le Christ. »* (Ep 1, 3) Dans la suite du texte, saint Paul va évoquer les plus importantes de ces bénédictions : notre élection (choix), notre prédestination à devenir des fils adoptifs du Père, notre rédemption par le Christ, la récapitulation de tout l'univers dans le Christ et le don de l'Esprit Saint [17].

À tous ceux qui ont une image négative de Dieu, il faut l'affirmer avec force : lorsque le Père nous a désirés avant la fondation du monde, il n'a été que bénédiction. Il ne nous a voulu que du bien *(béné* signifie « bien » en latin).

Le mal n'est entré dans le monde qu'après le péché originel, et avec lui la malédiction. Si certains ont connu de grands malheurs dans la relation avec leur père de la terre, et ont

16. Jean-Paul II, Exhortation apostolique *Familiaris consortio sur la famille chrétienne*, 1981, n° 11.

17. Le CEC évoque toutes ces bénédictions de Dieu aux § 1077 à 1083.

peut-être reçu de lui des paroles de malédiction, il leur faut s'ouvrir à leur Père des cieux, car celui-ci n'est que bénédiction pour eux.

On objectera peut-être : pourtant, dans la Bible, on prête à Dieu des paroles de malédiction ! Si on lit bien le texte, on constate que Dieu commence toujours par bénir son élu ou son peuple en surabondance ; les malédictions ne viennent qu'après, comme des mises en garde. En fait, Dieu ne fait que bénir : c'est celui qui se détourne de lui qui provoque sa propre malédiction [18].

Il nous faut nous purifier de nos fausses conceptions de Dieu : notre Père n'est pas un père fouettard, un Dieu jaloux de l'homme, un Dieu qui opprimerait notre liberté, pire : un Dieu qui maudirait son enfant et voudrait son malheur.

Ces fausses conceptions viennent en partie des mauvaises relations que nous avons pu avoir avec notre père de la terre. « Une grande part de nos difficultés, écrit Simone Pacot, vient de ce que nous imaginons Dieu à partir des êtres humains avec lesquels nous avons eu nos premières relations. Un enfant ne peut guère faire autrement que transposer sur Dieu l'image qu'il a eue de son père et de sa mère, de ses proches, de ses premiers éducateurs. Ainsi, sans nous en rendre compte, nous réglons sur Dieu nos comptes avec nos parents [19]. »

En outre, plus profondément et plus sournoisement, c'est Satan, le tentateur, qui depuis l'origine suggère aux hommes de fausses images de Dieu [20], afin de les détourner de leur Créateur et Père qui veut les combler de ses bénédictions. Le seul être que nous pouvons maudire, c'est le Diable, qui est l'instigateur de tout le mal dans le monde, qui détourne le cœur des fils de leur Père très aimant et qui pervertit les pères

18. Cf. par exemple Dt 28. Dans la Bible, on trouve 410 fois le mot bénédiction et 230 fois le mot malédiction.

19. Simone Pacot, *L'Évangélisation des profondeurs*, Cerf 1999, p. 36. Elle consacre tout un chapitre à ces fausses notions de Dieu.

20. Cf. Gn 3, 4-5 ; et le jugement de Jésus sur le Diable en Jn 8, 44.

de la terre en les poussant parfois à des crimes monstrueux contre leurs propres enfants.

LE PÈRE A ÉLU (CHOISI) CHACUN DE NOUS

« Il nous a choisis en lui (le Christ) avant la fondation du monde, pour que nous soyons saints et irréprochables sous son regard, dans l'amour. » (Ep 1, 4)

La première bénédiction est une bonne nouvelle pour chacun de nous, mais plus particulièrement pour ceux qui se demandent ce qu'ils font sur la terre et s'ils comptent pour quelqu'un. Cette bonne nouvelle, c'est que Dieu notre Père a choisi de toute éternité chacun d'entre nous comme un être unique, qu'il chérit et qu'il veut combler de son amour.

Comment est-ce possible ? Lorsque l'on choisit quelqu'un, n'est-ce pas en écartant les autres ? Lorsque Dieu crée notre âme avant la fondation du monde, il la crée vraiment comme une merveille unique à ses yeux, et c'est en ce sens qu'il nous choisit.

C'est pourquoi nous pouvons nous écrier avec le psalmiste : *« Je te rends grâce pour tant de prodiges : merveille que je suis, merveilles que tes œuvres ! »* (Psaume 138-139, 14.)

DIEU VEUT FAIRE DE NOUS DES SAINTS

« Dieu est amour, écrit Jean-Paul II. Le fruit de cet amour est l'élection, celle dont parle la lettre aux Éphésiens. En Dieu, cette élection, c'est la volonté éternelle de sauver l'homme par la participation à sa propre vie (cf. 2 P 1, 4) dans le Christ : c'est le salut dans la participation à la vie surnaturelle. Ce don éternel, cette grâce de l'élection de l'homme par Dieu produisent comme un germe de sainteté, ou en quelque sorte une source naissant dans l'âme comme le don de Dieu lui-même qui vivifie et sanctifie les élus par la grâce [21]. »

---

21. Jean-Paul II, Encyclique *Redemptoris Mater, La Mère du Rédempteur*, 1987, n° 8.

Lorsque le Père crée notre âme avant la fondation du monde, le mal n'existe pas. C'est pourquoi il la crée dans la justice originelle, c'est-à-dire dans la sainteté, comme ce sera le cas dans la création d'Adam et Ève.

Cette sainteté, nos premiers parents l'ont perdue à cause du péché originel, nous y reviendrons. Et nous-mêmes, nous la perdons, au moment de notre conception, à cause du même péché originel ; mais grâce à la rédemption accomplie par le Christ, cette sainteté nous est rendue au moment de notre baptême. Cependant, comme le dit Jean-Paul II, c'est en germe et il nous faudra toute notre vie vivre le combat spirituel pour préserver et faire croître ce germe de sainteté.

Nous pouvons pour cela compter sur l'Esprit Saint qui a fait sa demeure permanente en nous au moment de notre baptême. Nous avons en nous la source de la sainteté et l'Esprit Saint nous comble de ses dons pour que nous soyons *« saints et irréprochables dans l'amour »* (Ep 1, 4 ; cf. Ep 5, 26-27) [22].

Prédestinés à être des fils adoptifs

Saint Paul poursuit : *« Le Père nous a prédestinés à être pour lui des fils adoptifs par Jésus Christ ; ainsi l'a voulu sa bienveillance. »* (Ep 1, 5)

L'Apôtre ne cesse de le souligner : le désir de Dieu pour chacun de nous, avant la fondation du monde, est *bienveillant* : il ne « veut » que du « bien » pour nous.

Il veut même le meilleur : faire de nous ses enfants adoptifs ! Dans la Trinité, le Père est comblé quand, dans son amour, il engendre son Fils et que celui-ci répond à son amour par un amour parfait, dans la communion du Saint-Esprit. Or, ce que le Père veut pour chacun de nous – que l'Esprit Saint nous donne de le comprendre et d'y goûter ! – c'est faire de nous des

22. Cf. Raniero Cantalamessa, *Viens, Esprit Créateur*, ch. VII : « Feu », éd. des Béatitudes, 2008.

fils et filles adoptifs par Jésus Christ pour nous faire entrer dans la communion d'amour trinitaire !

Voilà *« le mystère que Dieu a tenu caché depuis toujours en lui, le créateur de l'univers »* (Ep 3, 9) et que Paul a reçu mission de nous révéler ! Voilà le mystère dans lequel chacun de nous est invité à entrer, car c'est le secret de notre bonheur. « Tu nous as faits pour toi, Seigneur, s'écrie saint Augustin, et notre cœur est sans repos tant qu'il ne repose en toi [23] ! »

Tant de nos contemporains ignorent qu'ils ont un Père qui les aime ! Ils s'étourdissent dans l'activité, dans les divertissements, mais ils ne trouvent pas le bonheur. Pour connaître celui-ci, il leur faudra vivre l'expérience du fils prodigue qui revient, grâce à Jésus le bon Berger, chez son Père (cf. Lc 15).

Certains n'ont pas connu leur père de la terre ; d'autres l'ont perdu de vue, ou ont été très blessés par lui. La bonne nouvelle, pour eux en particulier, c'est qu'ils ont un Père, qui est le meilleur des pères, qui les aime depuis toujours et qui veut les combler de ses bénédictions. Il suffit qu'ils se tournent vers lui avec confiance et, comme l'a fait l'enfant prodigue, se jettent dans ses grands bras pour se blottir contre son cœur débordant de tendresse et de miséricorde pour eux.

LE PÈRE NOUS COMBLE DE SA GRÂCE

Émerveillé devant les bénédictions du Père, devant ce choix qu'il a fait de chacun de nous, devant son désir de faire de nous des fils adoptifs, saint Paul jubile et le célèbre : *« Ainsi l'a voulu sa bienveillance à la louange de sa gloire et de la grâce dont il nous a comblés en son Bien-aimé. »* (Ep 1, 6)

Notre Père nous fait grâce dès l'origine et ne cessera de nous faire grâce jusqu'à la fin de notre vie, dans son Bien-aimé. Essayons d'entrevoir la richesse de ce mot pour comprendre la magnanimité de Dieu, et la chance que nous avons d'avoir un tel Père.

23. Saint Augustin, *Confessions*, I 1.

« Le mot grâce, en hébreu, désigne d'abord la faveur, la bienveillance gratuite d'un personnage haut placé, puis le témoignage concret de cette faveur démontrée par celui qui donne et fait grâce, recueillie par celui qui reçoit et trouve grâce, enfin le charme qui attire le regard et retient la faveur. Le grec *charis,* par une démarche à peu près inverse, désigne d'abord la séduction rayonnante et la beauté, puis le rayonnement plus intérieur de la bonté, enfin les dons qui témoignent de cette générosité [24]. »

Certes, notre Père est « haut placé », lui qui a créé l'univers [25] ; mais lorsqu'il nous crée, il le fait avec « bienveillance, gratuitement », sans attendre rien d'autre en retour que notre amour. Quand nos parents nous conçoivent, le Père nous fait la grâce de la vie et nous donne notre âme spirituelle ; lorsque nous sommes baptisés, il nous fait la grâce de nous affranchir du péché originel et de nous rétablir dans notre filiation divine ; car, en Jésus, nous avons « trouvé grâce » à ses yeux, nous qui étions pécheurs *« dès le sein de notre mère »* (Ps 50-51, 7). Durant toute notre vie, il ne cessera de nous offrir toutes ses grâces, dans la mesure où nous serons prêts à les accueillir, car au baptême vient demeurer en nous l'Esprit Saint, le don de Dieu par excellence, qui nous communique toutes les grâces dont le Père veut nous combler.

Tout cela gratuitement ! C'est très consolant, en particulier pour ceux qui se croient – à tort – abandonnés, voire rejetés par Dieu, ou qui pensent ne pas mériter ses grâces. Comme le fils prodigue, nous avons simplement à venir vers notre Père avec confiance, à ouvrir tout grand notre cœur, à accueillir ses grâces et à lui en rendre grâce.

---

24. *Vocabulaire de Théologie biblique* (VTB), éd. du Cerf 1988, p. 513.
25. Cf. Ps 112-113, 4-6. Notre Père est tout-puissant, mais il met sa toute-puissance au service de sa paternité. Cf. CEC § 270.

La réponse attendue par notre Père : la bénédiction

Puisque le Père nous comble de ses bénédictions avant même la fondation du monde, au moment de notre conception par nos parents, à notre baptême, puis durant toute notre vie, et même au-delà, la réponse qu'il attend de nous, c'est de le bénir en retour.

« La bénédiction est un des thèmes majeurs de la prière d'Israël ; elle est la réponse à toute l'œuvre de Dieu, qui est révélation. Elle est très voisine de l'action de grâces, de la louange ou de la confession[26]. » L'expression « Béni soit le Nom du Seigneur » est reprise dans la liturgie chrétienne.

Le passage d'Éphésiens 1, 3-6 que nous méditons, et qui « exprime une louange débordante, appartient au genre littéraire de la bénédiction, très répandu dans la liturgie juive[27] ». C'est pourquoi il est repris à l'office des vêpres du lundi, dans la Prière du temps présent.

Du reste, la bénédiction occupe une grande place dans la liturgie de l'Église.

> « Dieu le Père y est béni et adoré comme la source de toutes les bénédictions de la création et du salut, dont il nous a bénis en son Fils, pour nous donner l'Esprit de l'adoption filiale[28]. » « La prière de bénédiction est la réponse de l'homme aux dons de Dieu : parce que Dieu bénit, le cœur de l'homme peut bénir en retour Celui qui est à la source de toute bénédiction[29]. »

Jésus lui-même, le Béni (cf. Lc 1, 42), nous invite à entrer dans la bénédiction lorsque nous prions le Notre Père. « Quand nous prions le Père, nous sommes en communion avec Lui et avec son Fils, Jésus Christ. C'est alors que nous Le connaissons et Le reconnaissons dans un émerveillement toujours nouveau.

26. VTB p. 125 : les chants de bénédiction.
27. Nouveau Testament, Traduction œcuménique de la Bible (TOB), 1977, p. 569, note b.
28. CEC § 1110.
29. CEC § 2626.

La première parole de la prière du Seigneur (le Notre Père) est une bénédiction d'adoration, avant d'être une imploration. Car c'est la gloire de Dieu que nous Le reconnaissions comme Père, Dieu véritable. Nous lui rendons grâce de nous avoir révélé son nom, de nous avoir donné d'y croire et d'être habités par sa Présence [30]. »

Entrons donc toujours plus avant dans la bénédiction de notre Père qui, avant la fondation du monde, *« nous a bénis de toute bénédiction spirituelle dans les cieux en Christ »* (Ep 1, 3), et qui désire nous combler aujourd'hui, et tous les jours de notre vie, de tous ses dons. La prière finale de ce livre peut y aider.

2. Le père de la terre et le désir d'enfant

De même que le désir de Dieu sur l'homme est né au sein de la communion d'amour trinitaire, de même le désir d'enfant naît – normalement – au sein de la communion d'amour des époux. Jean-Paul II, après avoir rappelé que « l'amour est la vocation fondamentale et innée de tout être humain [31] », poursuit en affirmant que cet amour exige un don total des époux, au sein duquel naît le désir d'enfant :

> « Cette totalité, requise par l'amour conjugal, correspond également aux exigences d'une fécondité responsable : celle-ci, étant destinée à engendrer un être humain, dépasse par sa nature même l'ordre purement biologique et embrasse un ensemble de valeurs personnelles dont la croissance harmonieuse exige que chacun des deux parents apporte sa contribution de façon permanente et d'un commun accord. Le lieu unique qui rend possible cette donation selon toute sa vérité est le mariage, c'est-à-dire le pacte d'amour conjugal ou le choix conscient et libre par lequel l'homme et la femme accueillent l'intime communauté de

30. CEC § 2781.

31. Jean-Paul II, *La Famille chrétienne*, n° 11.

vie et d'amour voulue par Dieu lui-même, et qui ne manifeste sa vraie signification qu'à cette lumière [32]. »

Les parents coopèrent avec Dieu

Un peu plus loin, lorsqu'il évoque « les enfants, don très précieux du mariage », Jean-Paul II montre combien la procréation est une bénédiction :

« Selon le dessein de Dieu, le mariage est le fondement de cette communauté plus large qu'est la famille, puisque l'institution même du mariage et l'amour conjugal sont ordonnés à la procréation et à l'éducation des enfants, dans lesquels ils trouvent leur couronnement. Dans sa réalité la plus profonde, l'amour est essentiellement don, et l'amour conjugal [...] ne s'achève pas dans le couple ; il rend en effet les époux capables de la donation la plus grande qui soit, par laquelle ils deviennent coopérateurs avec Dieu pour donner la vie à une autre personne humaine [33]. »

L'amour des époux est le terreau vital dans lequel l'enfant va naître et construire son identité. Xavier Lacroix y insiste :

« C'est dans la conjugalité que la paternité trouve son meilleur ancrage. Né de l'union d'un homme et d'une femme, c'est sur le lien qui unit cet homme et cette femme que l'enfant prendra appui pour construire son identité. Si son père et sa mère sont ses deux premiers "modèles identificatoires", comme disent les psychologues, l'unification intérieure entre ces deux modèles sera facilitée s'ils ne renvoient pas à deux individus disjoints, mais à deux conjoints, liés et reliés par une communauté de vie et d'amour. L'unité entre ses deux parents sera le roc de sa propre unité [34]. »

---

32. *Ibid.* n° 11.

33. *Ibid.* n° 14. Cf. CEC § 372.

34. Xavier Lacroix, *Passeurs de vie, essai sur la paternité*, Bayard 2004, p. 32. C'est le meilleur livre que j'aie lu sur le sujet.

LE PÈRE ET LE DÉSIR D'AVOIR UN ENFANT

Humainement, ce désir chez l'homme peut avoir différentes motivations, et naître plus ou moins tôt. Les médecins qui accompagnent les femmes enceintes le constatent :

> « Pour certains hommes, le désir d'enfant a la force d'une évidence. La paternité fait partie d'un projet de vie. [...] Si l'on demande à ces hommes à quoi se rattache leur désir d'enfant, certains répondent que c'est un besoin de transmission, ou de se prolonger dans un autre être. [...] D'autres avancent qu'ils conçoivent la paternité presque comme un devoir qui coule de source, une nécessité liée à leur masculinité. [...] Dans de nombreuses régions de la planète, une vie d'homme, autant que de femme, ne peut d'ailleurs se concevoir sans enfant, voire sans plusieurs enfants – pour des motifs sociaux ou religieux. Enfin, d'autres hommes perçoivent la paternité comme source d'épanouissement personnel. [...] En général, le désir d'enfant au masculin inclut tous ces éléments, dans des proportions variables, et d'une manière plus ou moins consciente [35]. »

Ces désirs, reconnaissons-le, sont plutôt patrocentriques. Le père chrétien est invité à adopter un point de vue théocentrique, à inscrire son désir d'enfant dans le désir du Père à l'origine. Jean-Paul II le rappelle :

> « En créant l'homme et la femme à son image et ressemblance, Dieu couronne et porte à sa perfection l'œuvre de ses mains : il les appelle à participer spécialement à son amour, et aussi à son pouvoir de créateur et de Père, moyennant leur coopération libre et responsable pour transmettre le don de la vie humaine : Dieu les bénit et leur dit : *"Soyez féconds et multipliez-vous, remplissez la terre et soumettez-la."* (Gn 1, 28) C'est ainsi que le but fondamental de la famille est le service de la vie, la réalisation, tout au long de l'histoire, de la bénédiction de Dieu à l'origine,

35. *Le petit Larousse de la grossesse*, 2009, p. 32.

en transmettant l'image divine d'homme à homme, dans l'acte de la génération [36]. »

TRANSMETTRE LES BÉNÉDICTIONS DE DIEU

Tout enfant, désiré par le Père, a été *« béni de toute bénédiction spirituelle dans les cieux en Christ »* (Ep 1, 3). En outre, tout père, participant à la paternité de Dieu, a reçu la bénédiction du Père et doit la transmettre.

Le désir d'un père marqué par le péché peut être déformé et a besoin d'être purifié, réorienté. La bénédiction d'un père qui ne trouverait sa source qu'en lui-même serait forcément limitée : le père peut souhaiter du bien à son enfant, mais il ne peut pas le lui communiquer, car il y a un grand nombre de facteurs qui lui échappent et sur lesquels il n'a pas de prise.

En transmettant à son enfant la bénédiction de Dieu, il désire pour lui ce qu'il y a de meilleur. Il lui révèle son origine première qui est le Père, source de la vie ; il donne un sens à sa vie : l'enfant vivra en fils ou fille de Dieu, dans une communion d'amour avec sa famille et avec sa famille spirituelle : l'Église ; le père donne enfin un but à son enfant : rejoindre, à sa mort, le Père, Jésus et l'Esprit Saint, pour un bonheur éternel avec tous les saints.

La première bénédiction, en Éphésiens 1, 4, est celle de *l'élection*. Le père, avec son épouse, choisit – normalement – de donner la vie ; mais il ne choisit pas le spermatozoïde qui va féconder l'ovule, ni donc le sexe, les traits physiques, le caractère, la personnalité de son enfant. En outre, il va transmettre à celui-ci des éléments négatifs nombreux et parfois très graves – nous y reviendrons. En transmettant à son enfant la bénédiction de Dieu, il lui révèle que le Père l'aime de toute éternité, qu'il l'a choisi en Jésus avant la fondation du monde, qu'il lui accorde tant de valeur qu'il a envoyé son propre Fils pour le

36. Jean-Paul II, *La famille chrétienne*, n° 28.

sauver. Si l'enfant, plus tard, accueille cette bénédiction dans la foi, il sait qu'il pourra toujours compter sur ce Père qui l'a choisi et qui le rechoisit chaque jour.

Lorsque le père désire son enfant, il le *prédestine*, bien sûr, *à devenir son fils ou sa fille* ; mais un père blessé ou pécheur pourrait mettre ensuite la main sur le don de Dieu et outrepasser ses droits sur l'enfant. C'est pourquoi il est important qu'il se souvienne, comme l'a appris Abraham (cf. Gn 22), que son enfant ne lui appartient pas ; que tous les enfants sont *« prédestinés à devenir pour le Père des fils adoptifs par Jésus Christ »* (Ep 1, 5), ce qui se réalise au baptême. Les époux coopèrent ainsi « à l'amour du Créateur et du Sauveur qui, par eux, veut sans cesse agrandir et enrichir sa propre famille [37] ».

C'est cela qui fonde la responsabilité du père vis-à-vis de ses enfants. Elle s'enracine dans une alliance fondamentale avec Dieu. Le Père associe le père à son œuvre de création ; il le mandate, en quelque sorte, pour devenir avec lui source de vie. Le père, avec la mère, transmet la vie humaine, et le Père, secondant leur initiative, donne à l'enfant son âme spirituelle. Ainsi naît une personne humaine qui a vocation à recevoir toutes les bénédictions de Dieu, transmises par l'Église, pour la vie éternelle.

3. Les défaillances du désir paternel

L'époux qui veut devenir père est invité à unir son désir à celui du Père éternel. Or, ce n'est pas souvent le cas. Tout d'abord parce que l'immense majorité de nos contemporains n'ont pas la foi.

En outre, lorsque les époux s'unissent, ils ne le font pas forcément avec le clair désir d'avoir un enfant. C'est pourquoi, constate Laurence Pernoud, « s'il y a des hommes qui se

37. Vatican II, Constitution pastorale sur l'Église dans le monde de ce temps, *Gaudium et spes*, n° 50.

sentent pères dès le jour de la conception, il y en a pour qui la révélation se produit le jour de la première échographie. Il y en a qui découvrent la paternité en prenant pour la première fois leur enfant dans les bras. Il y en a qui ne prennent vraiment conscience de leur paternité que plusieurs mois après la naissance [38]. »

Dans la plupart de ces cas, le désir n'est peut-être pas présent au départ ; mais si l'époux, en apprenant qu'il est père, s'en réjouit et accueille l'enfant, l'essentiel est sauf pour le bébé et pour la maman. Des chercheurs se sont penchés sur le désir masculin et en ont conclu que la force du désir d'enfant n'a pas d'incidence sur les qualités du futur papa.

DES DÉSIRS BLESSÉS

Certains époux ont parfois mal vécu leurs relations avec leurs propres parents, si bien qu'ils portent en eux des blessures profondes et des troubles d'identité. Leur désir d'enfant est alors porteur d'attentes inconscientes qui peuvent devenir préjudiciables à l'épanouissement futur de l'enfant. T. Anatrella le déplore :

> « L'enfant n'est pas voulu pour lui-même, mais comme le moyen de se rassurer soi-même, de se valoriser, de combler ce qui manque à son narcissisme… de façon tout à fait illusoire ! Cette perversion du désir d'enfant s'accompagne d'une difficulté à se situer comme parents : non pas en adultes, mais comme amis, voire comme copains. Des relations de miroir qui élaborent des personnalités fragiles [39]. »

L'une des formes que prend cette perversion du désir d'enfant est le fait de vouloir un enfant de sexe masculin ou féminin, en excluant l'autre sexe. Cela peut blesser profondément l'enfant. Nelly Astelli en donne un témoignage :

38. Laurence Pernoud, *J'attends un enfant*, Horay, 2009, p. 36.
39. Tony Anatrella, dans *Gros plan sur l'adolescence*, p. 49.

Pendant une retraite de guérison intérieure, un homme d'une quarantaine d'années se trouvait très mal. Alors, Dieu lui a révélé la nature et la profondeur de sa blessure. Il en témoigne : « Je me suis adressé au Père et lui ai demandé : "Et toi, Père, m'as-tu désiré à travers les âges ?" J'ai senti qu'un feu me brûlait les entrailles ; les larmes coulaient. Je me suis soudain rendu compte que je n'avais pas été désiré par mes parents. Ils désiraient une fille et moi, dans le sein de ma mère, je savais que j'étais un garçon. Mon père ne désirait pas de garçon car son enfance avait été très dure ; il avait vécu au milieu de cinq frères aînés qui avaient abusé de leur autorité à son égard. Il désirait tellement avoir une sœur. » Le Père a visité la blessure de cet homme qui « s'originait » dans le désir blessé de son père. Il lui a donné la grâce de comprendre son père et de lui pardonner. Cette grâce de guérison intérieure a transformé sa vie [40].

L'ABSENCE DE DÉSIR DUE À UN REFUS

Déjà, au sein du couple, il arrive qu'un enfant soit conçu sans que ses parents l'aient désiré. Dans les meilleurs des cas, si le couple accueille le bébé comme un don de Dieu, tout peut bien se passer ; mais si ce n'est pas le cas, cette non-acceptation de la grossesse peut être dramatique pour le couple et pour l'enfant lui-même.

Pour le couple : il arrive que le mari (ou concubin) refuse d'avoir un enfant. Si la femme en désire un et s'arrange pour tomber enceinte, par exemple en arrêtant la contraception sans le lui dire, l'homme risque d'en être ulcéré et de s'en aller, provoquant ainsi la rupture du couple.

Que va faire alors la femme ? Avorter, avec tout le traumatisme que cela entraîne ? Garder l'enfant avec toutes les difficultés qui en résulteront ? Si elle choisit la deuxième solution, l'enfant sera sans doute marqué dès le départ par le fait de n'avoir pas été désiré.

---

40. Nelly Astelli Hidalgo, *La guérison des blessures reçues dans le sein maternel*, Saint-Paul, 2007, p. 64.

Dès sa conception, l'enfant sent s'il est désiré ou non. Nelly Astelli cite ce témoignage d'une femme qui l'atteste :

> « J'avais été conçue avant le mariage de mes parents. À partir de ce moment, je m'étais sentie comme une intruse parmi eux, en particulier devant Dieu. J'ai refusé mon être, car j'avais été conçue sous l'impulsion d'une passion irresponsable ; j'étais née par hasard et je refusais de recevoir la vie, car je me sentais méprisée. Tout cela ne me permettait pas de m'ouvrir à l'amour de Dieu, ni de m'accepter moi-même : je me sentais coupable d'être née, je demandais pardon d'exister. »

Après un temps de grande révolte, cette femme a vécu le sacrement de réconciliation et a retrouvé la paix. Elle a même pu faire sien le psaume 138-139 : *« C'est toi qui m'as tissé au ventre de ma mère ; je te rends grâce pour tant de prodiges : merveille que je suis, merveilles que tes œuvres. »* Elle conclut ainsi : « Je ne sais pas combien de fois, depuis lors, j'ai relu le psaume 139 et j'ai réalisé que Dieu m'aimait, au point de me sentir aimée depuis toujours [41]. »

Parfois, c'est le père qui refuse l'enfant ; mais parfois, c'est la mère qui refuse le père et qui veut « faire un bébé toute seule », comme chantait Jean-Jacques Goldman. Elle crée ainsi une situation que les psychologues qualifient d'incestueuse. Xavier Lacroix rappelle les dangers, pour l'enfant, d'être privé de père :

> « Les enquêtes sociologiques montrent que les risques pour l'enfant sont moins grands quand la mère a été abandonnée, ou conduite à une rupture avec le père, que lorsque c'est volontairement qu'elle a voulu un enfant sans père [...]. Dans le premier cas, le père est nommé, ou peut l'être ; l'enfant porte son nom. Les statistiques indiquent que les troubles psychologiques sont plus nombreux dans les autres cas, où le père demeure innommé et où il n'y a jamais eu de place pour lui dans le désir de la mère [42]. »

---

41. *Ibid.* p. 99-100.
42. Xavier Lacroix, *Passeurs de vie*, p. 63.

L'enfant désire connaître son père biologique, qu'il ait été adopté ou soit né sous X. Au fond de lui-même, il veut connaître son origine et surtout savoir s'il a été désiré, aimé dès le commencement de sa vie.

Certains expriment leur souffrance de ne pas y parvenir. Par exemple, Arthur Kermalvezen, conçu par IAD (insémination artificielle avec donneur anonyme), qui a toujours été hanté par « ce deuxième homme » et milite pour la levée de l'anonymat du donneur de sperme [43]. Chez celui-ci, le désir de paternité n'existe pas. Un jour, dans une émission télévisée, j'ai entendu un donneur étranger affirmer qu'il ne faisait cela que pour l'argent !

D'autres ne peuvent connaître leur père parce qu'ils ont été conçus de façon criminelle : à la suite d'un inceste – et le secret de famille est généralement bien gardé – ou à la suite d'un viol – et parfois le violeur n'a pu être arrêté et identifié. Dans ces tragiques situations, le désir de paternité n'existe pas et les circonstances de la conception sont traumatisantes, non seulement pour la femme victime de ce crime, mais aussi pour l'enfant, qui en est marqué dès le commencement de sa vie.

Devant de tels drames, la tentation est grande de se révolter contre Dieu ou de lui demander des comptes ; mais Dieu est innocent du mal, nous y reviendrons. Quelle que soit la manière dont un enfant a été conçu, qu'il ait été désiré ou non par ses parents, le désir du Père sur lui demeure éternellement et c'est précisément en y remontant, et en accueillant toutes les bénédictions promises, que l'on peut trouver la paix et la guérison par rapport à une conception non désirée.

43. Arthur Kermalvezen, *Né de spermatozoïde inconnu*, Presses de la Renaissance, 2008.

4. Un chemin de guérison

L'enfant qui n'a pas été désiré par son père, et qui n'a pas été accepté lors de sa conception, vit cela comme un rejet et peut en être, dès le départ, profondément traumatisé. Bernard Dubois, pédiatre de formation, y insiste :

> « Réalisons-nous bien combien grande est la souffrance d'un fœtus qui n'est pas désiré ? Il fait l'expérience d'une nuit totale, d'un enfer. Incapable d'assumer une telle douleur, il se protège en fermant son cœur dans la blessure, alors qu'il était créé pour l'amour [44]. »

Il peut en résulter ce qu'on appelle une « blessure de la vie [45] ».

Plus tard, cet enfant peut en souffrir dans tout son être. Sur le plan psychologique, son affectivité est blessée parce qu'il n'a pas reçu l'amour dont il avait besoin pour vivre ; sa mémoire est habitée par ce traumatisme initial ; dans son imagination, il ne peut concevoir qu'il puisse être aimé et ainsi parvenir au bonheur.

Du coup, ses facultés psychiques plus nobles sont aussi atteintes : son intelligence est obscurcie par de fausses croyances (« Je ne suis pas aimable », etc.) et sa volonté paralysée par des systèmes de défense très rigides.

Ce profond mal-être peut entraîner des maladies psychiques, ou même des maladies physiques : on sait aujourd'hui que les trois quarts des maladies physiques ont une origine psychologique [46].

Au plus profond de son être, cet enfant porte une dimension spirituelle ; il a cette âme que Dieu lui a donnée en même temps que ses parents l'ont conçu. Mais la blessure de la vie a

---

44. Bernard Dubois, *Guérir en famille*, éd. des Béatitudes, 2001, p. 108.
45. Philippe Madre, *La blessure de la vie*, éd. des Béatitudes, 2001.
46. Cf. Dr Olivier Soulier, *Histoires de vie, message du corps*, éd. Sens et symboles, 2006.

tellement endurci son cœur qu'il lui est difficile de concevoir un Dieu Père qui l'aime ou même s'intéresse à lui. L'Église le reconnaît : « La maladie peut conduire à l'angoisse, au repliement sur soi, parfois même au désespoir et à la révolte contre Dieu [47]. »

LA GUÉRISON CONCERNE L'ÊTRE TOUT ENTIER

Si les troubles sont somatiques, il ne suffit pas de soigner les symptômes ; il faut remonter à la source du mal pour que la guérison soit effective. Si le problème est psychologique, grâce à la psychanalyse et à la psychothérapie, on sait qu'en en retrouvant l'origine, on peut améliorer l'état du patient ; mais il y a des situations où cette démarche trouve ses limites.

Simone Pacot l'a expérimenté, elle en témoigne dans l'introduction de son premier livre :

> « Au fil des années, je me suis trouvée devant des crises intérieures, des problèmes de vie, que la prière ne parvenait pas à résoudre. [...] J'ai entrepris une psychothérapie. J'étais si mal située dans ma foi que je l'ai suspendue. La dimension psychologique m'apparaissait alors le seul terrain sûr. [...] Le trajet de psychothérapie a été pour moi irremplaçable. »

Mais deux ans après, elle a découvert la dimension de la guérison intérieure, ce qui lui a permis d'aller plus loin :

> « Ce terme, que j'entendais pour la première fois, m'est apparu immédiatement comme porteur de sens, apportant une direction nouvelle et une compréhension vitale de la Parole de Dieu. Au cours de cette session, j'ai compris l'articulation, la jonction possible et nécessaire entre les plans psychologique et spirituel. [...] Les fausses directions que j'avais prises n'avaient pas seulement à être explorées sur le plan psychologique, mais elles constituaient des transgressions aux lois fondatrices de vie, aux lois de Dieu [48]. »

---

47. CEC § 1501, chapitre sur l'onction des malades.
48. Simone Pacot, *L'évangélisation des profondeurs*, p. 8-9.

Quand on reconnaît sa part de responsabilité dans ses difficultés ; quand on met à jour ses révoltes contre Dieu ; quand on admet son incapacité à pardonner à son père tout le mal qu'il a fait, on a besoin de passer au plan spirituel et d'expérimenter la miséricorde du Père qui seul peut « guérir » ces maux.

LE RETOUR AU PÈRE

Déjà dans l'Ancienne Alliance, « Israël fait l'expérience que la maladie est, d'une façon mystérieuse, liée au péché et au mal, et que la fidélité à Dieu, selon la Loi, rend la vie : *"Car c'est moi, le Seigneur, qui suis ton médecin"* (Ex 15, 26) [49] ». La blessure la plus fondamentale de l'homme est d'être coupé de son Créateur et Père, sans l'amour duquel il ne peut vivre et être heureux.

C'est donc au Père qu'il faut revenir d'abord. Et c'est toujours possible. Car Jésus nous a révélé sa miséricorde et l'a mise en œuvre. « La compassion du Christ envers les malades et ses nombreuses guérisons d'infirmes de toute sorte sont un signe éclatant que *"Dieu a visité son peuple"* (Lc 7, 16), et que le Royaume de Dieu est tout proche. Jésus a non seulement pouvoir de guérir, mais aussi de pardonner les péchés (cf. Mc 2, 5-12) : il est venu guérir l'homme tout entier, âme et corps ; il est le médecin dont les malades ont besoin (cf. Mc 2, 17) [50]. »

Enfin, « sur la croix, le Christ a pris sur lui tout le poids du mal et a enlevé *"le péché du monde"* (Jn 1, 29), dont la maladie n'est qu'une conséquence [51] ».

Ressuscité, Jésus envoie ses disciples pardonner les péchés et réconcilier les hommes avec Dieu, avec cette promesse : *« Par mon nom [...] ils imposeront les mains aux malades et ceux-ci seront guéris. »* (Mc 16, 17-18)

---

49. CEC § 1502.
50. CEC § 1503.
51. CEC § 1505.

C'est l'Esprit Saint qui œuvre ainsi à travers eux, grâce au charisme de guérison ; et il continue à agir de même aujourd'hui [52]. C'est lui qui répand l'amour du Père dans nos cœurs (cf. Rm 5, 5) et qui, par ses dons, nous permet de répondre à son amour, quoi que nous ayons vécu. C'est dans cet amour que nous trouverons la guérison.

Simone Pacot s'en est rendu compte :

> « Père est un terme que de nombreuses personnes ont du mal à intégrer, notamment beaucoup de ceux et celles qui ont eu une relation difficile avec leur propre père. Ils mettent souvent très longtemps à pouvoir accueillir cette notion. [...] Seul l'Esprit peut nous faire comprendre du dedans de notre cœur ce que peut signifier pour l'être humain ce mot de "Père", cette véritable filiation. Si nous nous rendons enseignables, il va peu à peu nous guider [...] dans cette approche de notre Source créatrice. C'est alors que nous pourrons vivre une nouvelle naissance, une bascule de tout notre être (Jn 3, 3) [53]. »

Il nous faut pour cela passer de nos facultés psychiques blessées (affectivité, mémoire, imagination) au plan spirituel, en mobilisant nos facultés nobles : l'intelligence et la volonté. C'est pour cela que le Père nous les a données, il le rappelait à sainte Catherine de Sienne :

> « Ma très chère fille, j'ai absolument décidé de faire miséricorde au monde et de secourir de toute manière l'humanité. [...] Lorsque j'ai créé l'homme par ma Providence, j'ai regardé en moi-même et j'ai été saisi d'amour par la beauté de ma créature. [...] Je lui ai donné la mémoire pour qu'elle garde le souvenir de mes bienfaits. [...] Je lui ai donné l'intelligence pour que, dans la sagesse de mon Fils unique, l'homme connaisse ma volonté, car c'est moi qui donne toutes les grâces avec un brûlant amour de Père. Et je lui ai donné aussi la volonté pour aimer, en participant

52. Raniero Cantalamessa, *Viens, Esprit Créateur*, ch. XVI, éd. des Béatitudes, 2008.
53. Simone Pacot, *Ouvrir la porte à l'Esprit*, éd. du Cerf, 2007, p. 162.

à la douceur du Saint-Esprit, afin qu'il puisse aimer ce que son intelligence ne pouvait connaître et voir [54]. »

Au plus profond de notre âme est inscrite la mémoire du dessein d'amour du Père sur nous (cf. Ep 1, 3-6). Aussi blessés que nous soyons, nous pouvons le découvrir, grâce à notre intelligence éclairée par l'Esprit, et nous pouvons décider de répondre à l'amour du Père par notre amour suscité par l'Esprit Saint.

LA GUÉRISON INTÉRIEURE

On peut définir la guérison intérieure « comme le regard de miséricorde du Christ se posant sur les blessures intérieures de l'homme, blessures de son passé dont il n'a plus toujours conscience, mais qui déterminent, dans l'image qu'il se renvoie à lui-même ou dans sa relation aux autres (et peut-être à Dieu), des troubles, des malaises, des obstacles. [...] Le regard de Jésus va visiter, dans une immense douceur et une grande compassion, tout ce passé personnel si souvent refoulé et porteur de plaies béantes. Il descendra jusqu'au fond de ces ténèbres profondes, sans jamais être accusateur. Dans la lumière de ce regard, l'homme se découvrira aimé, pardonné au sein même de ses blessures, et c'est ainsi qu'il se laissera guérir par l'Amour [55]. »

Puisque, dans ce chapitre, nous avons évoqué la blessure provoquée par l'absence de désir du père, voici un émouvant témoignage de guérison intérieure par rapport à cette blessure :

> « Je suis née sous X, et ce que Dieu nous dit dans la Bible m'a beaucoup aidée à me construire, en particulier aux moments où je souffrais de ne pas connaître mes origines, de me croire non désirée. Il est écrit que nous sommes dans le cœur de Dieu de toute éternité (cf. Ps 139 et Ep 1). Cela peut

54. Sainte Catherine de Sienne, in *Le livre des Jours*, éd. du Cerf-DDB-Desclée-Mame, 1976, p. 1279.

55. Philippe Madre, *Mystère d'amour et ministère de guérison*, éd. Le Lion de Juda-Pneumathèque, 1982, p. 172.

vraiment aider à se construire quand on pense ne pas avoir été désiré… Quand on pense être déraciné, on s'enracine en Dieu, on sait que Dieu nous a voulus et a un projet pour nous.
« Savoir pourquoi j'ai été abandonnée m'aurait probablement aidée à avancer ! Mais savoir pourquoi je suis née me semble fondamental. C'est vrai aussi que j'éprouve encore souvent la crainte d'être mal jugée, abandonnée en amitié, en amour. Ayant compris que ma peur de l'abandon était liée à mon abandon à la naissance, j'ai appris à ne pas m'enfermer dans cette blessure, et j'ai appris à avancer encore sur le chemin de la confiance ! Le chemin que nous indique le Christ, un chemin que nous aident à vivre tant de saints et de saintes.
« Il peut être bon parfois de nommer, repérer nos failles, nos blessures concernant nos origines (nés sous X ou pas !), mais pour les plonger dans le Cœur de Jésus, nous laisser aimer par lui et grandir dans la confiance sans nous morfondre ni désespérer.
« Merci, Seigneur, pour ma naissance ! Merci pour ma mère biologique qui m'a donné la vie ! Merci pour les parents adoptifs que tu m'as donnés ! Merci pour mon baptême qui fait de moi ton enfant [56] ! » (Odile A.)

En raison de l'unité de notre être, tout accueil de la grâce en nous aura un retentissement positif sur notre psychisme, sur notre affectivité blessée et même sur notre corps, puisque beaucoup de maladies sont les symptômes d'un mal-être intérieur.

Tout au long de cet ouvrage, nous évoquerons les grandes étapes et les passages obligés pour guérir intérieurement. Pour le moment, apportons seulement trois précisions.

Tout d'abord, la guérison intérieure n'est pas magique. Parfois, Dieu accorde des grâces sensibles puissantes ; d'autres fois, il œuvre davantage dans le silence et la douceur ; mais toujours il attend que nous collaborions à notre guérison, en ouvrant notre intelligence à la compréhension de ce qu'il opère

56. Témoignage paru dans *Famille Chrétienne*, du 12 au 19 novembre 2010.

en nous et en orientant notre volonté dans le sens de son projet pour nous.

Ensuite, la guérison intérieure n'est pas instantanée. Parfois, la grâce est si forte qu'on se croit complètement guéri. Mais quand on a été blessé dès la conception, ou dans le sein maternel, et que l'on s'est construit de travers pendant des dizaines d'années, il est impossible que tout soit restauré en un instant. La guérison demande du temps, et peut durer toute une vie : elle progresse au rythme de notre sanctification.

C'est pourquoi, au mot de guérison, certains préfèrent celui de cicatrisation. Sur le plan physique, on peut recevoir une blessure qui nécessite une amputation. La plaie va se cicatriser, mais on ne retrouvera pas la partie du corps perdue. Sur le plan psychologique, de même, nos blessures peuvent se cicatriser en perdant la charge émotionnelle négative qui y est attachée. Mais si, par exemple, on n'a pas connu son père, la guérison ne rendra pas toute l'affection dont on a manqué et il restera une fragilité liée à cette blessure.

En fait, on peut parler de guérison quand on a retrouvé la paix avec le Père, la paix avec son père de la terre et la paix avec soi-même.

5. Prières

1. PÈRE, JE TE DÉSIRE

« Dieu, c'est toi mon Dieu !
Dès l'aube je te désire ; mon âme a soif de toi ;
Ma chair languit après toi, dans une terre desséchée, épuisée, sans eau. »
(Psaume 62-63, 2)

Ô Dieu de notre Seigneur Jésus Christ, Père à qui appartient la gloire,
Donne-moi un esprit de sagesse qui te révèle à moi et me fasse vraiment te connaître.
(D'après Ep 3, 17)

2. PÈRE, RÉVÈLE-TOI !

Père, quand il est venu, Jésus nous a appris à te dire : Notre Père.
Oui, Tu es Père pour chacun de nous.
Nous le croyons, mais augmente notre foi et révèle-nous ton mystère.
Nous ne connaissons ici-bas que le visage humain de la paternité.
Trouvera-t-on parmi les hommes un père capable de refléter durablement ton image sans la mutiler ? Toute paternité selon la chair est imparfaite et vulnérable.
Père, de qui toute paternité, au ciel et sur la terre, tire son nom,
Père des cieux, manifeste-toi, fais briller ton Nom,
Et donne-nous la grâce de te prier en disant : Notre Père. Amen.
(Cardinal G. Danneels)

3. LE PÈRE NOUS PARLE MAINTENANT

Mon enfant bien-aimé, toi qui lis ce livre et qui me pries en ce moment,
Je suis *« le Père des miséricordes et le Dieu de toute consolation. »*
(Cf. 2 Co 1, 3)
« D'un amour éternel je t'ai aimé(e). »
(Jr 31, 3)
« Avant de te façonner dans le sein de ta mère, je te connaissais. »
(Jr 1, 5)
« Toi, mon enfant bien-aimé, je t'ai béni de toute bénédiction spirituelle dans les cieux en Christ ;
Je t'ai choisi(e) en lui avant la fondation du monde pour que tu sois saint(e) et irréprochable sous mon regard, dans l'amour ; je t'ai

prédestiné(e) à être pour moi un fils adoptif (une fille adoptive) par Jésus-Christ. Ainsi l'ai-je voulu, dans ma bienveillance pour toi. »
(Ep 1, 3-5)
Aujourd'hui, quoi que tu aies vécu,
et surtout si tu as souffert de ne pas avoir été désiré(e), aimé(e) par ton père,
« *Je sais les projets que j'ai formés à ton sujet : projets de prospérité et non de malheur.*
Je vais te donner un avenir et une espérance. »
(Jr 29, 11)
« *Ma joie sera de te combler de biens.* »
(Jr 32, 41)
« *Je peux, par ma puissance qui agit en toi, faire au-delà, infiniment au-delà de ce que tu peux demander et concevoir.* »
(Ep 3, 20)
« *Mon amour ne s'écartera pas de toi, je le jure par moi-même, dit ton Père qui te console.* »
(Is 54, 10)

4. La louange des enfants de Dieu

Père, tout vient de toi et par toi tout a été fait : le ciel, ouvrage de tes doigts, la terre avec ses habitants, la mer et son peuplement innombrable. Loué sois-tu !
Loué sois-tu surtout pour l'homme à qui tu as confié la création et ses richesses.
Dans ta liberté souveraine, tu nous as voulus, chacun personnellement, un à un, uniquement.
Car tu nous aimes.
Et si l'amour englobe tous les êtres, il se porte aussi vers chaque créature et se plaît à la chérir pour elle-même.
Loué sois-tu, Père très aimant, pour cet amour qui nous devance et demeure éternellement. Amen.
(Cardinal G. Danneels [57])

57. Cardinal Godfried Danneels, *Notre Père qui es aux cieux*, Paroles de vie, Noël 1984, p. 6.

5. La prière du futur père

« Béni sois-tu, Dieu de nos pères ! Béni soit ton Nom dans toutes les générations à venir !
Que te bénissent les cieux et toute ta création dans tous les siècles !
C'est toi qui as fait Adam, c'est toi qui as fait pour lui une aide et un soutien, sa femme Ève,
Et de tous deux est née la race des hommes. »
(Tb 8, 5-6)
C'est toi qui les as bénis en disant : « *Soyez féconds et prolifiques, remplissez la terre et dominez-la.* »
(Gn 1, 28)
Père, je te bénis pour l'amour de mon épouse.
Je te bénis de nous appeler à devenir tes coopérateurs pour donner la vie à une autre personne humaine.
Au moment où nous allons nous donner totalement l'un à l'autre, je te prie de bénir notre union et de la rendre féconde.
Nous voulons concevoir cet enfant non pas pour nous, mais pour lui-même, et aussi pour toi, Père infiniment bon : ce sera ton enfant bien-aimé.
Tu l'as déjà « *béni de toute bénédiction spirituelle dans les cieux en Christ* » (Ep 1, 3) ;
Je suis sûr que tu le combleras dans ton amour, toi le Béni pour l'éternité. Amen [58] !

6. La prière de l'enfant qui n'a pas été désiré

Mon Dieu, j'ai du mal à t'appeler « mon Père »,
Parce que mon père ne m'a pas désiré(e), ni aimé(e).
(Je ne l'ai même pas connu !)
(Il m'a conçu(e) dans la violence)...
Mon cœur est meurtri, déchiré, révolté...
J'ai soif d'être aimé(e), mais nul ne comble mon attente.
C'est sans doute que je ne suis pas aimable...

58. N.D.É. : Les prières non signées ont été rédigées par l'auteur.

Qu'est-ce que je fais sur cette terre ? Ma vie, sans amour, n'a pas de sens.
Les ténèbres m'entourent ; la dépression me guette ; le néant m'attire ; la mort serait pour moi, comme pour Job (cf. Jb 3), une délivrance. Je suis à bout de force.
« *Mon Dieu, pourquoi m'as-tu abandonné ?* »
C'est toi, Jésus, qui as dit cela sur la croix (cf. Mt 27, 46). Toi aussi tu as éprouvé ce sentiment d'abandon durant ta passion et à l'heure de ta mort : nous sommes frères !
Tu cries vers ton Père, comme si lui seul pouvait te sauver de ce sentiment d'abandon et de la mort… Aide-moi à me tourner vers lui à mon tour, avec toi, par toi et en toi :
« *Toi, Seigneur, ne reste pas si loin ! Ô ma force, à l'aide, fais vite !* » (Psaume 21-22, 20)
Mon Dieu, je te remets mes révoltes, ma désespérance, toutes mes souffrances.
Jésus me dit que tu es mon Père, que tu m'aimes infiniment. Je désire te connaître.
Par ton Esprit Saint, donne-moi de croire à ton amour pour moi ;
Donne-moi de le sentir en mon cœur et de l'accueillir dans tout mon être,
afin que ma vie trouve un sens et en soit transformée. Amen.

Chapitre 2

La conception : le père engendre l'enfant

1. La création d'Adam et Ève
2. Dieu Père d'Israël
3. La conception de Jésus : le nouvel Adam
4. Le père et la conception de son enfant
5. L'héritage « empoisonné »
6. Un chemin de guérison
7. Prières

1. La création d'Adam et Ève

LA CRÉATION DE L'HOMME

Le Père commence à réaliser son dessein de bénédiction pour l'homme en créant Adam et Ève. Les récits de la Création, au début du livre de la Genèse, ne prétendent pas nous dire comment s'est réellement passée la création de l'humanité, mais ils nous livrent un précieux enseignement sur le sens profond de celle-ci. Nous y découvrons comment Dieu exerce sa paternité, comment il met en œuvre le projet qu'il avait formé avant la fondation du monde.

Le *Catéchisme de l'Église catholique* commente ces textes bibliques dans le passage sur la création de l'homme [59]. Soulignons-en quelques aspects essentiels.

L'homme est créé à l'image de Dieu : c'est ce qui lui confère son insigne dignité [60].

Il est créé « un de corps et d'âme ».

> « Souvent le terme âme désigne dans l'Écriture Sainte la vie humaine (cf. Mt 16, 25-26 ; Jn 15, 13) ou toute la personne humaine (cf. Ac 2, 41). Mais il désigne aussi ce qu'il y a de plus intime en l'homme (cf. Mt 26, 38 ; Jn 12, 27) et de plus grande valeur en lui (cf. Mt 10, 28 ; 2 M 6, 30), ce par quoi il est plus particulièrement image de Dieu : "âme" signifie le principe spirituel en l'homme [61]. »
>
> « L'Église enseigne que chaque âme spirituelle est immédiatement créée par Dieu – elle n'est pas "produite" par les parents – ; elle nous apprend aussi qu'elle est immortelle [62]. »

C'est grâce à la présence merveilleuse de cette âme en nous que nous sommes « capables de Dieu », que nous pouvons recevoir *« toutes les bénédictions spirituelles dont le Père nous a*

59. CEC § 355 à 384.
60. CEC § 356 à 361.
61. CEC § 363.
62. CEC § 366.

comblés dans les cieux en Christ » (Ep 1, 3) et que nous pouvons devenir ses enfants.

Quand Dieu crée l'humanité, il la crée homme et femme pour la faire participer à son mystère de communion et de fécondité [63]. À l'origine, le désir de Dieu se réalise de façon parfaite.

> « Le premier homme n'a pas seulement été créé bon, mais a été constitué dans une amitié avec son Créateur, et une harmonie avec lui-même et avec la création autour de lui, seulement dépassées par la gloire de la nouvelle création dans le Christ.
> « L'Église [...] enseigne que nos premiers parents, Adam et Ève, ont été constitués dans un état "de sainteté et de justice originelle". Cette grâce de sainteté originelle était une "participation à la vie divine".
> « Par le rayonnement de cette grâce, toutes les dimensions de la vie de l'homme étaient confortées. Tant qu'il demeurait dans l'intimité divine, l'homme ne devait ni mourir (cf. Gn 2, 17 ; 3, 19), ni souffrir (cf. Gn 3, 16). L'harmonie intérieure de la personne humaine, l'harmonie entre l'homme et la femme (cf. Gn 2, 25), enfin l'harmonie entre le premier couple et toute la création constituait l'état appelé "justice originelle".
> « La maîtrise du monde, que Dieu avait accordée à l'homme dès le début, se réalisait avant tout chez l'homme lui-même comme maîtrise de soi.
> « Le travail n'était pas une peine, mais la collaboration de l'homme et de la femme avec Dieu dans le perfectionnement de la création visible [64]. »

Oui, vraiment, en créant Adam et Ève, Dieu a réalisé le merveilleux projet qu'il avait formé avant la fondation du monde ; au paradis, l'homme et la femme étaient comblés des bénédictions du Père, par le Fils, dans l'Esprit.

Hélas ! « C'est toute cette harmonie de la justice originelle, prévue pour l'homme par le dessein de Dieu, qui a été perdue par le péché de nos premiers parents. » (CEC § 379)

63. Cf. CEC § 369 à 373.
64. CEC § 374 à 378.

LE PÉCHÉ ORIGINEL [65]

Au Paradis, Adam et Ève vivaient dans une harmonie parfaite avec le Père, qui les comblait de bénédictions, qui leur donnait tout gratuitement, n'attendant en retour que leur action de grâce. Comment ont-ils pu gâcher tout cela ?

Le premier élément d'explication est que Dieu leur a donné la liberté. Il n'y a pas d'amour sans un profond respect de la liberté de l'autre. C'est vrai dans la relation au Père ; c'est vrai dans la relation du couple ; c'est vrai dans la relation du père avec ses enfants [66].

Mais, dans sa liberté, l'homme peut choisir la vie ou la mort. S'il choisit de rester dans la communion d'amour avec son Père, en acceptant les limites de sa condition de créature, il choisit la vie, une vie heureuse de fils comblé par son Père. Si, au contraire, il choisit de se couper de Dieu, il choisit la mort puisqu'il se coupe de la source de la vie. C'est ce qu'ont fait Adam et Ève dès l'origine.

Comment ont-ils pu avoir cette idée absurde de désobéir à Dieu ? Elle leur a été suggérée par Satan, le père du mensonge.

> « Derrière le choix désobéissant de nos premiers parents, il y a une voix séductrice, opposée à Dieu (cf. Gn 3, 1-5) qui, par envie, les fait tomber dans la mort (cf. Sg 2, 24). L'Écriture et la Tradition de l'Église voient en cet être un ange déchu, appelé Satan ou diable (cf. Jn 8, 44 ; Ap 12, 9). L'Église enseigne qu'il a été d'abord un ange bon, fait par Dieu. “Le diable et les autres démons ont certes été créés par Dieu naturellement bons, mais c'est eux qui se sont rendus mauvais.” (Latran Denzinger 800) L'Écriture parle d'un péché de ces anges (cf. 2 P 2, 4). Cette “chute” consiste dans le choix libre de ces esprits créés, qui ont radicalement et irrévocablement refusé Dieu et son Règne [67]. »

Comme il est révolté contre Dieu et jaloux de l'homme, Satan a cherché à briser leur communion d'amour. Pour cela,

65. Cf. CEC § 385 à 421.
66. Cf. CEC § 1730 à 1748.
67. CEC § 391 à 392.

avec ruse, il s'est employé à pervertir l'image du Père au regard de l'homme. Dieu a interdit à celui-ci de manger de l'arbre de la connaissance du bien et du mal (Gn 2, 17) sous peine de mort. Satan rétorque à Ève : *« Non, vous ne mourrez pas, mais Dieu sait que le jour où vous en mangerez, vos yeux s'ouvriront, et vous serez comme des dieux possédant la connaissance de ce qui est bon ou mauvais.* » (Gn 3, 4-5)

Jean-Claude Sagne met en lumière tout le poison contenu dans cette réplique :

> « Satan dénonce Dieu comme menteur en disant savoir et en divulguant les pensées secrètes de Dieu. Au lieu d'un Père qui l'éduque à aimer, l'homme se voit confronté au visage d'un maître jaloux qui serait inquiet de son accès à l'autonomie. Jusque-là, l'homme était voué à écouter la Parole de Dieu pour apprendre à vivre et à obéir. Que ses yeux s'ouvrent, c'est la promesse de maîtriser le monde et d'être le juge de tout. L'homme sera son propre père, et la source de la Loi : il aura pris la place de Dieu. À travers ce récit, nous retiendrons que Satan veut dénaturer et anéantir à sa racine notre relation filiale à Dieu. Pour cela, il essaie de dissocier l'autorité de Dieu et son amour de Père, d'opposer la Loi et le Don. Bien loin d'être sagesse, vérité et bénignité, la Parole de Dieu est dénoncée comme contrainte arbitraire, mensongère et mutilante. En somme, Dieu n'a pas créé l'homme par amour, et le don n'est ni la raison ni la nature de son action [68]. »

Il importe de bien comprendre ceci, car, à la racine de tout rejet du Père, il y a certes des expériences négatives vécues dans la relation avec le père de la terre, mais il y a surtout les mensonges du diable (« diable » signifie « diviseur ») qui, en faussant l'image de Dieu, cherche à détourner l'homme du Père et à l'entraîner dans le malheur et la mort.

Séduits par Satan, Adam et Ève n'ont pas su déjouer son piège et ont commis le péché originel.

68. P. Jean-Claude Sagne, op, dans *Tychique* n° 110, p. 64.

« L'homme, tenté par le diable, a laissé mourir dans son cœur la confiance envers son Créateur (cf. Gn 3, 1-11) et, en abusant de sa liberté, a désobéi au commandement de Dieu. C'est en cela qu'a consisté le premier péché de l'homme (cf. Rm 5, 19). Tout péché, par la suite, sera une désobéissance à Dieu, et un manque de confiance en sa bonté [69]. »

Il est facile de voir comment ce péché étend ses ondes de choc dans la famille, et notamment au niveau de la relation du père avec ses enfants. N'est-ce pas la même tactique qu'utilise le Tentateur pour détourner ceux-ci de leur père ? Il met en lumière ses défauts – et malheureusement, ces défauts sont souvent réels, parfois énormes – pour saper la confiance de l'enfant en son père et pour l'inciter à suivre sa propre loi, ou celle du monde qui est, sur bien des points, diamétralement opposée à celle de Dieu.

Adam et Ève ont péché.

« L'Écriture montre les conséquences dramatiques de cette première désobéissance. Adam et Ève perdent immédiatement la grâce de la sainteté originelle (cf. Rm 3, 23). Ils ont peur de ce Dieu (cf. Gn 3, 9-10) dont ils ont conçu une fausse image, celle d'un Dieu jaloux de ses prérogatives (cf. Gn 3, 5).

« L'harmonie dans laquelle ils étaient, établie grâce à la justice originelle, est détruite ; la maîtrise des facultés spirituelles de l'âme et du corps est brisée (cf. Gn 3, 7) ; l'union de l'homme et de la femme est soumise à des tensions (cf. Gn 3, 11-13) ; leurs rapports seront marqués par la convoitise et la domination. [...] Enfin la mort fait son entrée dans l'histoire de l'humanité (cf. Rm 5, 12) [70]. »

Pour le Père, c'est un véritable sabotage de son dessein originel. Au lieu de la bénédiction, l'homme a attiré sur lui la malédiction ; au lieu de la sainteté, c'est la condition pécheresse

69. CEC § 397. Cf. § 215.
70. CEC § 399 à 400.

qui entraîne « la mort de l'âme [71] » ; au lieu de la confiance en Dieu, c'est la méfiance et la désobéissance ; au lieu de l'amour, c'est l'orgueil et l'indépendance… « Depuis ce premier péché, une véritable invasion du péché inonde le monde : le fratricide commis par Caïn sur Abel (cf. Gn 4, 3-15) ; la corruption universelle à la suite du péché (cf. Gn 6, 5-12 ; Rm 1, 18-32) [72]… » Le péché dorénavant altère gravement les relations au sein de la famille : entre les époux ; entre parents et enfants. Alors que, dans la justice originelle, l'homme était maître de lui-même, désormais il est esclave de « la triple concupiscence (cf. 1 Jn 2, 16) qui le soumet aux plaisirs des sens, à la convoitise des biens terrestres et à l'affirmation de soi contre les impératifs de la raison [73] ». Nous verrons que le père, de ce fait, peut être amené à pécher gravement contre ses enfants : la soumission aux plaisirs des sens peut le conduire à commettre un inceste sur sa fille ; la convoitise des biens terrestres peut l'amener à prostituer ses enfants pour s'enrichir ; l'affirmation de soi contre les impératifs de la raison peut engendrer chez lui des comportements de violence parfois inouïe…

Pourtant, le Père ne reprend pas sa parole et ne renonce pas à son dessein originel pour les hommes. L'Église lui en rend grâce :

> « Père très saint, nous proclamons que tu es grand et que tu as créé toutes choses avec sagesse et par amour : tu as fait l'homme à ton image et tu lui as confié l'univers, afin qu'en te servant, toi son Créateur, il règne sur la création. Comme il avait perdu ton amitié en se détournant de toi, tu ne l'as pas abandonné au pouvoir de la mort. Dans ta miséricorde, tu es venu en aide à tous les hommes pour qu'ils te cherchent et puissent te trouver. Tu as multiplié les alliances avec eux, et tu les as formés par les prophètes dans l'espérance du salut [74]. »

71. CEC § 403.
72. CEC § 401.
73. CEC § 377.
74. Début de la Prière eucharistique, IV.

Si un père de la terre aux nombreux enfants voyait ceux-ci faire preuve de méfiance à son égard, se révolter contre lui, lui désobéir en tout et sombrer dans une vie dissolue dominée par l'égoïsme et la violence, comment réagirait-il ? Dans le pire des cas, il les renierait et peut-être même les tuerait. Après le péché originel, en voyant l'humanité révoltée contre lui et engluée dans le péché, le Père n'a pas cessé de l'aimer. Il n'a pas renoncé à son dessein des origines et a pris l'initiative de venir au-devant des hommes pour le réaliser en les sauvant.

2. Dieu, Père d'Israël

ABRAHAM PÈRE DES CROYANTS

Pour ressaisir son œuvre, Dieu a choisi un homme, Abram (nom d'Abraham au départ), et, pour révéler son visage de Père, il en a fait un patriarche qui le représente aux yeux des hommes. Le Seigneur dit à Abram :

> « *Pars de ton pays, de ta famille et de la maison de ton père vers le pays que je te ferai voir. Je ferai de toi une grande nation et je te bénirai. Je rendrai grand ton nom. Sois en bénédiction.* [...] *En toi seront bénies toutes les familles de la terre.* » (Gn 12, 1-3)

En invitant Abram à quitter sa famille et son pays, Dieu signifie qu'il veut créer quelque chose de nouveau, selon son dessein à lui. Et ce dessein, c'est celui qu'il a formé dès l'origine : combler l'humanité de ses bénédictions (cf. Ep 1, 3). Abram est le premier à bénéficier de cette bénédiction, mais l'Écriture précise qu'à travers lui, ce sont déjà toutes les familles de la terre qui sont appelées à recevoir ces bénédictions.

La première de celles-ci est l'élection. Abram, en tant que personne, a déjà été « *choisi dans le Christ dès avant la fondation du monde* » (Ep 1, 4) ; mais ici, il est l'objet d'une élection secondaire en vue de la mission qui lui est confiée.

Ce qui lui est demandé, c'est la confiance, une foi inébranlable en Dieu qui le choisit, et une obéissance docile à ses commandements ; c'est-à-dire exactement le contraire de ce qu'ont fait Adam et Ève en péchant, à l'origine. « *Abram eut foi dans le Seigneur, et pour cela le Seigneur le considéra comme juste.* » (Gn 15, 6)

Pour saint Paul, l'imputation à Abram de sa foi se fait par le pardon de Dieu [75]. Celui-ci réalise ainsi en lui son dessein des origines : « *Il nous a choisis en Christ avant la fondation du monde pour que nous soyons saints et irréprochables sous son regard, dans l'amour.* » (Ep 1, 4)

Dès lors, devenu fils de Dieu, Abram va pouvoir être père et engendrer une descendance appelée à recevoir les bénédictions du Père. C'est pour cela que Dieu fait alliance avec lui. Il lui dit :

> « *Pour moi, voici mon alliance avec toi : tu deviendras le père d'une multitude de nations. On ne t'appellera plus du nom d'Abram, mais ton nom sera Abraham, car je te donnerai de devenir le père d'une multitude de nations, et je te rendrai fécond à l'extrême.* [...] *Cette alliance perpétuelle fera de moi ton Dieu et celui de ta descendance après toi.* » (Gn 17, 4-7)

À partir d'Abraham, dont le nom signifie « père d'une multitude », le Père veut que son dessein initial se réalise et il s'engage lui-même dans l'alliance pour que cela soit possible. Il veut qu' « *une multitude de nations* » devienne son peuple, et son dessein, il le réalisera durant toute l'histoire des hommes, car son alliance est « *perpétuelle* ».

Abraham n'a eu qu'un fils avec Sara, sa femme : Isaac. Celui-ci en a eu deux : Esaü et Jacob. Ce dernier en a eu douze qui donneront naissance aux douze tribus d'Israël.

Dieu sauve et recrée son peuple avec Moïse

Quelques décennies plus tard, la descendance d'Abraham – Jacob avec ses douze fils et leurs familles – vient s'installer en

75. Cf. Romains 4.

Égypte à cause d'une famine [76]. Là, elle *« se multiplie et devient un peuple fort »* (Ex 1, 7). Malheureusement, quelque temps plus tard, un nouveau pharaon réduit le peuple de Dieu en esclavage et le maltraite. *« Alors, les fils d'Israël gémirent du fond de la servitude et crièrent. Leur appel monta vers Dieu du fond de la servitude. Dieu entendit leur plainte ; Dieu se souvint de son alliance avec Abraham, Isaac et Jacob. »* (Ex 2, 23-24)

Pour sauver son peuple, il choisit et appelle Moïse, qui va devenir une autre grande figure paternelle pour Israël. Il lui apparaît au pied de l'Horeb *« dans une flamme de feu, du milieu du buisson »* (Ex 3, 2) ; il lui révèle son identité : *« Je suis le Dieu de ton père, Dieu d'Abraham, Dieu d'Isaac, Dieu de Jacob »* (Ex 3, 6) ; il lui dit sa volonté de sauver son peuple, et le choix qu'il a fait de lui, Moïse, pour cette mission (cf. Ex 3, 7-10).

Devant l'endurcissement du pharaon (symbole du mauvais père), Dieu envoie dix plaies sur le pays, si bien qu'à la fin, le roi d'Égypte cède et libère les Hébreux. Ceux-ci célèbrent la Pâque et quittent la terre d'esclavage sous la conduite de Moïse. Ils franchissent la mer Rouge, qui engloutit le pharaon et ses armées, et parviennent au désert [77].

Le peuple hébreu a bien besoin d'être purifié. En Égypte, il a perdu, non seulement sa liberté, mais aussi son identité de peuple choisi par Dieu pour être une nation sainte. Il porte en lui les séquelles du péché originel et cela se manifeste dès les premières étapes au désert.

Là, le peuple éprouve la soif et la faim. Il trouve d'abord une source amère et se met à murmurer contre Moïse [78]. Puis à nouveau, un peu plus tard :

> *« Ah ! si nous étions morts de la main du Seigneur au pays d'Égypte, quand nous étions assis près du chaudron de viande, quand nous mangions du pain à satiété ! Vous nous avez fait sortir dans ce désert pour nous laisser mourir de faim. »* (Ex 16, 3)

---

76. Cf. Genèse 45 à 47.
77. Cf. Exode 7 à 15.
78. Cf. Ex 15, 22-25.

Un peu plus tard, la révolte est encore plus vive à cause de la soif :

> « *Moïse appela ce lieu "Massa et Meriba" – Épreuve et Querelle – à cause de la querelle des fils d'Israël, et parce qu'ils mirent le Seigneur à l'épreuve en disant : "Le Seigneur est-il au milieu de nous, oui ou non ?"* » (Ex 17, 7.)

Le peuple manifeste ainsi combien il est marqué par le péché originel : il doute de la bonté de Dieu ; il se révolte contre lui et le met à l'épreuve ; il est habité par la triple concupiscence : l'attrait pour la viande d'Égypte ; la préférence pour une prison dorée ; la mise au défi de Dieu. Plus tard, il ira même jusqu'à désobéir gravement aux commandements de Dieu en se façonnant un veau d'or [79].

Mais Dieu est patient. Il purifie l'eau amère, nourrit son peuple de la manne et fait jaillir l'eau du rocher à Massa et Mériba, comme un père qui nourrit ses enfants à satiété. Puis il attire les Hébreux à l'Horeb pour faire alliance avec eux : « *Vous avez vu vous-mêmes ce que j'ai fait à l'Égypte.* [...] *Et maintenant, si vous entendez ma voix et gardez mon alliance, vous serez ma part personnelle parmi tous les peuples* [...] *et vous serez pour moi un royaume de prêtres et une nation sainte.* » (Ex 19, 4-6)

Le projet de Dieu n'a pas changé. Il veut faire du petit peuple qu'il a choisi par pure grâce une nation sainte. C'est pourquoi, en bon pédagogue, il lui donne la Loi à l'Horeb – ce sont les dix commandements (cf. Ex 20) et le code de l'alliance (Ex 21 à 23) – et le peuple, plein de bonne volonté, s'engage : « *Toutes les paroles que le Seigneur a dites, nous les mettrons en pratique.* » (Ex 24, 3) C'est ainsi qu'il espère recevoir toutes les bénédictions que Dieu lui a promises [80].

Cette conclusion de l'alliance marque la véritable naissance d'Israël comme peuple de Dieu. Malheureusement, à peine Moïse s'absente-t-il un peu longuement, le peuple, comme un

79. Cf. Ex 32 ; sur la triple concupiscence, cf. CEC § 377 cité p. 55.
80. Cf. Ex 23, 25-33 ; Dt 28, 1-14.

petit enfant, se met à douter et veut être rassuré en se fabriquant une idole – le fameux veau d'or –, désobéissant ainsi au deuxième commandement (cf. Ex 32). Dieu se met alors en colère et menace de l'exterminer pour faire *« une grande nation »* à partir de Moïse (Ex 32, 10). Mais celui-ci intercède pour le peuple infidèle et Dieu, après avoir puni les rebelles, finit par pardonner à son peuple et par renouveler son alliance avec lui.

Il révèle ainsi une dimension essentielle de son cœur de Père : sa miséricorde ; « *sur la montagne, le Seigneur passa devant Moïse et proclama* » : « *Le Seigneur, le Seigneur, Dieu miséricordieux et bienveillant, lent à la colère, plein de fidélité et de loyauté, qui reste fidèle à des milliers de générations, qui supporte la faute, la révolte et le péché, mais sans rien laisser passer.* » (Ex 33, 6-7)

Tout l'Ancien Testament nous montre comment Dieu est resté fidèle à son peuple élu, malgré les infidélités de celui-ci. Mais en même temps, le Père aspirait à trouver quelqu'un en qui il pût réaliser à la perfection son dessein d'amour pour l'homme, et par qui il pût étendre sa bénédiction à tous les hommes, comme il l'avait promis à Abraham. Peu à peu, les prophètes ont esquissé le portrait de cet Élu, de ce Serviteur de Dieu, auquel le Père accorderait toute sa faveur (cf. Mt 3, 17) et avec lequel il conclurait une Alliance nouvelle, éternelle et universelle. Cet Élu, c'est Jésus de Nazareth, le Fils de Dieu fait homme.

3. La conception de Jésus, le nouvel Adam

Bien que, dans l'Ancien Testament, Dieu ait appelé parfois le peuple d'Israël son fils [81], il semble que la prise de conscience de tout ce qu'impliquait cette appellation ait été lente. Au début, ce titre indiquait moins la filiation que l'éducation par

81. Cf. Ex 4, 22 ; Sg 18, 13 ; Os 11, 1 ; Jr 3, 19 et 31, 20.

le Père, qui reprochait parfois durement au peuple son infidélité à la Loi [82].

Pour faire comprendre enfin à l'homme que sa vocation est d'être véritablement fils de Dieu, le Père, dans son infinie sagesse, a envoyé son propre Fils partager notre condition d'homme en toute chose, à l'exception du péché.

La réalisation du dessein originel du Père

Jésus, en tant que Verbe éternel, était « *comblé de toute bénédiction spirituelle dans les cieux* » (Ep 1, 3). En venant au monde, comme il est sans péché, il l'est tout autant dans son humanité. Il est *le Béni* ; c'est pourquoi son arrivée dans le monde suscite une vague de bénédictions : chez Élisabeth (cf. Lc 1, 42) ; chez Zacharie (cf. Lc 1, 68) et chez Syméon (cf. Lc 2, 28). C'est par lui que nous seront communiquées toutes les bénédictions du Père.

Le Père a choisi Jésus avant la fondation du monde, et Jésus est « *saint et irréprochable sous son regard dans l'amour* » (Ep 1, 4). Il est *l'Élu* de Dieu, le Père lui-même l'atteste au moment de la Transfiguration (cf. Lc 9, 35). Ce faisant, « il certifie qu'en Jésus, il parvient enfin au terme de l'œuvre qu'il a entreprise en choisissant Abraham et Israël ; il a trouvé le seul élu qui mérite pleinement ce nom, le seul à qui il puisse confier son œuvre et qui soit capable de combler son désir [83]. »

Cet Élu est *saint*. L'archange Gabriel l'affirme à Marie : « *L'Esprit Saint viendra sur toi et la puissance du Très-Haut te couvrira de son ombre ; c'est pourquoi celui qui va naître sera saint et sera appelé Fils de Dieu.* » (Lc 1, 35) Pour les Juifs, Dieu seul est saint. En déclarant que Jésus sera saint, l'Archange proclame qu'il est Dieu, Fils du Père éternel.

Jésus est en même temps pleinement homme, c'est pourquoi il deviendra la source de toute sainteté pour tous ceux qui croiront en lui. C'est par lui, avec lui et en lui que nous

---

82. Cf. Os 2, 1 ; Is 1, 2 ; Jr 3, 14.
83. VTB p. 342 : Jésus Christ, l'Élu de Dieu.

deviendrons la race élue, la communauté sacerdotale du Roi, la nation sainte, le peuple que Dieu s'est acquis [84] (cf. 1 P 2, 9).

Regardons maintenant comment le Père reprend sa création en Jésus : celui-ci est le nouvel Adam par qui l'humanité va être restaurée dans sa filiation divine.

JÉSUS EST PLEINEMENT FILS DE DIEU

En créant Adam et Ève, Dieu leur avait accordé de participer à sa vie divine et les avait constitués dans un état « de sainteté et de justice originelle [85] ». Celles-ci ont été perdues à cause du péché originel et n'ont pu être restaurées dans le peuple de l'Ancienne Alliance.

En envoyant son Fils sur la terre, Dieu réalise une œuvre plus merveilleuse encore qu'en créant nos premiers parents, car en Jésus *« habite corporellement la plénitude de la divinité »* (Col 2, 9). Engendré par l'Esprit Saint (cf. Lc 1, 35), Jésus est « Fils de Dieu par nature et non par adoption [86] ».

Pour que Jésus, en tant qu'homme, soit saint, il était nécessaire que sa mère aussi le soit. En effet, si celle-ci avait partagé totalement la condition des fils d'Adam, elle aurait été marquée par le péché originel. Or, « pour pouvoir donner l'assentiment libre de sa foi à l'annonce de sa vocation, il fallait qu'elle fût toute portée par la grâce de Dieu. C'est pourquoi le Père a réalisé une œuvre merveilleuse en elle : il l'a préservée du péché originel par le privilège de son immaculée conception [87] ». Cette « sainteté éclatante absolument unique » lui vient tout entière du Christ : elle est « rachetée de façon éminente en considération des mérites de son Fils ». Ainsi, Marie a donné à Jésus un corps, doté d'une âme rationnelle, pur de toute souillure, pur de la souillure du péché originel qui prive l'homme de la sainteté et de la justice originelle.

84. Cf. VTB p. 343 : L'Église, peuple élu.
85. CEC § 375. Cf. p. 51.
86. CEC § 465.
87. Cf. CEC § 491.

En outre, Marie, « restée pure de tout péché personnel tout au long de sa vie [88] », n'a pas été affectée par les blessures psychoaffectives dont nous souffrons et a donc accueilli son fils, dès sa conception, avec un amour parfait.

Ainsi, conçu de l'Esprit Saint et né de la Vierge Marie immaculée, Jésus « est l'homme parfait qui a restauré dans la descendance d'Adam la ressemblance divine, altérée dès le premier péché » et qui « a élevé la nature humaine en nous aussi à une dignité sans égale [89] ».

JÉSUS EST EN COMMUNION PARFAITE AVEC LE PÈRE

Au sein de la très sainte Trinité, le Verbe est en communion d'amour parfaite avec le Père. Jésus l'est tout autant dans son humanité, car « le Fils de Dieu communique à son humanité son propre mode d'exister personnel dans la Trinité. Ainsi, dans son âme comme dans son corps, le Christ exprime humainement les mœurs divines de la Trinité [90]. »

Cela se manifeste surtout dans la prière de Jésus à son Père : il l'appelle *« Abba »*, « papa » (Mc 14, 36), avec une familiarité qui témoigne d'une intimité extraordinaire. « Le Fils de Dieu fait homme a une connaissance intime et immédiate de son Père [91]. » Et « il jouit en plénitude de la science des desseins éternels qu'il est venu révéler [92] ».

Le Fils connaît le Père et ses desseins ; c'est pourquoi, alors qu'Adam et Ève tentés par Satan se sont méfiés de Dieu, Jésus gardera une confiance inébranlable en l'amour du Père tout au long de sa vie, et jusque sur la croix où ses dernières Paroles s'adresseront à lui (cf. Lc 23, 46).

Alors que nos premiers parents ont désobéi à Dieu, Jésus agit toujours dans l'obéissance au Père. Déjà, lorsque celui-ci,

88. Cf. CEC § 493.
89. Vatican II, *Constitution sur l'Église dans le monde*, n°22.
90. CEC § 470.
91. CEC § 473.
92. CEC § 474.

dans son amour fou pour les hommes, avant même l'Incarnation, lui a demandé de se faire homme et de livrer sa vie pour nous sauver, le Fils a obéi. Puis sur terre, « la volonté humaine du Christ suit sa volonté divine, sans être en résistance ni en opposition vis-à-vis d'elle, mais bien plutôt en étant subordonnée à cette volonté toute-puissante [93] ».

Alors qu'Adam et Ève, dans leur orgueil, avaient voulu *« devenir comme des dieux »* (Gn 3, 5), *« Jésus, qui était de condition divine, n'a pas retenu jalousement le rang qui l'égalait à Dieu. Mais il s'est anéanti, prenant condition d'esclave, devenant semblable aux hommes, et par son aspect il était reconnu comme un homme ; il s'est humilié, devenant obéissant jusqu'à la mort, et à la mort sur une croix »* (Ph 2, 6-8).

Alors qu'Adam et Ève ont voulu être indépendants et autonomes par rapport à Dieu, Jésus vit en permanence dans la dépendance par rapport à son Père dont il reçoit tout. En effet, celui que Dieu a envoyé dit les paroles de Dieu qui lui donne l'Esprit sans mesure. Le Père aime le Fils et *« il a tout remis en sa main »* (Jn 3, 34). En outre, la loi du Royaume que Jésus transmet est celle que le Père a donnée à son peuple par la médiation de Moïse. Cette loi, il n'est pas venu *« l'abolir, mais l'accomplir »* (Mt 5, 17).

Après le péché originel, Adam et Ève ont perdu la maîtrise des facultés spirituelles de l'âme sur le corps [94] et sont devenus sujets à la triple concupiscence. Jésus, le Saint de Dieu, possède cette maîtrise, et le manifeste d'abord face à Satan lors de la triple tentation au désert (cf. Mt 4, 1-11), puis durant toute sa vie publique et enfin durant l'ultime combat contre Satan, sur la croix (cf. Mt 27, 37-44 ; Lc 23, 35-39).

Jésus, par amour, s'est fait *« obéissant jusqu'à la mort sur la croix »* (Ph 2, 8), et sa dernière parole est un ultime acte de confiance et d'amour envers son Père : *« Père, entre tes mains je remets mon esprit. »* (Lc 23, 46)

---

93. CEC § 475.
94. CEC § 400.

Oui, vraiment, Jésus est le nouvel Adam : en lui, l'homme est restauré dans sa beauté originelle et sa filiation divine.

La vraie descendance d'Abraham

En tant que nouvel Adam, Jésus n'aurait dû connaître ni la souffrance ni la mort ; en effet, « tant qu'il demeurait dans l'intimité divine, l'homme ne devait ni mourir (cf. Gn 2, 17 ; 3, 19), ni souffrir (cf. Gn 3, 16) [95] ». Si Jésus a accepté de souffrir et de mourir, c'est par solidarité avec nous, pour nous sauver.

> « Les péchés des hommes, consécutifs au péché originel, sont sanctionnés par la mort. En envoyant son propre Fils dans la condition d'esclave, celle d'une humanité déchue et vouée à la mort à cause du péché, *"Dieu l'a fait péché pour nous, lui qui n'avait pas connu le péché, afin qu'en lui nous devenions justice pour Dieu"* (2 Co 5, 21). [...] L'ayant ainsi rendu solidaire de nous pécheurs, *"Dieu n'a pas épargné son propre Fils mais l'a livré pour nous"* (Rm 8, 32), pour que nous soyons *"réconciliés avec lui par la mort de son Fils"* (Rm 5, 10) [96]. »

L'Église s'émerveille devant tant d'amour : « Telle est la qualité et la grandeur du mystère de l'homme, ce mystère que la Révélation chrétienne fait briller aux yeux des croyants. C'est donc par le Christ et dans le Christ que s'éclaire l'énigme de la douleur et de la mort qui, hors de son Évangile, nous écrase. Le Christ est ressuscité ; par sa mort, il a vaincu la mort et il nous a abondamment donné la vie pour que, devenus fils dans le Fils, nous clamions dans l'Esprit : *Abba*, Père [97]. »

Ce mystère commence dès la conception de Jésus. « Jésus, le nouvel Adam, inaugure par sa conception virginale la nouvelle naissance des enfants d'adoption dans l'Esprit Saint par la foi [98]. »

95. CEC § 376.
96. CEC § 602-603.
97. Vatican II, *Constitution sur l'Église dans le monde*, n° 22.
98. CEC § 505.

Remarquons le rôle essentiel que joue la Vierge Marie dans cette conception. Alors qu'Ève avait désobéi et enfanté une humanité pécheresse, Marie, en disant oui le jour de l'Annonciation, est devenue la mère du Sauveur. « Le nœud dû à la désobéissance d'Ève s'est dénoué par l'obéissance de Marie ; ce qu'Ève la vierge avait noué par son incrédulité, la Vierge l'a dénoué par sa foi [99]. »

À côté du nouvel Adam, elle est la nouvelle Ève d'où doit naître une humanité nouvelle. C'est pourquoi, sur la croix, Jésus la donnera pour mère à ceux qu'il rachètera par son sang, et dont il fera les enfants adoptifs du Père [100].

Jésus, en triomphant de Satan, du péché et de la mort, réalise en lui-même d'abord le dessein d'amour du Père depuis avant la fondation du monde. Il apparaît aussi comme l'aboutissement de l'œuvre entreprise par Dieu avec Abraham. Jésus est la véritable postérité d'Abraham, cette descendance comblée de toutes les bénédictions de Dieu. C'est pour cela que Matthieu fait remonter la généalogie de Jésus jusqu'à Abraham (cf. Mt 1, 1).

Le Père avait promis à Abraham une descendance innombrable comme les étoiles du ciel : *« En toi seront bénies toutes les familles de la terre. »* (Gn 12, 3) C'est à partir de Jésus, mort et ressuscité pour nous sauver, que cette promesse va se réaliser : tous ceux qui, par la foi, accueilleront le salut qu'il nous a obtenu deviendront la descendance d'Abraham, père des croyants (cf. Ga 3, 28), le nouvel Israël de Dieu ouvert à tous les peuples, l'Église « catholique », c'est-à-dire universelle.

Soulignons aussi un point important ; Israël était déjà appelé « fils de Dieu » ; mais c'est à un autre niveau que les chrétiens sont maintenant fils de Dieu. Par le baptême, nous sommes affranchis du péché originel et purifiés de nos péchés personnels ; nous devenons fils et filles dans le Fils et participons à sa vie éternelle ; nous recevons l'Esprit Saint avec tous ses dons. C'est le Saint-Esprit qui va nous conduire à la sainteté voulue

---

99. Vatican II, *Constitution sur l'Église*, n° 56.
100. Cf. Jn 19, 25-27.

pour nous par le Père de toute éternité dans le Christ, en nous faisant progresser sur un chemin de conversion, de guérison et de sanctification.

4. Le père et la conception de son enfant

Nous venons de voir comment le Père réalise son dessein de paternité et l'incarne en créant Adam et Ève, puis en choisissant Abraham et le peuple d'Israël, et enfin en envoyant son propre Fils partager notre condition humaine et nous sauver. Son dessein passe donc nécessairement par la paternité humaine.

Le désir d'enfant naît chez un couple qui s'aime et qui aspire à vivre jusqu'au bout la donation réciproque des époux. « La fécondité est un don, une fin du mariage, car l'amour conjugal tend naturellement à être fécond. L'enfant ne vient pas de l'extérieur s'ajouter à l'amour mutuel des époux ; il surgit au cœur même de ce don mutuel, dont il est un fruit et un accomplissement [101]. »

Cet amour des conjoints, par la grâce du sacrement de mariage, est une participation à l'amour de la sainte Trinité. Et « leur amour parental est appelé à devenir pour leurs enfants le signe visible de l'amour même de Dieu, d'où vient *"toute paternité au ciel et sur la terre"* (Ep 3,15) [102] ».

L'Église ne cesse de s'émerveiller devant l'extraordinaire vocation des époux : « Ils sont les coopérateurs du Dieu Créateur et comme ses interprètes [103]. »

Le père est procréateur

L'insigne dignité du père comporte cependant des limites. Le père n'est pas Dieu. Il n'y a que le Père qui soit véritablement Créateur ; le père est procréateur. Dans ce mot, le préfixe

101. CEC § 2366.
102. Jean-Paul II, *Exhortation apostolique sur la famille chrétienne*, n° 14.
103. Vatican II, *Constitution sur l'Église dans le monde*, n° 50.

« pro » signifie « en avant », mais il peut signifier aussi « à la place de ». Ce deuxième sens convient bien ici, car seul Dieu est Père, absolument ; la paternité selon la chair et le sang n'est que participée.

D'ailleurs, le père le sait bien : la vie ne vient pas de lui. Il l'a lui-même reçue de ses ancêtres, ainsi que du Père, qui en est l'origine ultime – c'est lui qui a créé l'humanité – mais aussi actuelle : si Dieu ne nous donnait pas en ce moment le souffle de vie, nous disparaîtrions !

Limité, le père l'est aussi parce qu'il ne choisit pas individuellement son enfant : celui-ci est une personne unique qui lui est confiée par le Père.

Limité, le père l'est encore car c'est Dieu qui donne à l'enfant son âme, « germe d'éternité qu'il porte en lui-même, irréductible à la seule matière [104] ». Cette âme va favoriser chez l'enfant « son ouverture à la vérité et à la beauté, son sens du bien moral, sa liberté et la voix de sa conscience, son aspiration à l'infini et au bonheur [105] ». « L'Église enseigne que chaque âme spirituelle est immédiatement créée par Dieu – elle n'est pas “produite” par les parents ; elle nous apprend aussi qu'elle est immortelle [106]. » C'est grâce à la présence en lui de l'âme que l'enfant pourra accueillir la vie de fils ou fille du Père, et la développer tout au long de son séjour sur la terre.

L'enfant est confié par Dieu au père ; voilà pourquoi l'autorité de celui-ci est également limitée : l'enfant n'est ni sa propriété, ni encore moins sa chose ! Xavier Lacroix y insiste :

> « La relation à l'enfant ne relève ni du faire ni de l'avoir, mais de l'être. Mon fils ou ma fille, “chair de ma chair”, n'est pas mon œuvre ni ma propriété. Il est important de souligner cela en un temps où la culture technicienne et l'idéologie du “faire” sont devenues envahissantes. Le père ne fait pas le fils, il le reçoit [107]. »

104. *Ibid.* n° 18.
105. CEC § 33.
106. CEC § 365.
107. Xavier Lacroix, *Passeurs de vie*, p. 27.

Il le reçoit de son épouse ; il le reçoit surtout de Dieu. Voilà pourquoi le peuple juif concevait la fécondité comme une bénédiction : « *Heureux qui craint le Seigneur et marche selon ses voies !* [...] *Ta femme est dans ta maison comme une vigne généreuse, et tes fils, autour de la table, comme des plants d'olivier.* » (Ps 127-128, 1-3)

Puisque la vocation du père est de transmettre la bénédiction du Père, la première chose qu'il peut faire, dès la conception de son enfant, c'est de bénir celui-ci, afin que ce minuscule embryon commence à recevoir les bénédictions dont Dieu veut le combler depuis avant la fondation du monde.

Comme il a « charge d'âme », le père est désormais responsable de ce petit être si vulnérable qui commence à se développer dans le sein maternel. S'il ne peut pas grand-chose pour lui directement, sa première responsabilité est d'accompagner, d'aider la mère durant sa grossesse. C'est pourquoi, à l'heure actuelle, les livres destinés à la maman comportent quelques pages de conseils à l'intention du papa, soit sous forme d'un chapitre [108], soit sous forme d'une page par mois de grossesse [109].

Le don de la vie

Le don le plus fondamental que fait le père à son enfant est le don de la vie, qui trouve sa source ultime en Dieu.

Celui qui engendre est parfois appelé « père biologique ». Xavier Lacroix dénonce le côté limitatif de ce terme : « À celui-ci correspond une rationalisation, une analyse du vivant perçu comme un objet et décrypté à partir de la grille de lecture qu'en donne la raison scientifique [110]. »

Dans notre société, la conception d'un enfant est présentée principalement comme un acte technique permettant la rencontre d'un spermatozoïde et d'un ovule, et l'embryon n'est pas reconnu comme une personne : il n'a pas de statut légal.

108. Laurence Pernoud, *J'attends un enfant*, Horay, 2009.
109. *Le petit Larousse de la grossesse*, 2009.
110. Xavier Lacroix, *Passeurs de vie*, p. 26.

D'où les débats autour de la bioéthique et de l'avortement. Il en est de même pour tout ce qui concerne la reproduction dans les programmes scolaires de SVT (Sciences de la vie et de la terre) [111]. L'Église, elle, ne dissocie jamais la conception d'un enfant de l'amour de ses parents, ni du dessein d'amour de Dieu pour cet être vivant, qu'elle considère comme une personne humaine dès ce premier instant.

De la rencontre d'un spermatozoïde avec un ovule naît un être humain. Les extraordinaires progrès de la science nous permettent de comprendre ce qui se passe, et même de voir des photos de chaque étape du développement de l'embryon, puis du fœtus. C'est un émerveillement de suivre ainsi la formation d'un corps qui prend peu à peu forme humaine et qui, plus tard, ressemblera peu ou prou à celui de son père et de sa mère.

En même temps se forme un psychisme avec toutes ses facultés, avec ses traits de caractère hérités davantage de l'un ou l'autre des parents.

Certains traits physiques ou psychiques sont même caractéristiques de certaines familles ; si ce sont des éléments positifs – beauté ; capacités sportives ; goûts artistiques ; qualités diverses… –, il faut s'en réjouir.

Nous avons tellement tendance, parfois, à voir le mauvais côté des choses que nous oublions de rendre grâce à nos parents et à Dieu pour toutes ces qualités qu'ils nous ont transmises dès notre conception. Notamment la santé et tout ce qui fonctionne bien dans notre corps et dans notre psychisme : tous ces bienfaits physiques et moraux dont nous ne réalisons le prix, bien souvent, que lorsque nous en sommes privés.

Remercions, par-dessus tout, nos parents pour leur amour et pour le don de la vie, ainsi que pour la révélation de l'amour du Père pour chacun de nous. « La vie humaine est sacrée parce que, dès son origine, elle comporte l'action créatrice de

111. Voici par exemple les titres des chapitres d'un livre de troisième : 1. Espèce, individu et hérédité. 2. L'information génétique. 3. Multiplication cellulaire et cancer. 4. Reproduction sexuée et unicité des individus.

Dieu [112]. » C'est pourquoi « elle doit être respectée et protégée de façon absolue depuis le moment de la conception [113] ».

5. L'héritage « empoisonné »

Malheureusement, même si les parents conçoivent leur enfant dans l'amour et lui font le cadeau merveilleux de la vie, ils lui transmettent malgré eux une part d'héritage « empoisonné ».

Le péché originel

« À la suite de saint Paul, l'Église a toujours enseigné que l'immense misère qui opprime les hommes et leur inclination au mal et à la mort ne sont pas compréhensibles sans leur lien avec le péché d'Adam, et le fait qu'il nous a transmis un péché dont nous naissons tous affectés et qui est "mort de l'âme [114]". » (Trente DS 1512)

Comment le péché d'Adam nous est-il transmis ?

« La transmission du péché originel est un mystère que nous ne pouvons comprendre pleinement. Mais nous savons par la Révélation qu'Adam avait reçu la sainteté et la justice originelles non pour lui seul, mais pour toute la nature humaine : en cédant au tentateur, Adam et Ève commettent un péché personnel, mais ce péché affecte la nature humaine qu'ils vont transmettre dans un état déchu. C'est un péché qui sera transmis par propagation à toute l'humanité, c'est-à-dire par la transmission d'une nature humaine privée de la sainteté et de la justice originelles. C'est pourquoi le péché originel est appelé "péché" de façon analogique : c'est un péché "contracté" et non pas "commis", un état et non pas un acte [115]. »

112. CEC § 2258.
113. CEC § 2270.
114. CEC § 403.
115. CEC § 404.

Tout enfant, dès sa conception, est marqué par le péché originel. Sa nature humaine est « blessée dans ses propres forces naturelles, soumise à l'ignorance, à la souffrance et à l'emprise de la mort, et inclinée au péché [116] » (cette inclination au mal est appelée « concupiscence »).

LES BLESSURES VENANT DE TARES FAMILIALES

Le handicap dû au péché originel se trouve aggravé pour certains enfants par le fait que l'un de ses parents ou de ses ancêtres s'est adonné à l'occultisme, surtout s'il y a eu, parmi les ancêtres, des sorciers ou des magiciens. Francis MacNutt, qui exerce depuis de nombreuses années un ministère de délivrance, en donne un exemple :

> « Une femme voulait la prière pour un problème assez banal. Elle avait du mal à être patiente et se mettait facilement en colère, faute banale et humaine. Elle était pratiquante et enseignait le catéchisme. Mais dès que nous nous sommes mis à prier, son visage se transforma en un masque bougonnant de rage. Pire encore, cette femme, habituellement douce, se mit à parler avec une grosse voix en nous insultant. Heureusement, nous avions parmi nous quelqu'un qui a un don de discernement et qui a dit : "Tout a commencé au cours d'une messe noire en Angleterre il y a des centaines d'années, quand sa famille a été consacrée à Satan." [...] Si un de nos ancêtres a consacré la famille à Satan, les conséquences désastreuses se poursuivent [...] tant que la malédiction n'a pas été coupée [117]. »

Comment savoir si une famille souffre d'une malédiction ? F. MacNutt donne une liste de sept signes qui peuvent l'indiquer :

> « 1. La dépression mentale ou psychique ; [...]
> 2. La maladie chronique ou répétitive, surtout si elle est héréditaire ;

116. CEC § 405.
117. Francis MacNutt, *La délivrance pour aujourd'hui*, éd. Bénédictines, 2008, p. 115.

3. La stérilité et la tendance à avoir des fausses couches ;
4. Les ruptures au sein du couple et de la famille ;
5. Les problèmes financiers continuels [...] ;
6. Une prédisposition aux malheurs ;
7. Un passé familial anormal (suicides, morts prématurées).

« Il va de soi qu'aucun de ces problèmes, très humains, n'est suffisant en lui-même pour prouver la présence d'une malédiction. Ce n'est que lorsque plusieurs signes sont présents, ou qu'un signe est particulièrement grave, qu'on peut suspecter une malédiction infligée. Même dans ces cas, on ne peut en être certain que sous la conduite de l'Esprit-Saint [118]. »

Parmi les blessures héritées des parents figurent aussi *les tares physiques*. Y a-t-il une relation de cause à effet entre le péché et la maladie ? Les Juifs avaient tendance à penser que oui. Mais Jésus les a invités à changer de point de vue.

« Jésus vit un homme aveugle de naissance. Ses disciples lui posèrent cette question : "Rabbi, qui a péché pour qu'il soit né aveugle, lui ou ses parents ?" Jésus répondit : "Ni lui, ni ses parents." » (Jn 9, 1-3)

En fait, la maladie est la conséquence du péché originel et elle peut, malheureusement, frapper les bons comme les méchants. Et ce dès la conception, sous forme de tare, c'est-à-dire de « défectuosité héréditaire, plus ou moins grave, d'ordre physique ou psychique [119] ».

Ces tares peuvent être minimes (absence de sourcils, oreilles décollées), ou beaucoup plus importantes (malformation ou absence d'un membre, surdité, cécité, maladie génétique – dont la trisomie 21, etc.)

Pourquoi l'un et pas l'autre ? C'est injuste !... À vue humaine, oui. Mais pas pour Dieu, car le Père n'aime pas moins ses enfants handicapés : à ses yeux, ils ont la même dignité que

118. *Ibid.* p. 112.
119. Dictionnaire *Le Petit Robert*.

les valides ; eux aussi, il veut les combler de ses bénédictions et sa grâce ne leur fera jamais défaut, ni à leurs parents confrontés à une bien douloureuse épreuve !

Enfin, parmi les blessures transmises par les parents, évoquons les *tares psychiques.*

Freud a été l'un des premiers à s'intéresser à cette question délicate. Il écrivait en 1939 : « L'hérédité archaïque de l'homme ne comporte pas que des prédispositions ; elle a aussi des contenus idéatifs des traces mnésiques qu'ont laissées les expériences faites par les générations antérieures [120]. »

Si ces expériences ont été bonnes, elles nous enrichissent. Mais si elles ont été mauvaises, cela a des conséquences négatives sur les générations suivantes. Depuis quelques dizaines d'années, des études ont été réalisées sur le transgénérationnel et sur ces tares psychiques transmises par les parents à leurs enfants.

Ce peut être des défauts sans grande gravité, comme la timidité ; mais aussi parfois une tendance à certaines maladies psychiques, comme la dépression, ou à certaines addictions, comme le jeu ou l'alcoolisme.

Nelly Astelli en donne un exemple. Une femme témoigne :

> « J'ai été alcoolique jusqu'à l'âge de trente ans. Demeurait un alcoolisme léger qui non seulement me torturait, mais m'empêchait de découvrir mes grands maux intérieurs, car j'étais dépendante de ce vice. Auparavant, Jésus m'avait déjà montré que j'avais été engendrée par un spermatozoïde "ivre". Il m'a guérie, et jamais plus je n'ai pris de boissons fortement alcoolisées [121]. »

Parfois, ce sont des réalités psychiques plus étranges qui se transmettent de façon transgénérationnelle. Ainsi, des fidélités inconscientes qui conduisent à des répétitions familiales, à des

120. Sigmund Freud, *Moïse et le monothéisme*, 1939, Gallimard poche, collection Idées 1948, p. 134.
121. Nelly Astelli, *La guérison des blessures reçues dans le sein maternel*, éd. St-Paul, p. 77.

syndromes d'anniversaire. Anne Ancelin Schützenberger particulièrement a mis ce phénomène en lumière.

> « Nous continuons la chaîne des générations et payons les dettes du passé ; tant qu'on n'a pas "effacé l'ardoise", une "loyauté invisible" nous pousse à répéter, que nous le voulions ou non, que nous le sachions ou non, la situation agréable, ou l'événement traumatique, ou la mort injuste, voire tragique, ou son écho [122]. »

Elle cite, dans son livre, plusieurs exemples de cela ; comme celui de Charles. Ses deux grands-pères étaient morts à 39 ans, l'un suite à une grave blessure aux testicules, l'autre gazé à la guerre. Or, à 39 ans, Charles a déclaré un cancer d'abord aux testicules, puis aux poumons [123]. Simple coïncidence ?

Anne Ancelin Schützenberger évoque aussi les « fantômes » et les « cryptes ».

> « Le fantôme, ce serait comme quelqu'un qui sortirait de la tombe mal fermée d'un ancêtre, après une mort difficile à accepter, ou un événement "dont on a honte". [...] Par exemple un assassinat, une mort suspecte, la tuberculose, la syphilis, un internement, un séjour à l'hôpital psychiatrique ou en prison, une faillite, une maladie "honteuse", un adultère, un inceste. Il s'agit d'oublier quelque chose ou quelqu'un qui était disgracié ou qui avait disgracié la famille, laquelle en avait honte, et dont on ne parlait pas. Tout se passe comme si un membre de la famille gardait ce non-dit qui était devenu un secret, et dont il était devenu le seul détenteur, dans son cœur, dans son corps, comme dans une "crypte" en lui, et que ce fantôme, de temps en temps, sortait et agissait, après une ou deux générations [124]. »

Une des manifestations de ce phénomène, ce sont les syndromes post-traumatiques chez les descendants de ceux qui ont subi des drames gravissimes. « On voit apparaître des

---

122. Anne Ancelin Schützenberger, *Aïe, mes aïeux !* La Méridienne, éd. Desclée de Brouwer, 1993, éd. 2001, p. 12.
123. *Ibid.* p. 118.
124. *Ibid.* p. 59 ; cf. p. 175 à 177.

cauchemars terrifiants chez certains petits-enfants de déportés, résistants, nazis, trépassés en mer, et divers morts sans sépulture [125]. » Et même, chose surprenante, « les enfants des survivants de l'holocauste souffrent trois fois plus de syndromes post-traumatiques que leurs parents, qui ont souffert dans le réel et y ont fait face [126]. »

La question du mode de transmission transgénérationnelle est posée, mais Anne Ancelin Schützenberger ne propose que des hypothèses [127].

Dans l'optique de notre réflexion, remarquons que cet héritage transgénérationnel a quelque chose à voir avec le péché des ancêtres : péché personnel (crime, adultère, inceste, suicide), ou péché collectif (guerre, holocauste, haine raciste). Mais il doit être bien clair que ce qui est transmis l'est sur le plan psychologique, et non sur le plan spirituel : le péché des ancêtres est de leur responsabilité personnelle et nous n'avons pas de dette pour lui.

En revanche, ce que nous faisons de notre héritage est de notre responsabilité. Il nous faut donc mettre en lumière ce qui aliène notre liberté dans notre héritage, et Dieu peut nous y aider grandement, puisque Jésus est venu *« guérir les aveugles et libérer les captifs »* (Lc 4, 18).

LES BLESSURES OCCASIONNÉES PAR LE PÈRE À LA CONCEPTION

Dieu désire que l'enfant soit conçu par un couple qui s'aime et qui vit une paternité responsable. « L'enfant surgit au cœur même de ce don mutuel des époux, dont il est un fruit et un accomplissement [128]. »

Or, il arrive que, dans l'union charnelle, même dans le couple, l'homme recherche d'abord son plaisir personnel et ne respecte pas son épouse. Il arrive aussi que celle-ci, à cause de

125. *Ibid.* p. 116.
126. *Ibid.* p. 114.
127. *Ibid.* p. 190.
128. CEC § 2366.

ses propres blessures, soit réticente par rapport à l'acte conjugal. Si l'union des époux se fait non dans l'amour, mais dans la contrainte, mystérieusement l'embryon peut le ressentir dès la conception et en être blessé.

Combien plus si la conception s'effectue dans un contexte de violence, déjà dans le couple, ou, pire, à l'occasion d'un viol par une personne extérieure. « Le viol est atteinte à la justice et à la charité. [...] Il crée un préjudice grave, qui peut marquer la victime sa vie durant. Il est toujours un acte intrinsèquement mauvais [129]. » Préjudice grave pour la femme ; préjudice grave aussi pour son enfant !

Quand celui-ci est conçu dans un tel contexte, ou même dans une relation passagère, la maman enceinte se retrouve ensuite seule pour porter son enfant. La pression sociale la pousse alors à avorter, ignorant le traumatisme supplémentaire que cela constituera pour elle. Si, malgré tout, la mère garde son enfant, elle se heurtera à de multiples difficultés dont l'enfant pâtira avec elle !

Les blessures occasionnées par le père durant la grossesse

Une fois conçu, l'embryon vit une relation extraordinairement intime avec sa mère, si bien que celle-ci joue un rôle primordial dans le développement affectif et caractériel de son enfant. Mais le père joue aussi un rôle important dès le départ, car il détermine en partie la sensibilité de la mère, et donc de l'embryon.

La réaction du père est cruciale lorsqu'il apprend que son épouse est enceinte. Cela peut constituer un choc pour lui : devenir père le renvoie à sa propre enfance et à sa relation avec son propre père. Or, celle-ci a pu être très mal vécue et l'a peut-être empêché de parvenir à la maturité affective. Il peut alors éprouver des sentiments d'angoisse, voire de jalousie

129. CEC § 2356.

ou d'agressivité. Ces sentiments négatifs vont naturellement influencer la mère et retentir sur la sensibilité de l'embryon.

Son immaturité peut conduire le père à des comportements de fuite comme, dans les cas extrêmes, la maladie mentale ou l'addiction. Anne Ancelin Schützenberger cite une étude réalisée sur un groupe de malades hospitalisés pour alcoolisme : « L'alcoolisme est une alternative autre que la psychose pour répondre au sentiment conflictuel créé par l'arrivée d'un bébé à la maison [130]. »

Ce comportement de fuite peut aussi conduire l'homme à l'infidélité. Si sa femme l'apprend, elle en est très choquée, mais l'enfant aussi avec elle. Nelly Astelli en cite un témoignage.

> « Je souffrais de jalousie, mais j'en ignorais la raison. J'ai demandé au Seigneur de me montrer la racine de cette jalousie. Il m'a fait revenir au deuxième mois de ma conception, au moment où ma mère a découvert que mon père la trompait. Je la voyais assise dans la cour de la maison, pleurant d'impuissance, touchant son ventre et exprimant avec rage ce sentiment : "Pourvu que ce bébé ne soit pas une fille, afin qu'elle ne soit pas trahie comme moi !" Elle prononça cette phrase avec une telle colère et une telle détermination que je ressentis qu'à ce moment-là mon cœur avait été enfermé comme dans une prison d'acier.
>
> « Je voyais avec lucidité mes comportements tordus à l'égard des hommes : d'un côté le mépris, et de l'autre la séduction et la possessivité dans l'amitié. [...] La principale raison pour laquelle j'avais choisi le célibat, c'est que je n'aurais jamais pu souffrir d'être trompée par mon mari. Ma réaction face à l'infidélité était infantile et viscérale [131]. »

Cet exemple montre bien comment l'infidélité du père a traumatisé son épouse et comment celle-ci, par sa réaction extrême, a transmis à sa fille – qui n'était encore qu'un embryon de deux mois – une révolte contre l'homme et une

130. Anne Ancelin Schützenberger, *Aïe, mes aïeux !* p. 181.
131. Nelly Astelli, *op. cit.*, p. 58.

peur du mariage qui lui ont empoisonné la vie jusqu'à ce que le Seigneur visite et apaise cette blessure.

En apprenant que sa femme est enceinte, le père peut fuir ; il peut aussi réagir agressivement. S'il refuse l'enfant, il peut pousser sa femme à se faire avorter. S'il y a tentative d'avortement, et que l'enfant s'accroche et survit, il en sera traumatisé. Nelly Astelli l'a souvent constaté.

> « Si le rejet a été très important, ces personnes pourront plus tard faire de la dépression, une dépression qui les poussera à l'autodestruction, à travers la drogue, l'alcoolisme, le suicide, etc. Les tentatives d'avortement contre le bébé durant les premiers mois de la grossesse exercent une influence considérable sur le développement de l'enfant. Il en est qui luttent contre la vie en faisant de l'anorexie [132]. »

Ce rejet peut encore être accru quand l'enfant a été conçu hors mariage. « Ma mère était fille-mère ; elle m'a rejetée durant sa grossesse, en particulier au sixième mois [...] alors que mon père la poursuivait en la menaçant d'une machette, car il ne voulait pas que je naisse [133]. »

Le traumatisme peut encore venir de ce que la sensibilité de la mère est agressée par un divorce (surtout si celui-ci se passe mal) ou par un deuil (surtout si celui-ci est brutal et que le défunt est très proche : conjoint, parent, enfant, ami). L'embryon (ou le fœtus) ressent le traumatisme de sa mère, et peut en être gravement affecté.

Les répercussions sur l'image que l'enfant aura de Dieu

Lorsque l'enfant a été blessé dès le sein de sa mère, il peut en vouloir à Dieu d'être au monde :

> « Dieu avait décidé de me créer, il m'avait tirée du néant ; ma révolte portait précisément sur ce point-là, sur la liberté de Dieu.

132. *Ibid.* p. 50.
133. *Ibid.* p. 94.

J'avais été créée sans mon consentement : Dieu avait pris la décision à ma place. En conséquence, j'étais bien obligée de vivre, sous peine de tomber en enfer pour l'éternité et de continuer à vivre dans la souffrance. J'aurais désiré n'avoir jamais vécu [134]. »

L'enfant peut aussi avoir une image horrible de Dieu, reflet du comportement négatif du père de la terre, image suggérée par Satan selon sa tactique inaugurée avec Adam et Ève pour les couper de leur Créateur et Père :

> « Dieu était pour moi un Dieu mauvais, pervers, plus perfide que Satan, se complaisant dans la souffrance et la mort : c'était un Dieu sadique. Je me suis battue contre lui, j'ai blasphémé son nom ; j'ai éprouvé une forte envie de me suicider puisque je savais que je le rencontrerais dans la mort. Rien ne me permettait d'échapper à ce Dieu tellement mauvais. Après qu'on eut prié pour moi, un prêtre fit une prière de délivrance ; c'est alors que j'ai commencé à découvrir l'image d'un Dieu Père [135]. »

Dieu respecte infiniment la liberté de ses enfants, notamment celle des parents lorsqu'ils procréent un enfant. Il désire ardemment que celui-ci soit accueilli par des parents qui s'aiment et sont unis par le lien sacramentel du mariage. Si ce n'est pas le cas, et même si la conception s'effectue hors mariage dans les pires conditions (viol ou inceste), il doit respecter le mauvais usage que les humains font de leur liberté.

« Mais l'Église croit fermement que la vie humaine, même faible et souffrante, est toujours un magnifique don du Dieu de bonté [136]. » En effet, à tout enfant, le Père donne son âme spirituelle et il n'aura de cesse que cet enfant, même conçu dans les pires conditions, ne reçoive toutes les bénédictions dont il veut le combler depuis avant la fondation du monde. Aujourd'hui encore, Jésus cherche ses brebis perdues pour les envelopper de sa miséricorde, pour les ramener vers leur Père,

134. *Ibid.* p. 87. On peut penser à Job maudissant sa conception : Jb 3.
135. *Ibid.* p. 77.
136. Jean-Paul II, *La famille chrétienne*, n° 30.

dans l'Église, et ce sont souvent les plus blessées qui sont par lui le plus comblées.

6. Un chemin de guérison

Nous pouvons être blessés dans tout notre être dès la conception : spirituellement, psychiquement et physiquement, mais plus ou moins gravement selon la manière dont nous avons été conçus. Le projet du Père pour ses enfants se trouve ainsi battu en brèche dès ce moment. Mais Dieu est « *riche en miséricorde* » (Ep 2, 4) et il inspire aux hommes de multiples moyens – spirituels, psychologiques ou physiques – pour avancer sur un chemin de guérison.

LE BAPTÊME REMÈDE AU PÉCHÉ ORIGINEL

C'est le Père qui a « inventé » le premier et le plus fondamental des remèdes : le baptême. « Celui-ci, en donnant la vie de la grâce du Christ, efface le péché originel et retourne l'homme vers Dieu ; mais les conséquences pour la nature, affaiblie et inclinée au mal, persistent dans l'homme et l'appellent au combat spirituel [137]. »

Nous reviendrons au chapitre suivant sur ce sacrement essentiel, car, pour être baptisé, l'enfant doit être né. Soulignons seulement que toutes les démarches spirituelles que nous allons évoquer s'enracinent dans la grâce baptismale.

En attendant la naissance, les parents peuvent prier pour que leur enfant soit béni par Dieu et protégé au maximum de toute blessure. C'est ainsi que l'on voit se développer une pastorale de l'enfant à naître, une préparation spirituelle à la naissance.Par exemple à la clinique des Franciscaines à Versailles [138].

137. CEC § 405.

138. Cf. *Famille Chrétienne* n° 1665. Pour l'équipe de Versailles : catherine.coustaury@gmail.com ; www.aucoeurdelaclinique.com

Ce parcours repose sur une méditation de l'évangile de la Visitation : la rencontre de la Vierge Marie et de sa cousine est riche d'enseignement sur le mystère de la vie à naître. Le prêtre bénit les enfants in utero, avec des prières tirées du livre des rituels des bénédictions de l'Église catholique. Mais les parents aussi sont invités à prier pour leur enfant, et le père à le bénir tous les jours dans le sein maternel.

Luc Lannoye témoigne que cette prière peut être source de guérison pour l'enfant :

> « Mon père, tuberculeux, ne pouvait plus avoir d'enfant, ma mère n'aurait pas dû en avoir un cinquième. J'ai été conçu en Suisse, lors d'une visite à son époux, alors en convalescence. Bien qu'elle ait été très chrétienne, la perspective de cette naissance a d'abord plongé ma mère dans l'angoisse et le rejet. Puis elle l'a acceptée et elle a beaucoup prié pour moi. Elle est décédée de fièvre après avoir accouché. Trois semaines plus tard, la guerre éclatait. J'ai été emmené à huit cents kilomètres de là, lors d'un périple épuisant au cours duquel je ne recevais parfois que du lait caillé. Pourtant, m'a-t-on dit, je restais vif et joyeux. Je suis d'une nature optimiste et j'ai un attachement indéfectible à la vie. Je le dois sans aucun doute aux prières de ma mère qui m'a confié à la Providence. Rien n'est déterminé, perdu d'avance, irrémédiable [139]. »

Dans la même ligne, Nelly Astelli, à la fin de son livre, propose une prière aux couples pour un bébé en gestation, qu'elle invite à dire tous les jours, avec un paragraphe adapté à chaque mois de grossesse [140].

Quand les parents ont le désir de faire baptiser l'enfant peu après sa naissance, le Père, qui est libre de ses dons, peut accorder à celui-ci des grâces qui découlent, par anticipation, de la grâce baptismale.

---

139. Luc Lannoye, dans *Famille Chrétienne* n° 1665. Cf. son livre : *Le tout-petit*, éd. Fidélité, 1997, 160 p.

140. Nelly Astelli, *La guérison des blessures reçues dans le sein maternel*, p. 170 à 172.

LA LIBÉRATION DES CONSÉQUENCES DES TARES FAMILIALES

Francis MacNutt nous a rappelé qu'une *malédiction* peut peser sur une famille à cause des pratiques occultes des ancêtres. Ici encore, la libération s'effectue normalement au baptême :

> « Quand l'Église demande publiquement et avec autorité, au nom de Jésus-Christ, qu'une personne ou un objet soit protégé contre l'emprise du Malin et soustrait à son empire, on parle d'exorcisme. Jésus l'a pratiqué ; c'est de lui que l'Église tient le pouvoir et la charge d'exorciser. Sous une forme simple, l'exorcisme est pratiqué lors de la célébration du Baptême [141] . »

Même un nouveau-né peut avoir besoin d'être « soustrait à l'empire du démon ». Francis MacNutt s'en est rendu compte.

> « Autrefois, je me disais que cette prière était dure et inutile au milieu de cette magnifique cérémonie baptismale. Mais j'ai changé d'avis depuis et je reconnais qu'il est sage de prier pour que l'enfant soit libéré de toute influence mauvaise venant éventuellement de sa famille ou de son environnement [142]. »

L'héritage transgénérationnel comporte deux dimensions : psychologique et spirituelle.

Les problèmes mis en lumière par Anne Ancelin Schützenberger (et d'autres) sont d'ordre psychologique. C'est pourquoi ils requièrent un travail adapté. Ce médecin a institué une thérapie transgénérationnelle psychogénéalogique. Grâce au génosociogramme, elle parvient « à repérer les répétitions familiales, pour les arrêter au besoin, et les dégâts des non-dits pour les réparer et les transcender [143] ».

Comme dans la psychanalyse, la mise en lumière des causes profondes des troubles est libératrice :

> « La fidélité aux ancêtres, devenue inconsciente ou invisible (la loyauté invisible), nous gouverne ; il est important de la rendre

141. CEC § 1673.
142. Francis MacNutt, *La délivrance pour aujourd'hui,* p. 205.
143. Anne Ancelin Schützenberger, *Aïe, mes aïeux !* p. 165.

visible, d'en prendre conscience, de comprendre ce qui nous oblige, ce qui nous gouverne et si, éventuellement, il ne faudrait pas recadrer cette loyauté, pour redevenir libre de vivre sa vie [144]. »

Anne Ancelin Schützenberger voit les fruits de cette démarche : « Quand on retrouve des secrets, des révélations providentielles, un certain nombre d'affects liés au vécu difficile, de répétitions nocives et de traumatismes disparaissent [145]. »

Sur le plan spirituel, il est possible de briser une éventuelle malédiction pesant sur une famille à cause d'une pratique occulte ancestrale.

Mais aujourd'hui, nos ancêtres défunts ne peuvent plus nous nuire. Par contre, ils ont peut-être besoin de nos prières : s'ils nous ont fait du mal ici-bas, consciemment ou inconsciemment, ils ont besoin de purification avant d'entrer dans la Gloire. Ayant vu la lumière, ils regrettent amèrement leurs péchés et leurs méfaits ; ils ne nous souhaitent maintenant que du bien et comptent sur notre prière pour achever leur purification.

C'est dans cette perspective que l'on peut comprendre l'offrande des messes pour eux [146]. Les messes pour la guérison spirituelle des familles comportent une dimension de repentance pour les péchés de nos ancêtres, d'intercession pour eux et de délivrance pour nous par rapport aux conséquences de leurs péchés [147].

LA GUÉRISON DES BLESSURES REÇUES DANS LE SEIN MATERNEL

Les témoignages cités plus haut montrent combien l'enfant peut être traumatisé dès la conception, ou durant son séjour dans l'utérus maternel, et ce parfois par la faute du père. Ils

144. *Ibid.* p. 58.
145. *Ibid.* p. 63.
146. Cf. CEC § 1032 ; 1371.
147. Pour mettre en garde contre les dérives en ce domaine, la Commission doctrinale de la Conférence des Évêques de France a publié en janvier 2007 une note doctrinale intitulée : *Sur la guérison des racines familiales par l'Eucharistie.*

étaient tirés du livre de Nelly Astelli, qui a bénéficié de grâces de guérison intérieure profondes et qui exerçait depuis 1974 un ministère de guérison.

Rapidement, elle s'est mise à faire la prière des neuf mois et a pu constater de multiples guérisons. Le père A. Smets, s.j., devenu son collaborateur, explique :

> « Grâce à la lumière reçue du Seigneur dans la prière, nous pouvons découvrir ce qu'un être humain a pu vivre de pénible depuis les premiers instants de sa vie jusqu'à la naissance, et même durant l'enfance. Il suffit alors de demander au Seigneur de venir restaurer tout ce qui a été tordu, blessé, massacré, à travers la prière de pardon, la prière de guérison de la mémoire et l'intercession [148]. »

Cela se vit dans des retraites car Dieu veut guérir son peuple *« corps, âme et esprit »* (1 Th 5, 23), et, pour Nelly, « la pire des maladies c'est de ne pas savoir qu'il nous aime [149] ».

À la fin de son livre, elle explique « comment faire la prière pour le séjour dans le sein maternel » et en propose le texte [150].

Cette manière de procéder a été adoptée et adaptée dans tous les lieux qui proposent des parcours de guérison intérieure, et ils sont multiples [151]. Personnellement, j'ai reçu de grandes grâces durant une session Anne-Peggy Agapè au Puy-en-Velay [152].

Honore ton père (Dt 5, 16)

Si nous avons été gravement blessés par notre père dès la conception – sans parler des blessures ultérieures qui peuvent être gravissimes –, le Seigneur nous propose encore une étape

---

148. Nelly Astelli, *La guérison des blessures reçues dans le sein maternel*, p. 8.
149. *Ibid.* p. 8.
150. *Ibid.* p. 161.
151. Françoise Stutzmann en présente un grand nombre dans *Qui donc va te guérir ?* Ed. des Béatitudes 2006.
152. Association Anne-Peggy Agapè, 4 rue Séguret, 43000 Le Puy-en-Velay.

à franchir, incontournable, celle du respect du quatrième commandement : « *Honore ton père et ta mère, comme le Seigneur ton Dieu te l'a ordonné, afin que tes jours se prolongent et que tu sois heureux sur la terre que te donne le Seigneur ton Dieu.* » (Dt 5, 16)

Ce commandement est une bénédiction. Ce que le Père veut, c'est notre bonheur, ce verset l'explicite par rapport au verset correspondant du livre de l'Exode (20, 12). Inversement, celui qui n'honore pas son père provoque la malédiction sur lui-même et ne peut pas être heureux.

> « L'observation du quatrième commandement comporte sa récompense. [...] Le respect de ce commandement procure, avec les fruits spirituels, des fruits temporels de paix et de prospérité. Au contraire, l'inobservance de ce commandement entraîne de grands dommages pour les communautés et pour les personnes humaines [153]. »

Certes, quand le père s'est efforcé, comme saint Joseph, d'être un reflet de la paternité de Dieu, lorsqu'il a désiré son enfant et l'a conçu dans l'amour, puis accueilli à la naissance et élevé de son mieux, il est facile pour son enfant de l'honorer.

> « Le respect pour les parents (piété filiale) est fait de reconnaissance à l'égard de ceux qui, par le don de la vie, leur amour et leur travail, ont mis leurs enfants au monde et leur ont permis de grandir en taille, en sagesse et en grâce. *"De tout ton cœur, glorifie ton père et n'oublie pas les douleurs de ta mère. Souviens-toi qu'ils t'ont donné le jour ; comment leur rendras-tu ce qu'ils ont fait pour toi ?"* (Si 7, 27-28) [154]. »

Mais lorsque l'enfant a été conçu sans être désiré, notamment dans une rencontre de passage, ou pire à l'occasion d'un viol ; lorsqu'il a été traumatisé par le comportement de son père durant la grossesse, il est tout à fait compréhensible

153. CEC § 2200. Introduction au commentaire du quatrième commandement (§ 2197 à 2257).
154. CEC § 2215. Passage sur les devoirs des enfants (§ 2214 à 2220).

qu'il ait du mal à honorer son père. Au contraire, il peut être habité par la révolte, le dégoût, voire la haine pour son géniteur.

Pourtant, le Seigneur l'invite à entendre son commandement pour que celui-ci devienne chemin de guérison. En effet, celui qui rejette son père oublie que c'est à travers lui qu'il a reçu le don de la vie et donc que c'est par lui, aussi pécheur qu'il ait été, que sont passées les bénédictions de Dieu. En le niant, en rejetant son géniteur, en ayant de la haine contre lui, on se coupe de ses racines humaines, mais aussi de la source de la vie, qui est le Père.

Le chemin de guérison passe donc par une double démarche. D'une part, il s'agit pour nous de redécouvrir la bonté du Père – qui, de toute éternité, veut combler ses enfants –, en mobilisant notre intelligence et notre volonté pour accueillir son amour et y répondre par le nôtre, avec la grâce du Saint-Esprit. Son amour est premier et bien plus grand que celui de notre père.

D'autre part, il nous faut convertir notre regard sur notre père. Certes, notre affectivité, notre mémoire, notre imagination peuvent être profondément blessées. Mais notre intelligence nous permet de comprendre pourquoi les choses se sont passées ainsi ; et nous pouvons orienter notre volonté, avec le secours de la grâce, dans le sens d'un abandon de la révolte, d'une acceptation de la réalité et d'un pardon à celui qui a défailli et nous a offensés.

Il nous faut pour cela passer du plan affectif au plan spirituel. Simone Pacot souligne bien cette différence de plans :

> « Il n'est pas dit d'aimer ses parents, mais de les respecter. Littéralement, de leur donner du "poids", c'est le mot employé. Un enfant qui a été maltraité, qui a été abandonné par ses parents, ne pourra probablement pas les aimer d'affection, mais il devra toujours les reconnaître comme géniteurs, ne pas leur enlever cette place, sous peine d'avoir lui-même de graves désordres intérieurs, de détruire une part de lui-même [155]. »

---

155. Simone Pacot, *L'évangélisation des profondeurs*, p. 32.

Ayant vécu en 1978, dans le sacrement de réconciliation et dans la puissance de l'Esprit, cette double expérience de la redécouverte de la miséricorde du Père et du pardon à mon père, j'atteste que ce fut pour moi une expérience très forte et fondamentale, le point de départ d'un cheminement spirituel et d'un chemin de guérison qui se poursuivent depuis [156].

7. Prières

1. ACTION DE GRÂCE À DIEU SOURCE DE VIE

Père, Tu es le Vivant et Tu nous donnes vie.
De Toi nous recevons le mouvement et l'être.
Tu étais là, dans le secret, pour nous former au sein maternel.
Nous sommes l'œuvre de tes doigts.
Mieux que nous-mêmes, Seigneur, Tu nous connais.
Avant qu'un mot ne monte à nos lèvres, déjà Tu le sais.
Derrière et devant Tu nous enserres.
Tu as posé sur nous ta main.
Même si nous allions au plus loin de ta face,
Tu serais déjà là, à nous attendre.
Apprends-nous, Père, à te rendre grâce, à nous enchanter de cette merveille qu'est la vie reçue de Toi.
Loué sois-Tu, Père : Tu es le Vivant.
À Toi honneur, puissance et gloire pour les siècles des siècles.
Amen.

(Cardinal G. Danneels, d'après le Psaume 138-139 [157])

---

156. Au chapitre VI, nous reviendrons sur l'importance capitale du pardon.

157. Cardinal Godfried Danneels, *Notre Père qui es aux cieux*, Paroles de vie, Noël 1984, p. 7.

2. Prière pour demander la guérison de la blessure occasionnée par le père au moment de la conception

Seigneur, mon cœur est encore habité par la tristesse,
Parce que mon père ne m'a pas désiré(e) quand il s'est uni à ma mère,
Parce qu'il ne l'a pas respectée (parce qu'il l'a violentée),
Parce qu'il ne m'a pas aimé(e).
Ce n'est pas juste ! Seigneur, entends le cri de ma révolte !
J'avais tellement besoin de sentir l'amour de mon père dès cet instant !
Ma vie n'a été que tristesse, épreuves de toutes sortes…
Par moments j'en veux à tout le monde !
Je ne supporte pas de voir des enfants heureux avec leur père.
À d'autres moments, je voudrais mourir pour que ce cauchemar s'arrête.
Mais toi, Dieu, où étais-tu quand mes parents m'ont conçu ?
Pourquoi as-tu permis cela ? Tu es le Tout-Puissant, ne pouvais-tu l'empêcher ?
Non, car tu as été mis, toi aussi, devant le fait accompli…
Pourtant l'Église me dit qu'au moment de ma conception, tu m'as donné une âme,
Que tu m'aimais dès cet instant comme un Père…
Je ne sais pas ce que c'est, l'amour d'un père.
Alors, par ton Esprit Saint, viens revisiter le moment de ma conception.
Apaise la révolte de mon cœur, donne-moi la paix.
Accorde-moi de connaître et de goûter ton amour de Père.
Je t'en prie, fais de nouveau couler en moi la source de la vie.
Répands ton baume sur la blessure de mon cœur.
Oublie mes révoltes, mes manques de confiance et d'amour…
Je crois en ton amour pour moi, Père, mais augmente ma foi !

Je te choisis aujourd'hui : tu seras mon Père désormais (mon papa) et je veux accueillir tes bénédictions.
Jésus, aide-moi à entrer dans une attitude plus filiale. Donne-moi l'Esprit Saint.
Père, je présente à ta miséricorde mon père de la terre.
Enlève de mon cœur le poison de la rancune envers lui.
Donne-moi le désir et la grâce de lui pardonner, car par moi-même je n'y arriverai jamais.
C'est à travers lui que tu m'as fait le don de la vie : rends-moi capable de l'honorer comme tu me le demandes.
Et cette vie qui vient de toi, je l'accepte désormais et je te prie de la rendre plus belle chaque jour,
Puisque je suis ton enfant bien-aimé(e) pour l'éternité ! Amen.

CHAPITRE 3

La naissance : le père reconnaît l'enfant

1. La naissance de Jésus
2. Le père à la naissance de son enfant
3. Les défaillances du père à la naissance
4. Enfant du Père par le baptême
5. Chemin de guérison : actualiser la grâce du baptême
6. Paroles et prière

Dans le meilleur des cas, le père a désiré son enfant et l'a conçu dans un acte d'amour avec son épouse. Mais, à partir de ce moment, il n'a eu qu'une relation ténue avec l'embryon, alors que sa femme avait la joie et le privilège de le porter en elle, et de créer ainsi avec lui un lien charnel d'une force inégalable.

C'est pourquoi la naissance du bébé est un moment extrêmement important pour le père : il va pouvoir prendre son enfant dans ses bras et le reconnaître comme son fils ou sa fille, non seulement affectivement, mais aussi socialement.

La naissance de Jésus est elle-même un moment capital, et pour son Père, et pour Joseph, et pour nous.

1. La naissance de Jésus

LE PÈRE RECONNAÎT SON FILS

Après un début solennel, sur lequel nous reviendrons, Luc évoque très sobrement la naissance de Jésus : « *Joseph vint à Bethléem pour se faire recenser avec son épouse qui était enceinte. Or, pendant qu'ils étaient là, le jour où elle devait accoucher arriva ; elle accoucha de son fils premier-né, l'emmaillota et le déposa dans une mangeoire, parce qu'il n'y avait pas de place pour eux dans la salle d'hôte* » (Lc 2, 5-7).

C'est alors que le Père, à travers les anges, intervient pour reconnaître son Fils :

> « *Il y avait dans le même pays des bergers qui vivaient aux champs et montaient la garde pendant la nuit auprès de leur troupeau. Un Ange du Seigneur se présenta devant eux, la gloire du Seigneur les enveloppa de lumière et ils furent saisis d'une grande crainte. L'Ange leur dit : "Soyez sans crainte, car voici, je viens vous annoncer une bonne nouvelle qui sera une grande joie pour tout le peuple : il vous est né aujourd'hui, dans la ville de David, un Sauveur qui est le Christ Seigneur ; et voici le signe qui vous est donné : vous trouverez un nouveau-né emmailloté et couché dans une mangeoire." Tout à*

coup il y eut avec l'ange l'armée céleste en masse qui chantait les louanges de Dieu et disait : "Gloire à Dieu au plus haut des cieux, et paix sur la terre pour les hommes, ses bien-aimés." (Lc 2, 8-14)

Cette dernière expression peut être traduite : « *pour les hommes, bienveillance* [158] ». Oui, le Père veut le bien de ses enfants, et la naissance de Jésus est le moment crucial où sa bénédiction s'incarne dans l'histoire humaine ; en son Fils, elle va se réaliser enfin pleinement et, à partir de lui, s'étendre à son peuple et à l'humanité tout entière.

Cela lui tient tellement à cœur qu'il intervient solennellement en envoyant d'abord un ange avec « *la gloire du Seigneur*, puis *l'armée céleste en masse* ». Rien n'est trop beau pour saluer la naissance de son Fils !

Depuis près de mille ans, les Juifs attendaient le Messie, fils de David. L'Ange annonce aux bergers que c'est lui qui vient de naître *dans la ville de David* : il est *le Christ*, l'oint du Seigneur ; il apporte à son peuple *la paix* et *la joie* promises par les prophètes.

En outre, les Juifs attendaient que Dieu lui-même vienne visiter son peuple et habiter au milieu d'eux. L'Ange révèle aux bergers que l'enfant nouveau-né est aussi *Seigneur*, c'est-à-dire Dieu lui-même ; et l'armée céleste s'est déplacée *en masse* pour honorer l'enfant divin.

Enfin, l'Ange annonce aux bergers que ce tout-petit sera le sauveur, de son peuple d'abord, puis de l'humanité tout entière.

En révélant ainsi par l'Ange l'identité et la mission de Jésus, le Père le reconnaît pleinement comme son Fils. Sa joie est parfaite, car en Jésus va se réaliser le dessein qu'il a formé avant même la fondation du monde : il va pouvoir le combler de ses bénédictions, et recevoir en retour tout l'amour qu'il attend de l'homme ; en outre, grâce à Jésus, il aura bientôt « *une multitude de fils et de filles* » (He 2, 10).

158. TOB Nouveau Testament, p. 197 note e.

LA RECONNAISSANCE PAR JOSEPH

Après que Marie se fut trouvée enceinte *« par le fait de l'Esprit Saint »* (Mt 1, 18), l'Ange du Seigneur apparut en songe à Joseph et lui dit : *« Joseph, fils de David, ne crains pas de prendre chez toi Marie, ton épouse : ce qui a été engendré en elle vient de l'Esprit Saint, et elle enfantera un fils auquel tu donneras le nom de Jésus, car c'est lui qui sauvera son peuple de ses péchés. »* (Mt 1, 20-21)

En faisant ce que l'Ange lui avait prescrit (cf. Mt 1, 24), Joseph a confirmé son mariage avec Marie et, bien qu'il n'ait pas engendré Jésus, il est devenu légalement le père de celui-ci [159]. Lorsqu'à Noël, Marie lui a remis l'enfant et qu'il l'a reçu pour la première fois dans ses bras, quelle dut être son émotion !

Dans les Évangiles, Joseph est vraiment identifié comme le père de Jésus : il est auprès de Marie et de l'enfant lors de la visite des bergers (cf. Lc 2, 16) ; il le sera lors de la présentation de Jésus au temple (cf. Lc 2, 33) ; lorsqu'ils retrouveront Jésus, âgé de douze ans, au temple de Jérusalem, Marie appellera Joseph son père (cf. Lc 2, 48) ; et plus tard, Jésus sera connu comme le fils de Joseph (cf. Lc 4, 22), si bien que les Nazaréens refuseront de croire en lui.

Il faut savoir que, dans l'Antiquité, pour définir la filiation, c'est-à-dire le lien légal qui unit le père à son fils, on ne considérait pas d'abord le géniteur ; c'est la reconnaissance de l'enfant par le père à la naissance qui constituait la paternité. Un fils adopté avait les mêmes droits qu'un fils engendré par le père [160]. C'est pourquoi Joseph, ayant reconnu Jésus à sa naissance, est vraiment humainement son père et, pour Jésus, l'icône du Père des cieux.

LA GÉNÉALOGIE DE JÉSUS

Joseph, en acceptant d'être le père de Jésus, lui donne une généalogie qui remonte d'abord jusqu'à *David*. Luc y insiste :

---

159. Cf. Jean-Paul II, *Exhortation apostolique Redemptoris custos*, sur la figure et la mission de saint Joseph dans la vie du Christ et de l'Église, 1989, n° 7-8.

160. Cf. Xavier Lacroix, *Passeurs de vie*, p. 36, et le chapitre I où il interroge le droit sur la paternité.

« *Tous allaient se faire recenser chacun dans sa propre ville ; Joseph aussi monta de la ville de Nazareth en Galilée à la ville de David qui s'appelle Bethléem en Judée, parce qu'il était de la famille et de la descendance de David.* » (Lc 2, 3-4)

La figure de David est si importante pour Israël qu'il est demeuré pour les Juifs le type du Messie qui devait naître de sa race. David est né à Bethléem et y était berger. Il y a reçu l'onction qui le consacrait roi d'Israël (cf. 1 S 16, 1-13) ; béni de Dieu, il est alors parti affronter Goliath et délivrer son peuple des Philistins (cf. 1 S 17). Devenu roi après la mort de Saül, il a fait l'unité des douze tribus d'Israël (cf. 2 S 5, 1-5), puis s'est installé à Jérusalem dont il a fait sa capitale (cf. 2 S 5, 6-12) et y a fait monter l'arche d'alliance (cf. 2 S 6).

Alors qu'il voulait faire construire pour celle-ci un temple, le prophète Natan lui dit :

« *Le Seigneur t'annonce que le Seigneur te fera une maison. Lorsque tes jours seront accomplis et que tu seras couché avec tes pères, j'élèverai ta descendance après toi, celui qui sera issu de toi-même, et j'établirai fermement sa royauté. C'est lui qui bâtira une maison pour mon Nom et j'établirai à jamais son trône royal. Je serai pour lui un père et il sera pour moi un fils.* […] *Ma fidélité ne s'écartera pas de lui.* » (2 S 7, 12-16)

Jésus est vraiment le Messie promis par Dieu à David et attendu par les Juifs depuis près de mille ans. Il est né à Bethléem et sa naissance a été annoncée à des bergers, allusion sans doute à la prophétie de Michée : « *Et toi, Bethléem,* […] *de toi sortira pour moi celui qui doit gouverner Israël.* […] *Il se tiendra debout et fera paître son troupeau par la puissance du Seigneur.* » (Mi 5, 1-3) À partir de Bethléem, toute la vie de Jésus sera une montée vers Jérusalem, où il affrontera et vaincra le Goliath spirituel : Satan ; où il inaugurera le Temple nouveau, son Corps (cf. Mt 27, 40) [161] ; dans lequel il rassemblera dans l'unité tous les enfants de Dieu rachetés par son sang [162]. Jésus

161. Cf. Vatican II, *Constitution sur l'Église*, n° 6 : Images de l'Église.
162. *Ibid.* n° 7 : L'Église Corps mystique du Christ.

est bien le Messie, fils de David, mais il est bien plus grand que David (cf. Mt 22, 41-46).

David était lui-même héritier des promesses faites à *Abraham*. Matthieu commence son évangile par ces mots : *« Livre des origines (de la genèse) de Jésus Christ, fils de David, fils d'Abraham. »* Jean Daniélou commente : « La naissance de Jésus est la réalisation d'un dessein de Dieu auquel tout l'Ancien Testament était ordonné. Jésus est le Messie qui vient au terme de l'Ancien Testament et qui en même temps met un terme à l'Ancien Testament, en inaugurant les temps messianiques [163]. »

En faisant remonter la généalogie de Jésus à Abraham, Matthieu suggère que la véritable postérité d'Abraham est Jésus. Celui-ci est même le seul à qui revient en plénitude l'héritage de la promesse : toutes ces bénédictions dont le Père veut nous combler depuis avant la fondation du monde.

Mais Jésus est plus grand qu'Abraham (cf. Jn 8, 53) et tout cet héritage, il veut nous le transmettre : tous ceux qui croiront en lui deviendront fils d'Abraham par la foi (cf. Rm 4), fils du Père par le baptême, et recevront l'Esprit qui contient toutes les bénédictions de Dieu (cf. Ga 3).

En parlant de « *genèse de Jésus Christ* », Matthieu fait allusion à la Création en Gn 1. Luc est plus explicite, puisqu'il fait remonter la généalogie de Jésus jusqu'à *Adam* (Lc 3, 38). Celle-ci marque donc une continuité : Jésus récapitule en lui toute l'histoire de l'humanité depuis l'origine et réalise le dessein de Dieu pour celle-ci [164]. Mais en même temps, la naissance de Jésus marque une rupture : « Elle est le commencement absolu d'une humanité nouvelle. Les préparations sont terminées ; l'heure, le *kaïros*, de l'accomplissement est venu [165]. »

---

163. Jean Daniélou, *Les Évangiles de l'enfance*, Seuil, 1967, p. 15.
164. Cf. ch. II 1 à 3.
165. Jean Daniélou, *ibid.* p. 17.

LE DON DU NOM : JÉSUS

Lorsque l'Ange annonce aux bergers la naissance du Messie, il ne leur donne pas le nom du nouveau-né. En effet, c'est à Joseph, son père, de nommer l'enfant, comme l'Ange le lui a commandé : « *Marie, ton épouse,* [...] *enfantera un fils auquel tu donneras le nom de Jésus, car c'est lui qui sauvera son peuple de ses péchés.* » (Mt 1, 21)

En nommant l'enfant, Joseph le reconnaît comme son fils et est pleinement reconnu socialement comme son père. Mais remarquons que ce n'est pas lui qui choisit le nom, c'est Dieu. Ainsi, les choses sont claires ; Jésus est le Fils de Dieu : il reçoit son identité et sa mission de son Père ; Joseph est le père humain, qui n'a pas engendré Jésus, mais qui doit l'élever, non avec un projet humain, mais en vue de sa mission de Sauveur.

Joseph remplit sa mission huit jours après la naissance de l'enfant : « *Quand vint le moment de circoncire l'enfant, on l'appela du nom de Jésus, comme l'Ange l'avait appelé avant sa conception.* » (Lc 2, 21)

> « On remarquera, écrit Jean Daniélou, que la désignation du nom de l'enfant est mise en relation avec la circoncision, c'est-à-dire l'acte officiel par lequel le père de famille introduisait l'enfant, huit jours après sa naissance, dans l'alliance d'Israël. Le caractère officiel de la communication du nom comme expression de l'autorité paternelle est mieux marqué encore [166]. »

Le nom que Dieu a choisi pour son Fils exprime le sens de sa mission : en hébreu, *Yeschouah* signifie « le Seigneur sauve ». C'est ce que l'Ange explicite en ajoutant : « *C'est lui qui sauvera son peuple de ses péchés.* » (Mt 1, 21) Le *Catéchisme de l'Église catholique* commente : « Puisque *"Dieu seul peut remettre les péchés"* (Mc 2, 7), c'est Lui qui, en Jésus, son Fils éternel fait homme, *"sauvera son peuple de ses péchés"* (Mt 1, 21). En Jésus,

166. Jean Daniélou, *ibid.* p. 50.

Dieu récapitule ainsi toute son histoire de salut en faveur des hommes [167]. »

En faveur des enfants d'Israël d'abord, mais aussi de toutes les nations. Luc le suggère dans le premier verset du récit de la Nativité : *« Or, en ce temps-là, parut un décret de César Auguste pour faire recenser le monde entier. »* (Lc 2, 1) Et il le confirme lors de la présentation de Jésus au temple : Syméon y salue Jésus comme *« la lumière pour la révélation aux païens »* (Lc 2, 32). Quant à Matthieu, il raconte la venue de quelques-uns de ceux-ci pour adorer l'enfant Jésus : *« des mages venus d'Orient »* (Mt 2, 1).

> « Le nom de Jésus signifie que le nom même de Dieu est présent en la personne de son Fils fait homme pour la rédemption universelle et définitive des péchés. Il est le nom divin qui seul apporte le salut (cf. Jn 3, 5 ; Ac 2, 21) et Il peut désormais être invoqué par tous car Il s'est uni à tous les hommes par l'incarnation (cf. Rm 10, 6-13), de telle sorte qu' *« il n'y a pas sous le ciel d'autre nom donné aux hommes par lequel nous puissions être sauvés »* (Ac 4, 12) [168]. »

« Le nom de Jésus contient tout : Dieu et l'homme, et toute l'économie de la création et du salut [169]. » C'est pourquoi il est au cœur de la prière chrétienne [170].

POURQUOI LE VERBE S'EST-IL FAIT CHAIR ?

Le Père l'a envoyé parmi nous pour nous révéler son dessein d'amour pour nous ; pour nous réconcilier avec lui par le pardon de nos péchés ; pour faire de nous des fils et filles à son image, et nous montrer comment vivre en véritables enfants de Dieu. C'est ce qu'expriment ces paragraphes essentiels du *Catéchisme de l'Église catholique* :

167. CEC § 430 : Jésus. Commentaire du nom de Jésus jusqu'au § 435.
168. CEC § 432.
169. CEC § 2666.
170. CEC § 435. Cf. § 2665 à 2668.

« Le Verbe s'est fait chair pour nous sauver en nous réconciliant avec Dieu : *"C'est Dieu qui nous a aimés et qui a envoyé son Fils en victime de propitiation pour nos péchés"* (1 Jn 4, 10). *"Le Père a envoyé son Fils, le sauveur du monde"* (1 Jn 4, 14). *"Celui-là a paru pour ôter les péchés"* (1 Jn 3, 5). »

« Le Verbe s'est fait chair pour que nous connaissions ainsi l'amour de Dieu : *"En ceci s'est manifesté l'amour de Dieu pour nous : Dieu a envoyé son Fils unique dans le monde afin que nous vivions par lui"* (1 Jn 4, 9). *"Car Dieu a tant aimé le monde qu'Il a donné son Fils unique afin que quiconque croit en Lui ne se perde pas, mais ait la vie éternelle"* (Jn 3,16). »

« Le Verbe s'est fait chair pour être notre modèle de sainteté : *"Prenez sur vous mon joug et apprenez de moi…"* (Mt 11, 29) *"Je suis la voie, la vérité et la vie ; nul ne vient au Père sans passer par moi"* (Jn 14, 6). Et le Père, sur la montagne de la Transfiguration, ordonne : *"Écoutez-Le."* (Mc 9, 7) Il est en effet le modèle des béatitudes et la norme de la loi nouvelle : *"Aimez-vous les uns les autres comme je vous ai aimés."* (Jn 15,12) Cet amour implique l'offrande effective de soi-même à sa suite. »

« Le Verbe s'est fait chair pour nous rendre *"participants de la nature divine"*. » (2 P 1, 4) « Car telle est la raison pour laquelle le Verbe s'est fait homme, et le Fils de Dieu, Fils de l'homme : c'est pour que l'homme, en entrant en communion avec le Verbe et en recevant ainsi la filiation divine, devienne fils de Dieu. » (St Irénée) « Car le Fils de Dieu s'est fait homme pour nous faire Dieu. » (St Athanase) « Le Fils unique de Dieu, voulant que nous participions à sa divinité, assuma notre nature, afin que Lui, fait homme, fît les hommes dieux (St Thomas d'Aquin) [171]. »

2. Le père à la naissance de son enfant

Le lien entre le père et l'enfant

Si le père a joué un rôle essentiel en désirant et en concevant son enfant, durant la grossesse il a dû s'effacer et laisser la mère

171. CEC § 457 à 460.

nouer avec leur petit un lien tout à fait intime. C'est pourquoi la naissance est un moment essentiel pour que se noue le lien entre l'enfant et lui.

Xavier Lacroix a bien mis en valeur les différentes composantes de ce lien [172]. Celui-ci est d'abord charnel. Pas seulement biologique, ce terme est restrictif [173]. Le père s'est uni charnellement à son épouse dans un acte d'amour ouvert à l'accueil de la vie ; il a transmis à son enfant une partie de son patrimoine génétique ; et surtout, il lui a fait don de la vie. Xavier Lacroix souligne :

> « Le fait que l'existence corporelle de tel individu soit passée par le corps, par la chair, par la substance intime de tel autre individu ne peut pas ne pas être source de sens. Un tel ancrage n'a aucun équivalent. Il instaure entre deux sujets un lien tout à fait singulier, à dimension ontologique, c'est-à-dire qui implique l'être de ces sujets, et pas seulement leur conscience ou leur volonté. Un lien qui se rapporte à l'origine, le commencement de la vie de l'un ayant eu lieu à travers la vie de l'autre [174]. »

En reconnaissant son enfant à la naissance, le père ratifie ce lien charnel qui l'a uni à son épouse et reconnaît l'enfant comme le fruit de cette union, façonné à l'image de ses parents. Et l'expérience montre que la ressemblance d'un enfant avec son père contribue à renforcer le lien qui se noue alors entre eux.

Le lien entre le père et l'enfant est aussi symbolique : « Le lien paternel est nécessairement inscrit, il passe par un rite, un acte social, une "reconnaissance". Inscrire son enfant à l'état-civil, lui donner un nom, s'engager à le nourrir et à l'élever est intrinsèque au fait de devenir père [175]. »

---

172. Xavier Lacroix, *Passeurs de vie*, ch.I : Un lien tressé de plusieurs fils.
173. Cf. ch. II 4 : Le don de la vie, p. 69.
174. *Ibid.* p. 25.
175. *Ibid.* p. 27.

Enfin, le lien entre le père et l'enfant est relationnel. Inauguré à la naissance, ce lien va se développer dans la relation affective et éducative [176]. L'enfant y découvrira combien il a du prix pour son père, et quelle est sa dignité. « L'essentiel de la paternité, écrit X. Lacroix, passe par un acte de reconnaissance. Cet acte n'est pas seulement social ou public ; il est d'abord interpersonnel : Tu es mon fils ou ma fille bien-aimé(e) en qui je trouve ma joie [177]. »

Le lien entre le père et son enfant est donc triple – charnel, symbolique et relationnel –, mais il ne pourra se développer harmonieusement qu'au sein de l'alliance entre les époux. « C'est dans la conjugalité que la paternité trouve son meilleur ancrage. Né de l'union d'un homme et d'une femme, c'est sur le lien qui unit cet homme et cette femme que l'enfant prendra appui pour construire son identité [178]. »

Cette alliance des époux, par la grâce du sacrement de mariage, devient symbole réel de l'Alliance entre le Christ et l'Église, entre le Père et l'humanité. En reconnaissant son enfant à la naissance et en le faisant baptiser, le père noue aussi avec lui un lien spirituel pour l'éternité. Le Père l'invite à coopérer avec lui pour faire de ce petit un être pleinement humain et un enfant de Dieu. Le père noue ainsi avec son enfant un lien indissoluble parce que fondé en Dieu, et c'est à travers ce lien que Dieu va combler cet enfant de ses bénédictions [179].

C'est pourquoi, lorsque le père prend pour la première fois son nouveau-né dans ses bras, au moment où il le reconnaît comme son enfant et où se noue un lien si fort entre eux, il est bon qu'il se souvienne que ce tout-petit lui a été confié par Dieu et qu'il le bénisse au nom du Père. Ainsi, en attendant son baptême, les bénédictions de Dieu commencent à se

176. Nous développerons cet aspect dans les prochains chapitres.
177. *Ibid.* p. 34.
178. *Ibid.* p. 49.
179. Cf. *ibid.* p. 183 : L'alliance paternelle.

répandre dans le cœur de l'enfant et à y produire leur fruit de grâce.

La reconnaissance sociale

Dans notre société qui a écarté le Père, les gens ont beaucoup de mal à se sentir frères. L'individualisme est omniprésent, et l'amour est réservé à la sphère sentimentale et privée. C'est pourquoi les jeunes qui se mettent en couple vivent en concubinage, tardent à se marier et certains se contentent du PACS qu'ils vont signer à la mairie avec uniquement leurs témoins.

Par contre, dès qu'il s'agit de la filiation, la reconnaissance sociale est indispensable. « La paternité, écrit X. Lacroix, ne se joue pas exclusivement entre les corps individuels. Elle est instituée par un acte de parole qui introduit l'enfant dans un plus grand corps, le corps social, en y donnant une place à l'enfant [180]. »

Du reste, la définition juridique de la paternité ne va pas sans poser des problèmes à l'heure actuelle : un homme peut être le géniteur, un autre celui qui reconnaît l'enfant, un autre celui qui l'élève et un autre celui qui vit avec la mère [181] ! Dans le désir de Dieu, c'est le même homme qui doit remplir ces quatre fonctions !

En tout cas, la première démarche qu'effectue le père en signe de reconnaissance de son enfant, c'est d'aller déclarer sa naissance à la mairie, lui donnant ainsi une identité au regard de la loi et une place dans le corps social. S'il ne le faisait pas, l'enfant serait littéralement hors-la-loi, n'existerait pas socialement et serait un sans-papiers n'ayant aucun droit.

En déclarant son enfant à la mairie, le père s'engage alors à l'élever et à l'éduquer. Parmi les valeurs qu'il aura à lui transmettre figure justement cette dimension sociale : respect de la

180. *Ibid.* p. 28.
181. *Ibid.* p. 36 à 43 : Qui est le père ?

loi et des autorités [182] ; contribution « au bien de la société dans un esprit de vérité, de justice, de solidarité et de liberté [183] » ; service « du bien commun, exigeant moralement le paiement des impôts, l'exercice du droit de vote, la défense du pays [184] », etc.

Nous verrons plus loin que, sur le plan spirituel, il en est de même. Le baptême n'est pas simplement un événement familial, privé. Il insère l'enfant dans l'Église Corps du Christ où, comme tous les membres, le nouveau baptisé a sa place unique et son rôle indispensable pour le bien du Corps entier.

Le don du nom et du prénom

Lorsque le père fait inscrire son enfant sur les registres de l'état-civil, il lui donne son nom et son (ses) prénom(s). Lorsque, plus tard, on demandera à l'enfant de décliner son identité, il dira les noms et prénoms reçus de son père à sa naissance.

> « Dans la majorité des cultures patrilinéaires, constate X. Lacroix, la transmission du nom a été une prérogative paternelle. Il y a lieu de penser que ce choix vient contrebalancer la visibilité et la prégnance si manifestes du lien maternel. Le symbolique apporte alors un contrepoids à l'évidence du biologique. Que cela soit mis en question par certains politiques ou que, comme c'est déjà le cas dans plusieurs pays européens, les couples puissent désormais se trouver devant l'obligation de choisir entre le nom du père et celui de la mère, risque de créer des situations bien délicates, plaçant devant des choix redoutables et privant le lien paternel, déjà fragilisé, d'une de ses ultimes valorisations sociales [185]. »

En lui donnant son nom, le père inscrit son enfant dans la chaîne des générations. S'il a eu, parmi ses ancêtres, quelqu'un

182. CEC § 2238.
183. CEC § 2239.
184. CEC § 2240.
185. Xavier Lacroix, *ibid.* p. 29.

qui a joué un rôle important dans les domaines politique, économique ou artistique, l'enfant en sera fier. Personnellement, je trouve sympathique que mon patronyme ait été porté par un roi de Bretagne du IXe siècle, et qu'il signifie « Salomon », autre roi prestigieux, fils de David au Xe siècle avant Jésus-Christ.

Il serait bien surprenant que ma famille descende du premier, et encore plus du second. Mais si je pouvais établir ma généalogie jusqu'à l'origine, je pourrais la conclure – et chaque baptisé le peut – par *« fils d'Adam, fils de Dieu »* (Lc 3, 38). Nous ne pouvons avoir meilleure origine ultime. En reconnaissant Dieu comme notre Créateur et Père, nous nous proclamons héritiers de toutes ces bénédictions dont il voulait nous combler avant la fondation du monde. Mais comme, à cause du péché originel, nous avons perdu notre droit à l'héritage, il faut que notre arbre généalogique soit greffé sur celui de Jésus, le nouvel Adam, ce qui se réalise au baptême.

Le nom de famille permet de situer quelqu'un socialement, géographiquement, culturellement... Dans une mesure moindre, *le prénom* également. Jusqu'à une époque récente, le prénom était souvent traditionnel et familial. On donnait systématiquement au fils aîné celui de son père ou de son grand-père. Dans la société rurale, c'est l'aîné qui devait reprendre la ferme et perpétuer les traditions familiales. Aujourd'hui encore, même si la plus grande fantaisie règne dans le choix du premier prénom, il n'est pas rare de donner ensuite à l'enfant les prénoms des parents ou des grands-parents pour les honorer.

Les prénoms peuvent aussi exprimer une référence religieuse (prénoms bibliques par exemple) ou culturelle (chez nous, les prénoms bretons ou celtiques).

Parfois encore, ils sont liés à un événement de la vie du couple. Anne Ancelin Schützenberger raconte comment une femme, Ellen, a pu retrouver son père qu'elle n'avait jamais connu, parce qu'Ellen c'était aussi L.N., les initiales de son géniteur [186].

---

186. Anne Ancelin Schützenberger, *Aïe, mes aïeux !* p. 101.

Le choix du prénom n'est donc pas anodin. Et encore moins pour un chrétien. À travers l'exemple de Jésus, nous avons vu que, dans la Bible, un prénom peut exprimer une vocation.

Des parents chrétiens qui prient pour choisir le prénom de leur enfant peuvent être inspirés dans ce choix par l'Esprit Saint ; ceci aidera ainsi ce jeune à trouver plus tard sa vocation. Je me souviens avoir entendu un jour un garçon de dix ans, s'appelant François-Xavier, affirmer qu'il voulait être missionnaire plus tard.

Bien sûr, ce n'est pas systématique : combien de Thérèse sont devenues non pas carmélites, mais mères de famille. Néanmoins, elles bénéficient de la protection de sainte Thérèse, et la petite voie de la carmélite de Lisieux peut être vécue tout autant dans une famille que dans un carmel !

L'Église croit à la communion des saints [187] ; dans la préface des saints, elle rend grâce au Père pour eux : « Dans leur vie, tu nous procures un modèle ; dans la communion avec eux, une famille ; et dans leur intercession, un appui. » C'est vrai pour tous les saints, et tout particulièrement pour notre saint(e) patron(ne).

> « Il est donc au plus haut point convenable que nous aimions ces amis et cohéritiers de Jésus-Christ, nos frères aussi et nos insignes bienfaiteurs ; que nous rendions à Dieu pour eux les grâces qui lui sont dues ; que nous les invoquions avec ardeur, recourant à leurs prières, à leur secours et à leur aide pour obtenir de Dieu par son Fils Jésus-Christ, notre seul Rédempteur et Sauveur, les bienfaits dont nous avons besoin [188]. »

Le devoir de reconnaissance des enfants

En reconnaissant son enfant à la naissance, le père noue avec lui un lien dont nous avons vu la richesse et la force. Par la grâce du sacrement de mariage, ce lien est une alliance fondée

187. Cf. CEC § 956.
188. Vatican II, *Constitution sur l'Église*, n° 50. Cf. CEC § 2156.

sur l'Alliance avec le Père source *« de toute paternité »* (Ep 3, 14), qui lui donne une valeur d'éternité et une assise indestructible. C'est en raison de ce mystère que l'Église demande aux enfants de respecter leurs parents.

> « La paternité divine est la source de la paternité humaine ; c'est elle qui fonde l'honneur des parents. Le respect des enfants, mineurs ou adultes, pour leurs père et mère se nourrit de l'affection naturelle née du lien qui les unit. Il est demandé par le précepte divin (cf. Ex 20, 12).
> « Le respect pour les parents (piété filiale) est fait de reconnaissance à l'égard de ceux qui, par le don de la vie, leur amour et leur travail, ont mis leurs enfants au monde et leur ont permis de *"grandir en taille, en sagesse et en grâce"* (Lc 2, 52). *"De tout ton cœur, glorifie ton père et n'oublie pas les douleurs de ta mère. Souviens-toi qu'ils t'ont donné le jour ; comment leur rendras-tu ce qu'ils ont fait pour toi"* (Si 7, 27-28) [189] ? »

Cette piété filiale et ce respect « trouvent leur racine dans la crainte de Dieu, un des dons du Saint-Esprit [190] », et sont nourris par le don de piété. Ces dons nous ont été faits au baptême et ils s'avèrent bien utiles lorsque notre père n'a pas vécu ce qu'il aurait dû vivre au moment de notre naissance.

3. Les défaillances du père à la naissance

Dieu désire le meilleur pour ses enfants et l'Église, en prenant appui sur la Parole de Dieu, définit la paternité idéale. Malheureusement, les pères sont des êtres faibles, limités, pécheurs, et certains sont gravement défaillants au moment de la naissance de leur enfant : soit ils ne l'accueillent pas, soit ils sont absents.

---

189. CEC § 2214 à 2215.
190. CEC § 2217.

Le non-accueil de l'enfant

Notre société a bien changé. Les jeunes couples sont très pris par leur travail – et le fait que la femme travaille a une forte incidence sur le désir d'enfant –, par leurs sorties, leurs voyages, leurs projets... L'enfant, en arrivant, perturbe tout cela ; et si, malgré les moyens modernes de contraception, il est conçu sans avoir été désiré, il dérange, ce qui peut entraîner un rejet de la part de ses parents.

Or, constate Nelly Astelli, « la blessure de rejet guérit difficilement. [...] Les parents renforcent encore ce sentiment de rejet quand ils disent à l'enfant qu'il est un accident : “Nous ne t'attendions pas. Ta naissance a mis tous nos projets à l'eau. À cause de toi, nous n'avons pas pu acheter une nouvelle maison”, etc. [191] »

Ce problème peut être accru lorsque le couple a une situation sociale et professionnelle difficile : pauvreté, chômage... Ce n'est évidemment pas systématique, mais c'est un fait avéré qu'un homme sans travail est atteint psychologiquement et peut donc mal accueillir une naissance à ce moment-là.

Mais plus grave est l'immaturité du père [192]. Elle peut faire naître en lui un sentiment de jalousie : l'enfant réveille chez lui son propre besoin affectif provenant de ses blessures d'enfance, et est parfois éprouvé comme un intrus dans la relation du couple. Certaines névroses peuvent alors se manifester.

Si le père a un tempérament agressif, coléreux, voire violent, il peut avoir des réactions agressives, soit vis-à-vis de la mère, soit, hélas, vis-à-vis de l'enfant ; dans les deux cas, le petit en sera traumatisé. Les réactions du père à la naissance de son enfant deviennent ainsi pour lui une invitation à faire la lumière en lui et à vivre une guérison intérieure.

Le docteur F. Dodson cite cet exemple :

191. Nelly Astelli, *op. cit.*, p. 49.

192. Cf. ch. II, 5 : Les blessures occasionnées par le père durant la grossesse.

> « Un jeune avocat avait vécu heureux avec sa femme plusieurs années avant l'arrivée de sa fille. Mais après la naissance de celle-ci, leur union devint orageuse. [...] L'avocat découvrit ainsi que la naissance de sa fille avait réveillé dans son subconscient des sentiments profondément refoulés d'hostilité au moment de la naissance de sa jeune sœur. Il la haïssait parce qu'il sentait que ses parents la préféraient à lui. Cette découverte lui permit de voir en sa petite fille seulement son enfant, et non plus la réincarnation ou le substitut de sa propre sœur [193]. »

Parfois, le rejet de la part du père porte sur le sexe de l'enfant. Nelly Astelli en donne un témoignage :

> « Le Seigneur m'a fait découvrir à quel point mon père me rejetait. Je me suis vue dans les bras de l'accoucheuse. Mon père m'a regardée et s'est écrié : "Ah ! C'est une savate !" (nom péjoratif que l'on donne aux filles au Chili), et il alla discrètement voir ma mère. À ce moment, je me suis sentie "un rien" [...] et j'ai choisi de mourir [194]. »

Ailleurs, N. Astelli dit combien ce rejet est dramatique « parce qu'il peut causer chez l'enfant une tendance à l'homosexualité, mais aussi une angoisse viscérale. Les symptômes sont toujours les mêmes : c'est l'insécurité, un complexe d'infériorité et la difficulté pour la personne rejetée d'assumer son sexe, parce qu'elle ne correspond pas à l'attente de ses parents [195] ».

Il faut une guérison intérieure profonde pour que la personne puisse accepter son sexe. Dans les cas extrêmes, certains peuvent même être guéris de l'homosexualité [196].

---

193. Dr Fitzhugh Dodson, *Le père et son enfant*, Marabout service, 1975, p. 29.

194. Nelly Astelli, *ibid.* p. 152.

195. *Ibid.* p. 50.

196. Francis MacNutt en donne un exemple dans *La délivrance pour aujourd'hui*, p. 131 à 133.

LE PÈRE ABSENT

Ce n'est pas l'absence du père à la naissance en tant que telle qui blesse l'enfant, c'est son retentissement sur la sensibilité de la mère, qui peut être plus ou moins important, ce qui rejaillit sur l'enfant.

Dans le meilleur des cas, le père est absent pour des raisons indépendantes de sa volonté, par exemple à cause d'une hospitalisation momentanée ou à cause de son travail (voyage d'affaires ; mission à l'étranger, etc.). Il peut alors manifester son amour à sa femme par téléphone : son soutien avant l'accouchement et sa joie après la naissance.

Mais souvent, l'absence est due à une séparation ou à un divorce qui ne se sont pas bien passés. Du coup, la maman peut être perturbée, démoralisée ou révoltée, et l'enfant va le ressentir. En effet, si la mère a du père de l'enfant une image négative, si elle a de l'amertume ou du ressentiment contre lui, elle risque d'inculquer cette image à son enfant et celui-ci aura plus tard beaucoup de mal à construire son identité.

Si l'enfant a été conçu dans une liaison passagère ou à la suite d'un adultère, la mère en éprouve de la honte et de la culpabilité. Ce climat peut l'inciter à cacher l'identité du père à son enfant, ce qui provoquera plus tard chez celui-ci des difficultés à trouver sa place dans la famille et la société, et peut-être la naissance d'une « crypte » et d'un « fantôme [197] ».

L'absence du père peut encore être due à un deuil. Si celui-ci est survenu brutalement, cela a été un choc pour la maman d'abord, mais aussi pour l'enfant. Si le deuil s'est produit au terme d'une longue maladie qui a mobilisé toute l'attention de la mère, l'enfant a pu se sentir négligé dans le sein maternel.

N. Astelli en donne un témoignage :

> « J'ai été conçue alors que mon père était déjà malade. Ma mère était enceinte de trois mois quand il dut garder le lit. Il resta alité jusqu'à sa mort, six mois et demi après ma naissance.

197. Cf. ch. II, 5 : *Les tares psychiques ; le transgénérationnel*, p. 75.

J'étais révoltée parce que ma mère, qui soignait mon père, ne se préoccupait pas de moi. [...] Malgré leur souffrance, mes parents ne s'opposaient pas à ma naissance, mais moi j'étais là et je ne savais pas pourquoi il me fallait naître. Tout ce que je ressentais n'était que souffrance et le monde extérieur n'était que tristesse. [...] J'ai dû naître sans vouloir naître, vivre sans vouloir vivre [198]. »

L'absence du père peut être de son fait, ou due à un décès ; mais il y a aussi des cas où c'est la mère qui l'écarte. Georges Mauco cite cet exemple :

« Jeanne, à la naissance de Jean, déclare son rêve réalisé : "avoir un enfant à soi" (*sic*). Dès lors, elle se consacre exclusivement au bébé. "C'est un travail de mère, dit-elle au père. Tu n'as pas à t'en occuper." Et d'ajouter : "D'ailleurs, tu en serais bien incapable." Inconsciemment, Jeanne reproduit la situation de sa propre enfance où elle a été captée et couvée par sa mère. Par la suite, Jean va éprouver (percevoir) le père à travers les sentiments inconscients d'hostilité de sa mère. Celle-ci condamne en lui toute manifestation de combativité. Elle lui barre le développement de sa nature masculine. Jean, passif, obéit au désir maternel et ne peut se construire, faute d'image paternelle valable. Il ne peut ni s'identifier, ni affronter ce père rayé et éliminé du foyer par l'inconscient maternel [199]. »

Dans les cas extrêmes, si le père n'affirme pas son rôle viril et si la mère tend à le diminuer et à se substituer à lui, l'enfant peut connaître une véritable inversion de sa sensibilité et devenir homosexuel.

On trouve la même exclusion du père chez certaines mères volontairement célibataires. Mgr Jullien interroge :

« Est-ce vraiment aimer l'enfant à venir que d'en faire un orphelin ? Et encore sa situation est-elle bien plus fragile

198. *Ibid.* p. 130.

199. Georges Mauco, *Psychanalyse et éducation*, Aubier Montaigne, 1968, p. 54.

que celle d'un véritable orphelin. Une veuve peut donner à ses enfants une image forte d'un père aimé et regretté. “Les psychanalystes savent qu'on ne peut faire le deuil que du connu (d'un père mort, par exemple), mais de “rien”, du non-dit, du non-symbolisable : impossible.” La célibataire volontaire réduit le père génétique, M. X. ou Y., au rôle de géniteur inconnu. À quelle image paternelle consistante l'enfant pourra-t-il se référer pour construire sa personnalité [200] ? »

L'enfant, pour trouver son identité, a besoin de savoir par qui et dans quel contexte il a été conçu. Si le père est absent, c'est à la mère d'en parler, si possible positivement, ou tout au moins objectivement. Laurence Pernoud y insiste :

> « Dire, comme certaines femmes (c'est une psychologue de maternité qui me l'a rapporté), “son père est mort” ou “il n'a pas de père” est pour l'enfant une mutilation, une amputation de la filiation. C'est faire comme si cet enfant avait été conçu sans père. Ce n'est pas toujours facile de parler à l'enfant de son père ; mais, si la mère n'y arrive pas, tôt ou tard, ce père, l'enfant le recherchera, et il en voudra à sa mère de le lui avoir caché, quelles qu'aient été les circonstances [201]. »

4. Enfant du Père par le baptême

La mise à l'écart du père est le fait d'un petit nombre de femmes dans notre société. Par contre, il y a un phénomène qui prend de plus en plus d'ampleur à l'heure actuelle, particulièrement en France et en Europe, c'est la mise à l'écart du Père ! En effet, de moins en moins de nos concitoyens font baptiser leur enfant peu après sa naissance, par négligence, par ignorance du sens extraordinaire de ce sacrement, ou par refus de Dieu ou de l'Église.

200. Mgr Jacques Jullien, *Demain la famille*, Mame, 1992, p. 110. La citation qu'il fait est de G. Delaisi de Perceval.
201. Laurence Pernoud, *J'attends un enfant*, p. 44.

« Ils privent alors leur enfant de la grâce inestimable de devenir enfant de Dieu. Or, naissant avec une nature humaine déchue et entachée par le péché originel, les enfants eux aussi ont besoin de la nouvelle naissance dans le baptême [202] » afin d'être libérés par Dieu *« du pouvoir des ténèbres et d'être transférés dans le Royaume de son Fils bien-aimé en qui nous avons la rédemption, la rémission des péchés »* (Col 1, 13-14).

Nous arrivons au terme de la longue préparation par laquelle le Père a repris l'humanité après le péché originel, pour réaliser son dessein de bénédiction. Il a fait alliance avec Abraham et lui a promis une descendance innombrable. Il a sauvé son petit peuple esclave en Égypte en lui faisant traverser la mer Rouge sous la conduite de Moïse, « ce qui annonce la libération opérée par le baptême [203] » ; puis il a fait alliance avec Israël à l'Horeb et l'a conduit vers la Terre promise. Comme le peuple, qui n'était pas affranchi du péché originel, était constamment infidèle à l'alliance, Dieu l'a formé par les prophètes dans l'espérance du salut.

Finalement, lorsque les temps furent accomplis, il a envoyé son propre Fils sur terre pour qu'un homme, enfin, vive pleinement le dessein qu'il avait formé de toute éternité et accueille pleinement ses bénédictions. Ce qui a été inauguré à Noël, Jésus l'a vécu durant toute sa vie terrestre. Il est le nouvel Adam en qui tout a été restauré.

C'est de lui que va naître une humanité renouvelée, réconciliée avec le Père, non pas selon la chair, mais selon l'Esprit. Pour cela, cependant, il va falloir qu'il nous obtienne le pardon de nos péchés en passant par sa passion, sa mort et sa résurrection, manifestant ainsi aux hommes l'amour fou dont le Père les aime [204].

Ce mystère de notre salut a été annoncé par l'événement inaugural de la mission de Jésus : son baptême par Jean-Baptiste

202. CEC § 1250.
203. CEC § 1221.
204. Nous allons y revenir dans le prochain chapitre.

dans le Jourdain [205]. Il s'est réalisé dans ce que Jésus lui-même appelle *« le baptême de la croix »* (Mc 10, 38). Et nous en recevons gratuitement les fruits inestimables au baptême. C'est alors que la malédiction entraînée par la faute du premier Adam est annulée pour nous et que, devenus enfants de Dieu, nous pouvons recevoir toutes les bénédictions que le Père a voulues pour nous avant la fondation du monde.

Au baptême, nous devenons enfants de Dieu

Ce sacrement est ainsi appelé « selon le rite central par lequel il est réalisé : baptiser (en grec *baptizein*) signifie "plonger", "immerger" ; la "plongée" dans l'eau symbolise l'ensevelissement du catéchumène dans la mort du Christ, d'où il sort par la résurrection avec Lui comme *"créature nouvelle"* (2 Co 5, 17 ; Ga 6, 15) [206] ».

Saint Paul écrit :

> *« Baptisés dans le Christ Jésus, c'est dans sa mort que tous nous avons été baptisés. Nous avons donc été ensevelis avec lui par le baptême dans la mort, afin que, comme le Christ est ressuscité des morts par la gloire du Père, nous menions nous aussi une vie nouvelle. »* (Rm 6, 3-4)

Baptisés dans le Christ, c'est au *péché* que nous sommes morts (cf. Rm 6, 11), l'Église l'affirme :

> « Par le baptême, tous les péchés sont remis, le péché originel et tous les péchés personnels ainsi que toutes les peines du péché. En effet, en ceux qui ont été régénérés il ne demeure rien qui les empêcherait d'entrer dans le Royaume de Dieu, ni le péché d'Adam, ni le péché personnel, ni les suites du péché, dont la plus grave est la séparation de Dieu.
> « Dans le baptisé, certaines conséquences temporelles du péché demeurent cependant, telles les souffrances, la maladie, la

205. Sur le baptême de Jésus, cf. CEC § 535 à 537 ; Benoît XVI, *Jésus de Nazareth*, tome 1, Flammarion, 2007, chapitre I.
206. CEC § 1214.

mort, ou les fragilités inhérentes à la vie comme les faiblesses de caractère, etc. ainsi qu'une inclination au péché que la Tradition appelle la concupiscence, ou, métaphoriquement, le "foyer du péché" (fomes peccati) [207]. »

Le baptisé participe ainsi à la victoire de Jésus sur *Satan.* « Puisque le baptême signifie la libération du péché et de son instigateur, le diable, on prononce un (ou plusieurs) exorcisme(s) sur le candidat. Il est oint de l'huile des catéchumènes ou bien le célébrant lui impose la main, et il renonce explicitement à Satan [208]. »

> « Le baptême ne purifie pas seulement de tous les péchés, il fait aussi du néophyte *"une créature nouvelle"* (2 Co 5, 17), *"un fils adoptif de Dieu"* (cf. Ga 4, 5-7) qui est devenu *"participant de la nature divine"* (2 P 1, 4), *"membre du Christ"* (cf. 1 Co 6, 15 ; 12, 27) et *"cohéritier avec lui"* (Rm 8, 17), *"temple de l'Esprit Saint"* (cf. 1 Co 6, 19) [209]. »

Quelle doit être la joie de notre Père ! *« Depuis avant la fondation du monde, il nous a prédestinés à être pour lui des fils adoptifs par Jésus Christ »* (Ep 1, 5). Or, voici que son dessein d'amour se réalise : tous ceux qui sont baptisés deviennent un avec le Christ (cf. Ga 3, 26-28) ; désormais, la parole du Père à Jésus le jour de son baptême s'adresse à chacun : *« Tu es mon fils (ma fille), moi, aujourd'hui, je t'ai engendré(e) »* (Lc 3, 22). Le jour de notre baptême, le Père nous reconnaît comme ses enfants bien-aimés, et cela en un sens beaucoup plus fort que lorsqu'il appelait les enfants d'Israël ses fils.

En effet, nous que Dieu, *« le Père de notre Seigneur Jésus Christ, dans sa grande miséricorde, a fait renaître »* (1 P 1, 3) il nous a choisis en Jésus : *« Vous êtes la race élue, la communauté sacerdotale du roi, la nation sainte, le peuple que Dieu s'est acquis,*

---

207. CEC § 1263-1264. Cf. § 976 à 987 : Je crois au pardon des péchés ; et 1987 à 1995 : La justification.
208. CEC § 1237. Cf. § 1673 cité p. 83.
209. CEC § 1265.

pour que vous proclamiez les hauts faits de celui qui vous a appelés des ténèbres à sa merveilleuse lumière. » (1 P 2, 9) Cette élection, faite par Dieu avant la fondation du monde pour que nous soyons « *saints et irréprochables sous son regard, dans l'amour* » (Ep 1, 4), concerne toutes les nations appelées à former l'Église, la grande famille des enfants de Dieu.

Le Père veut que nous soyons *saints*. C'est au baptême qu'il réalise pour nous ce dessein bienveillant de sa miséricorde.

> « Appelés par Dieu, non au titre de leurs œuvres, mais au titre de son dessein gracieux, justifiés en Jésus notre Seigneur, les disciples du Christ sont véritablement devenus, par le baptême de la foi, fils de Dieu, participants de la nature divine et, par conséquent, réellement saints. Cette sainteté qu'ils ont reçue, il leur faut donc, avec la grâce de Dieu, la conserver et l'achever par leur vie [210]. »

D'autant plus que, même si tous nos péchés ont été remis au baptême, nous gardons une inclination au péché qui rend nécessaire un combat spirituel pour que nous conservions la sainteté reçue. « L'Église renferme des pécheurs en son propre sein ; elle est donc à la fois sainte et appelée à se purifier, poursuivant constamment son effort de pénitence et de renouvellement [211]. »

C'est si important que ce document conciliaire fondamental consacre tout un chapitre (le cinquième) à l'appel universel à la sainteté dans l'Église.

Le don de l'Esprit Saint au baptême

Lorsque nous avons médité le texte d'Éphésiens 1, 3-6, nous avons vu que toutes les bénédictions dont le Père voulait nous combler dans le Christ étaient les bénédictions de l'Esprit. Le mystère de la Rédemption nous amène à contempler surtout

210. Vatican II, *Constitution sur l'Église*, n° 40. Cf. CEC § 823 à 829 : L'Église est sainte.
211. *Ibid.* n° 8.

l'œuvre du Fils ; mais l'Esprit est déjà à l'œuvre avec lui et en lui, et c'est l'Esprit qui va « poursuivre l'œuvre de Jésus dans le monde et achever toute sanctification [212] ».

Saint Paul l'affirme :

> « *Lorsque se sont manifestés la bonté de Dieu notre Sauveur et son amour pour les hommes, il nous a sauvés, non en vertu d'œuvres que nous aurions accomplies nous-mêmes dans la justice, mais en vertu de sa miséricorde, par le bain de la nouvelle naissance et de la rénovation que produit l'Esprit Saint. Cet Esprit, il l'a répandu sur nous avec abondance par Jésus Christ notre Sauveur, afin que, justifiés par sa grâce, nous devenions, selon l'espérance, héritiers de la vie éternelle.* » (Tt 3, 4-7)

> « C'est l'Esprit Saint qui vient au-devant de nous et qui suscite en nous la foi. De par notre baptême, premier sacrement de la foi, la Vie, qui a sa source dans le Père et nous est offerte dans le Fils, nous est communiquée intimement et personnellement par l'Esprit-Saint dans l'Église. [...] L'Esprit Saint, par sa grâce, est premier dans l'éveil de notre foi et dans la vie nouvelle qui est de connaître le Père et celui qu'Il a envoyé, Jésus Christ (cf Jn 17, 3) [213]. »

« Les deux effets principaux du baptême, qui sont la purification des péchés et la nouvelle naissance dans l'Esprit Saint [214] », sont l'œuvre de l'Esprit.

L'Esprit Saint nous communique aussi la grâce.

> « La grâce est une participation à la vie de Dieu, elle nous introduit dans l'intimité de la vie trinitaire : par le baptême, le chrétien participe à la grâce du Christ, Tête de son Corps. Comme un "fils adoptif", il peut désormais appeler Dieu "Père" en union avec le Fils unique. Il reçoit la vie de l'Esprit qui lui

212. Prière Eucharistique IV. Cf. CEC § 727 à 730 : Le Christ et l'Esprit.
213. CEC § 683-684. Les § 683 à 747 sont consacrés à l'Esprit Saint.
214. CEC § 1262.

insuffle la charité et qui forme l'Église [215]. » « La grâce est en nous la source de l'œuvre de sanctification [216]. »

Elle est aussi la source des *vertus théologales* de foi, d'espérance et de charité. L'Esprit Saint les nourrit et les fait croître en nous, car « elles sont infusées par Dieu dans l'âme des fidèles pour les rendre capables d'agir comme ses enfants et de mériter la vie éternelle [217] ».

Les chrétiens peuvent agir comme les enfants du Père car « leur vie morale est soutenue par les dons du Saint-Esprit. Ceux-ci sont des dispositions permanentes qui rendent l'homme docile à suivre les impulsions de l'Esprit-Saint. Les sept dons du Saint-Esprit sont la sagesse, l'intelligence, le conseil, la force, la science, la piété et la crainte de Dieu [218] ».

Ceux qu'anime l'Esprit Saint portent de bons fruits.

> « Les fruits de l'Esprit sont des perfections que forme en nous le Saint-Esprit comme des prémices de la gloire éternelle. La Tradition de l'Église en énumère douze : *"charité, joie, paix, patience, longanimité, bonté, bénignité, mansuétude, fidélité, modestie, continence, chasteté"* (Ga 5, 22-23 vulg) [219]. »

Ainsi, le don de l'Esprit-Saint au baptême, signifié par l'onction du Saint-Chrême, est le plus merveilleux de tous les dons, puisqu'il nous communique tout ce dont nous avons besoin pour être *« saints et irréprochables sous le regard du Père, dans l'amour »* (Ep 1, 4).

Ce don de l'Esprit Saint au baptême est parfait lors de la réception du sacrement de confirmation [220].

---

215. CEC § 1997.
216. CEC § 1999. À compléter par les numéros suivants jusqu'à 2005.
217. CEC § 1813.
218. CEC § 1830-1831. Cf. Dom Prosper Guéranger, *Les dons du Saint-Esprit*, aux éditions de Solesmes. Ouvrage bref, mais remarquable.
219. CEC § 1832.
220. Cf. CEC § 1285 à 1321 : La confirmation.

« La confirmation apporte croissance et approfondissement de la grâce baptismale :
– elle nous enracine plus profondément dans la filiation divine qui nous fait dire *"Abba, Père"* (Rm 8, 15) ;
– elle nous unit plus fermement au Christ ;
– elle augmente en nous les dons de l'Esprit Saint [221] ;
– elle rend notre lien avec l'Église plus parfait ;
– elle nous accorde une force spéciale de l'Esprit Saint pour répandre et défendre la foi par la parole et par l'action en vrais témoins du Christ, pour confesser vaillamment le nom du Christ et pour ne jamais éprouver de la honte à l'égard de la Croix [222]. »

« La réception de ce sacrement est donc nécessaire à l'accomplissement de la grâce baptismale [223]. »

AU BAPTÊME, LE PÈRE NOUS RECONNAÎT COMME SES ENFANTS

Pour le père, la naissance de l'enfant est un moment essentiel : en le reconnaissant, il noue avec lui un lien particulièrement fort, il lui donne un nom et une identité, il l'inscrit dans une famille, lui donne une généalogie, l'inscrit dans une histoire et une culture. Tout cela se retrouve dans la relation qui s'instaure entre le Père et nous au baptême.

Le lien qui se noue entre le père et son enfant est charnel, symbolique, relationnel et spirituel. Il n'y a certes pas de lien charnel entre le Père et nous, car il est pur Esprit. Pourtant, en le reconnaissant comme notre Créateur, nous confessons qu'il est à l'origine de la vie que nous recevons par nos parents et que sans lui, nous n'existerions pas.

Le lien symbolique se noue au baptême, qui est un acte public, célébré (normalement) au sein de la communauté chrétienne.

---

221. Par exemple les charismes : CEC § 2003.
222. CEC § 1303.
223. CEC § 1285 et 1257.

« Le baptême incorpore à l'Église. Des fonts baptismaux naît l'unique Peuple de Dieu de la Nouvelle Alliance qui dépasse toutes les limites naturelles ou humaines des nations, des cultures, des races et des sexes : *"Aussi bien est-ce en un seul Esprit que nous avons été baptisés pour ne former qu'un seul corps"* (1 Co 12, 13) [224]. »

Le baptême est donc un rite social, dont le caractère solennel est marqué par l'inscription de l'enfant sur les registres paroissiaux.

Le lien relationnel est aussi inauguré au baptême. Celui-ci n'est pas seulement un contrat juridique entre l'enfant et Dieu ; c'est l'acte par lequel le Père reconnaît ce petit d'homme comme son enfant bien-aimé dans le Fils et le fait entrer dans l'Alliance nouvelle et éternelle au sein de laquelle va s'épanouir sa vie d'enfant de Dieu.

Cet engendrement crée entre le Père et nous un lien spirituel indestructible.

> « Incorporé au Christ par le baptême, le baptisé est configuré au Christ (cf. Rm 8, 29). Le baptême scelle le chrétien d'une marque spirituelle indélébile (*character*) de son appartenance au Christ. Cette marque n'est effacée par aucun péché, même si le péché empêche le baptême de porter des fruits de salut [225]. »

Le père, en reconnaissant l'enfant, lui donne son *nom*. Certes, notre patronyme ne nous est pas donné par Dieu ; mais notre appartenance au Corps du Christ peut être bien marquée dans le choix du prénom [226].

Ce « nom de baptême » signifie notre filiation divine, et c'est par lui que le Père nous appelle [227].

En outre, « dans le Royaume, le caractère mystérieux et unique de chaque personne marquée du nom de Dieu

224. CEC § 1267.
225. CEC § 1272.
226. Cf. p. 104.
227. Cf. Is 43, 1.

resplendira en pleine lumière. *"Au vainqueur* [...] *je donnerai un caillou blanc, portant gravé un nom nouveau que nul ne connaît, hormis celui qui le reçoit"* (Ap 2, 17) [228].

« Le nom de la personne est sacré. Il est l'icône de la personne. Il exige le respect, en signe de la dignité de celui qui le porte [229] », de sa dignité d'enfant de Dieu !

À travers le prénom que nous recevons au baptême, nous recevons aussi toute une *« généalogie »*. À travers les saints dont nous portons les prénoms, à travers tous les saints de notre famille, nous remontons au Christ, nouvel Adam. Mais, alors que nos ancêtres nous transmettent une part d'héritage « empoisonné [230] », les saints ne nous transmettent que les bénédictions du Père, puisées dans le Cœur du Christ mort pour nos péchés et ressuscité pour notre vie.

Le baptême nous insère dans *une famille spirituelle*. Nous avons un Père, *« le Père de notre Seigneur Jésus-Christ et notre Père »* (Jn 20, 17). Nous avons une Mère, la Vierge Marie, que Jésus nous a donnée pour Mère à la croix [231]. Nous avons un frère aîné, Jésus, devenu par sa résurrection *« le premier-né d'une multitude de frères »* (Rm 8, 29). Cette multitude de frères et de sœurs, c'est le milliard de baptisés rassemblés dans l'Église catholique, auquel nous pouvons ajouter le milliard de baptisés des autres confessions chrétiennes.

> « Cette famille de Dieu se constitue et se réalise graduellement au long des étapes de l'histoire humaine, selon les dispositions du Père : en effet, l'Église a été "préfigurée dès l'origine du monde ; elle a été merveilleusement préparée dans l'histoire du peuple d'Israël et dans l'Ancienne Alliance ; elle a été instituée enfin en ces temps qui sont les derniers ; elle est manifestée grâce

228. CEC § 2159.
229. CEC § 2158.
230. Cf. Ch. II, 5 ; cf. Ps 79 (78) 8.
231. Cf. Jn 19, 25-27 ; CEC § 963 à 970 : La maternité de Marie envers l'Église.

à l'effusion de l'Esprit Saint et, au terme des siècles, elle sera consommée dans la gloire" [232]. »

L'Église est la réalisation du dessein originel du Père. Elle dépend totalement de celui-ci. C'est pourquoi Jésus, afin de lui permettre d'entrer par lui, avec lui et en lui dans l'intimité du Père, lui a appris à prier en disant : Notre Père… (cf. Mt 6, 9-13) Cette prière est « remise » aux néophytes le jour de leur baptême.

« Quand nous prions le Père, nous sommes en communion avec Lui et avec son Fils Jésus-Christ (cf. 1 Jn 1, 3). C'est alors que nous le connaissons et Le reconnaissons dans un émerveillement toujours nouveau [233]. »

« Ce don gratuit de l'adoption exige de notre part une conversion continuelle et une vie nouvelle. Prier notre Père doit développer en nous deux dispositions fondamentales :
« Le désir et la volonté de lui ressembler. Créés à son image, c'est par grâce que la ressemblance nous est rendue, et nous avons à y répondre. […]
« Un cœur humble et confiant qui nous fait retourner à l'état des enfants (cf. Mt 18, 3) : car c'est aux tout-petits que le Père se révèle (cf. Mt 11, 25) […] [234]. »

Le tout-petit du Père, c'est Jésus. Dire « notre Père », c'est donc chercher à ressembler toujours plus au Christ.

« Ainsi, écrit Benoît XVI, la filiation est devenue un concept dynamique : nous ne sommes pas encore de manière achevée des fils de Dieu, mais nous devons le devenir et l'être de plus en plus

232. CEC § 759 ; la citation est de la *Constitution sur l'Église*, au n° 2.
233. CEC § 2781. Le CEC s'achève par un commentaire du Notre Père (§ 2759 à 2865).
234. CEC § 2784-2785. Cf. la voie d'enfance de sainte Thérèse de Lisieux.

à travers notre communion de plus en plus profonde avec Jésus. Être fils, c'est suivre le Christ [235]. »

Cela est possible grâce à l'Esprit reçu au baptême, qui nous permet de mourir au péché pour ressusciter à une vie nouvelle. Saint Paul le proclame :

> « *Si, par l'Esprit, vous faites mourir votre comportement charnel, vous vivrez. En effet, ceux-là sont fils de Dieu qui sont conduits par l'Esprit de Dieu : vous n'avez pas reçu un Esprit qui vous rende esclaves et vous ramène à la peur, mais un Esprit qui fait de vous des fils adoptifs et par lequel nous crions : Abba, Père. Cet Esprit lui-même atteste à notre esprit que nous sommes enfants de Dieu. Enfants, et donc héritiers ; héritiers de Dieu, cohéritiers du Christ, puisque, ayant part à ses souffrances, nous aurons part aussi à sa gloire.* » (Rm 8, 13-17)

5. Chemin de guérison : actualiser la grâce du baptême

Une guérison « radicale »

La guérison que nous souhaitons est une guérison de tout notre être : corps, âme (dimension psychoaffective) et esprit (dimension spirituelle). Or, notre blessure la plus profonde découle du péché originel : c'est la coupure avec Dieu, qui a dénaturé les rapports humains – dont la paternité – et qui a provoqué toutes les blessures et maladies dont nous souffrons. Comme le fils prodigue de la parabole [236], l'homme qui se coupe du Père se coupe de ses bénédictions, épuise rapidement

235. Benoît XVI, *Jésus de Nazareth*, tome I : *Du baptême dans le Jourdain à la Transfiguration*, p. 161. Tout le chapitre V est un commentaire du « Notre Père ».
236. Cf. Lc 15, 11-16.

ses ressources spirituelles et, sous l'influence du péché originel – en particulier de la triple concupiscence –, mène bientôt une vie de désordre. Il éprouve alors la famine : sa vie n'a plus de sens et ses relations sont perturbées. Il s'agite et se divertit, au sens pascalien du terme, pour éviter d'y penser et oublier sa solitude ; mais il ne peut faire taire la voix de sa conscience qui lui murmure : « Reviens vers ton Père ! »

Aussi, la guérison « radicale », c'est-à-dire celle qui agit sur la cause première de tous ses maux [237], c'est la réconciliation avec le Père qui rend à l'homme toute sa dignité de fils. Lorsque le fils prodigue rentre en lui-même, prend conscience de son péché et, se convertissant, décide de revenir vers son Père, il fait l'expérience de l'infinie miséricorde de Dieu. Celui-ci n'a pas cessé de l'aimer ni de désirer son retour pour le combler de ses bénédictions. Jean-Paul II le souligne :

> « Le père de l'enfant prodigue est fidèle à sa paternité, fidèle à l'amour dont il comblait son fils depuis toujours. [...] Nous lisons que le père, voyant l'enfant prodigue revenir à la maison, *"fut pris de pitié, courut se jeter à son cou et l'embrassa tendrement"* (Lc 15, 20). Il agit évidemment poussé par une profonde affection [...]. Mais, plus profondément, le père est conscient qu'un bien plus fondamental a été sauvé, l'humanité de son fils, [...] *"lui qui était mort et qui est revenu à la vie"* (Lc 15, 32) [238]. »

Cette grâce de la réconciliation avec notre Père nous est communiquée au baptême. Le *Catéchisme de l'Église catholique* le dit clairement : « La plongée dans l'eau fait appel aux symbolismes de la mort et de la purification, mais aussi de la régénération et du renouvellement. Les deux effets principaux sont donc la purification des péchés et la nouvelle naissance dans l'Esprit Saint (cf. Ac 2, 38 ; Jn 3, 5) [239]. »

---

237. Le mot « radical » vient du latin *radix*, « racine ».
238. Jean-Paul II, *La Miséricorde divine*, 1980, n° 6. Tout le chapitre 6 commente la parabole de l'enfant prodigue.
239. CEC § 1262.

Dans la sous-partie précédente, nous avons pu nous émerveiller devant l'œuvre prodigieuse qui s'opère ainsi pour nous au baptême. Cette œuvre, nous avons à l'accueillir et à la faire fructifier tout au long de notre vie.

Si, après avoir été baptisés, nous avons, comme le prodigue, pris des distances par rapport à notre Père, il nous faut revenir à lui *« de tout notre cœur »* (Jl 2, 12) pour vivre l'expérience de son infinie miséricorde et retrouver toute notre dignité de fils ou fille de Dieu. Il s'agit donc pour nous de réactualiser la grâce de notre baptême.

Simone Pacot l'affirme : « L'amour de Dieu est l'amour d'un Père qui adopte des fils et des filles avec tout ce que cela induit dans la relation vivante. Se laisser atteindre par cet amour-là est certainement la première étape essentielle d'une véritable guérison [240]. »

OBSTACLES

Le premier obstacle à notre retour vers le Père semble être la mauvaise relation que nous avons eue avec notre père de la terre, du fait de son absence, de ses carences, de ses défauts, voire de sa violence. Les blessures qui en résultent sont parfois si terribles qu'elles nous empêchent de concevoir que Dieu, le Père, puisse être tout autre que notre père de la terre.

Le principal obstacle se situe cependant sur le plan spirituel. Car Satan, le diable (c'est-à-dire « le diviseur »), continue inlassablement le travail de sape qu'il a commencé avec Adam et Ève. Jésus nous met en garde : *« Dès le commencement il s'est attaché à faire mourir l'homme.* [...] *Il est menteur et père du mensonge. »* (Jn 8, 44) À partir de l'attitude négative de certains pères de la terre ou de certains pères spirituels, Satan suggère des images caricaturales du Père pour susciter chez nous peur, aversion ou révolte. Après nous avoir détournés de Dieu, il nous enferme dans la culpabilité, l'angoisse, la tristesse et parfois le désespoir.

240. Simone Pacot, *Reviens à la vie*, éd. du Cerf 2007, p. 24.

Le diable, qui est très intelligent, connaît nos faiblesses et nos blessures. Il cherche à nous faire pécher, comme Adam et Ève, par orgueil. Il veut saper notre confiance dans le Père, nous couper de son amour et nous ôter ainsi toute espérance. Il nous pousse à l'indépendance, à l'autonomie (c'est-à-dire à décider nous-mêmes de ce qui est bon ou mauvais). Il suscite chez les pères des comportements déviants : autoritarisme allant parfois jusqu'à la violence vis-à-vis de leurs enfants ; ou, au contraire, laxisme livrant ceux-ci à l'esprit du monde ; concupiscence pouvant conduire certains pères à l'inceste ou à la pédophilie…

Nos blessures se situent sur le plan psychoaffectif, mais nos péchés sur le plan spirituel. Dans une démarche de guérison intérieure, il est indispensable de prendre en compte ces deux plans et d'effectuer les démarches nécessaires sur l'un et l'autre plan.

Une démarche de foi

Notre relation à Dieu se vit dans la foi, et la foi est un don du Saint-Esprit. C'est pourquoi tous, même s'ils ont été très blessés dans leur relation à leur père de la terre, peuvent s'ouvrir à ce don, fait au baptême, qui est la porte de l'amour.

Le baptême est le sacrement de la foi. Jésus l'a dit : *« Celui qui croira et sera baptisé sera sauvé. »* (Mc 16, 16) Cette foi nous est transmise par l'Église [241]. Cependant, précise le CEC, « la foi qui est requise pour le baptême n'est pas une foi parfaite et mûre, mais un début qui est appelé à se développer [242] ».

Les épreuves de la vie ont pu nous faire douter de la bonté du Père. Pourtant, même si notre affectivité est très blessée et si notre mémoire est habitée par le souvenir douloureux des épreuves que nous avons traversées, nous pouvons mobiliser notre intelligence et notre volonté pour réveiller et faire

241. Cf. CEC § 168.
242. CEC § 1253.

grandir le germe de foi que nous avons reçu au baptême. Le Saint-Esprit, en particulier à travers les dons d'intelligence et de force, seconde toujours nos efforts.

Alors que nous sommes souvent tentés de croire dans la mesure où nous sentons, le CEC nous invite à mettre en œuvre notre intelligence pour approfondir notre foi :

> « La foi cherche à comprendre (St Anselme) : il est inhérent à la foi que le croyant désire mieux connaître Celui en qui il a mis sa foi, et mieux comprendre ce qu'Il a révélé ; une connaissance plus pénétrante appellera à son tour une foi plus grande, de plus en plus embrasée d'amour. La grâce de la foi ouvre *"les yeux du cœur"* (Ep 1, 18) pour une intelligence vive des contenus de la Révélation, c'est-à-dire de l'ensemble du dessein de Dieu et des mystères de la foi, de leur lien entre eux et avec le Christ, centre du mystère révélé. Or, pour "rendre toujours plus profonde l'intelligence de la Révélation, l'Esprit-Saint ne cesse, par ses dons, de rendre la foi plus parfaite". Ainsi, selon l'adage de saint Augustin, "je crois pour comprendre et je comprends pour mieux croire" [243] ».

Lorsque nous méditons la Parole de Dieu pour mieux comprendre de quel amour le Père nous aime, c'est l'Esprit Saint qui dissipe peu à peu nos ténèbres (nos idées fausses, nos croyances erronées) et nous conduit pas à pas, comme Jésus l'a promis, *"à la vérité tout entière"* (Jn 16, 13).

Alors, si nous avons bien entendu (en latin : *audire)* la Parole de Dieu, nous pouvons lui apporter l'obéissance de notre foi, au contraire d'Adam et Ève dont le péché originel a été de se défier de la Parole du Père, et de lui désobéir.

> « Obéir (*ob-audire*) dans la foi, c'est se soumettre librement à la parole écoutée, parce que sa vérité est garantie par Dieu, la Vérité même. Abraham est le modèle de cette obéissance que nous

243. CEC § 158. La note 7 renvoie à la constitution de Vatican II sur la Révélation au n° 5.

propose l'Écriture Sainte. La Vierge Marie en est la réalisation la plus parfaite [244] ».

L'exemple de la Vierge Marie nous montre que la foi peut être vécue non seulement dans les circonstances joyeuses comme à l'Annonciation (cf. Lc 1, 45), mais aussi dans une situation on ne peut plus douloureuse, comme à la croix. Le Concile le rappelle :

> « Ainsi la bienheureuse Vierge avança dans son pèlerinage de foi, gardant fidèlement l'union avec son Fils jusqu'à la croix où, non sans un dessein divin, elle était debout (cf. Jn 19, 25), souffrant cruellement avec son Fils unique, associée d'un cœur maternel à son sacrifice, donnant à l'immolation de la victime, née de sa chair, le consentement de son amour, pour être enfin, par le même Christ Jésus mourant sur la croix, donnée comme sa Mère au disciple par ces mots : *"Femme, voici ton fils"* (cf. Jn 19, 26-27) [245]. »

Jean-Paul II commente : « Comme elle est grande, comme elle est alors héroïque l'obéissance de la foi dont Marie fait preuve face aux "décrets insondables" de Dieu ! Comme elle "se livre à Dieu" sans réserve, dans "un complet hommage d'intelligence et de volonté" (Décret sur la Révélation n° 5) à celui dont "les voies sont incompréhensibles" (cf. Rm 11, 33) ! Et aussi comme est puissante l'action de la grâce dans son âme, comme est pénétrante l'influence de l'Esprit-Saint, de sa lumière et de sa puissance [246] ! »

Alors même qu'un glaive lui transperçait l'âme (cf. Lc 2, 35), Marie est restée ferme dans la foi, debout au pied de la croix, grâce à la force reçue de l'Esprit Saint. Comme elle, dans la puissance de l'Esprit, ceux qui ont été terriblement blessés

---

244. CEC § 144 ; cf. § 145 à 149 sur la foi d'Abraham et de Marie.
245. Vatican II, *Constitution sur l'Église*, n° 58 ; Jean-Paul II médite sur le pèlerinage de foi de Marie dans *La Mère du Rédempteur*, 1987, Première partie, 2.
246. Jean-Paul II, *La Mère du Rédempteur*, n° 18.

dans leur relation à leur père de la terre peuvent garder foi en la miséricordieuse bonté du Père, dont l'amour pour nous est plus profond et plus fort que tout le mal qui a pu nous être fait par des humains.

Humainement, nous en sommes incapables, tant notre affectivité est blessée. « Pour exister, cette foi requiert la grâce prévenante et aimante de Dieu, ainsi que les secours intérieurs du Saint-Esprit qui touche le cœur et le tourne vers Dieu [247]. » Mais elle nécessite aussi notre adhésion libre[248], et c'est là qu'interviennent notre intelligence et notre volonté.

Si nous n'avons pas connu l'amour d'un père, ou s'il nous a profondément blessés, redécouvrons l'amour infini de notre Père pour nous et choisissons de lui faire confiance afin d'actualiser la grâce de notre baptême, qui a fait de nous ses enfants bien-aimés.

ACTUALISER LA GRÂCE BAPTISMALE : LA VEILLÉE PASCALE

Il est possible en tout temps de vivre dans son cœur l'expérience du prodigue qui revient vers son Père, expérimente la miséricorde de celui-ci et retrouve toute sa dignité d'enfant de Dieu ; mais l'Église propose au chrétien un moment privilégié pour vivre ces retrouvailles : la veillée pascale pendant laquelle nous renouvelons notre profession de foi baptismale.

Au baptême, le Père a fait de nous ses enfants adoptifs. Cela nous engage à fuir le péché et à croître dans la foi et l'amour envers le Père, le Fils et l'Esprit Saint. « Chez tous les baptisés, enfants ou adultes, la foi doit croître après le baptême. C'est pour cela que l'Église célèbre chaque année, dans la nuit pascale, le renouvellement des promesses du baptême [249]. »

Le célébrant ouvre ainsi ce rite :

> « Frères bien-aimés, par le mystère pascal nous avons été mis au tombeau avec le Christ dans le baptême, afin qu'avec lui nous

247. Vatican II, *La Révélation divine*, n° 5. Cf. CEC § 153.
248. Cf. CEC § 160.
249. CEC § 1254.

vivions d'une vie nouvelle. C'est pourquoi, après avoir terminé l'entraînement du Carême, renouvelons la renonciation à Satan que l'on fait lors du baptême, renouvelons notre profession de foi au Dieu vivant et vrai et à son Fils, Jésus Christ, dans la sainte Église catholique. »

Il propose alors une formulation de la renonciation à *Satan*, par exemple : « Renoncez-vous à Satan, au péché et à tout ce qui conduit au péché ? » L'assemblée répond : « Nous y renonçons. »

Il est à craindre que, dans l'assemblée, beaucoup de participants ne croient pas que Satan soit un être spirituel personnel ; pour eux, il symbolise le Mal et ils méconnaissent son action dans leur vie et dans le monde.

Dans ce domaine, il convient de se garder de deux excès. Certains ont tendance à voir des démons partout et à rendre ceux-ci directement responsables de tous leurs malheurs. Les exorcistes affirment que l'immense majorité de ceux qui se croient possédés ne le sont pas, que beaucoup souffrent en réalité de troubles psychologiques sérieux, et que les degrés d'infestation maligne sont divers.

Mais aujourd'hui, sous prétexte qu'au Moyen Âge, on a diabolisé trop facilement les gens et que la science explique maintenant des troubles – comme l'hystérie – qui étaient autrefois interprétés comme étant d'origine démoniaque, on tombe dans l'excès inverse. Beaucoup ne croient plus à l'existence du diable et des démons, et ont tendance à attribuer une cause seulement psychologique aux phénomènes d'infestation maligne [250].

Pourtant, la position de l'Église est claire et a été constamment réaffirmée [251] : Satan et les démons existent, et ne cessent de chercher à nous nuire spirituellement. Ils s'attaquent

---

250. Cf. P. Georges Morand, exorciste, *Faut-il encore exorciser aujourd'hui*, Sarment, éd. du Jubilé, 2000, première partie, ch. 2.
251. Cf. CEC § 391 à 395 ; P. G. Morand, *ibid.* première partie, ch. 1.

particulièrement à la famille, icône de la Sainte Trinité, et à la paternité, reflet de la Paternité de Dieu.

Ils déploient pour cela de multiples séductions pour nous attirer et nous tromper. Le père Morand présente les principales, par ordre de dangerosité croissante :

– le recours à l'astrologie, aux horoscopes ;
– le recours à la voyance et à la divination ;
– le spiritisme et l'évocation des esprits ;
– le recours aux guérisseurs, magnétiseurs, radiesthésistes ;
– le recours à la magie, à la sorcellerie, aux envoûtements ;
– le satanisme [252].

Quand des personnes font un pacte avec Satan, c'est effrayant de voir tout le mal qu'elles sont capables de faire [253] !

Jésus a affronté le Tentateur au début de sa mission (cf. Mt 4, 1-11) et dans l'ultime combat de sa passion (cf. Jn 12, 31). C'est pourquoi, dans la prière du Notre Père, il nous fait prier pour être délivrés du mal, c'est-à-dire du Malin, de Satan [254].

Renoncer à Satan, durant la veillée pascale, et tous les jours quand on veut vivre en enfant bien-aimé du Père, c'est donc renoncer aussi à toutes les pratiques dénoncées plus haut, qui nous lient, nous handicapent spirituellement et peuvent nous conduire au mal. En outre, on ne peut guérir spirituellement si on ne renonce pas à ces pratiques.

Durant la veillée pascale, le célébrant nous demande aussi de renoncer *au péché*. Tout le monde est d'accord ; mais le problème, aujourd'hui, c'est qu'il y a une terrible perte du sens du péché. Jean-Paul II le déplorait déjà en 1984 [255]. Depuis,

---

252. P. G. Morand, *Guide Totus de l'occultisme*, Sarment, éd. du Jubilé, 2004, deuxième partie ; Cf. Mgr Jean-Pierre Cattenoz, Lettre « Vivez en enfants de lumière ! Voyance et occultisme : attention danger ! » du 31/12/08, in *Il est Vivant* n° 276, nov 2010 ; et tous les livres d'exorcistes…
253. Cf. Francis MacNutt, *La délivrance pour aujourd'hui*, Ed. Bénédictines, 2008, ch. 17.
254. Cf. CEC § 2850 à 2854.
255. Jean-Paul II, *La réconciliation et la pénitence dans la mission de l'Église d'aujourd'hui*, n° 18.

la situation n'a fait qu'empirer, et on le voit bien quand on aborde toutes les questions en lien avec la famille : bioéthique, contraception, fécondation artificielle, avortement, SIDA, unions libres, divorce, remariage, homosexualité, euthanasie, etc. Comment aborder tous ces problèmes avec miséricorde, mais aussi dans la vérité ?

L'Église est là pour nous y aider. C'est elle aussi qui nous éclaire et nous aide à reconnaître notre péché pour mieux expérimenter la miséricorde du Père [256].

Dans une démarche de guérison intérieure, il est important de ne pas tomber dans le « victimisme », attitude de celui qui a été tellement blessé qu'il en oublie sa condition pécheresse et ne voit pas sa part de responsabilité dans son état présent. On peut être innocent du mal que l'on a subi – par exemple de la part de son père –, mais on est responsable de sa réaction face à la blessure : enfermement ou ouverture ; rancune, voire haine, ou volonté de pardonner avec la grâce de Dieu. Nos réactions engagent notre liberté et peuvent comporter une part de péché, que le Seigneur veut purifier pour nous guérir.

Durant la veillée pascale, une fois que nous avons renoncé à Satan, à ses œuvres et au péché, nous pouvons *renouveler notre profession de foi baptismale* en reprenant le symbole des Apôtres. « La foi est d'abord une adhésion personnelle de l'homme à Dieu ; elle est en même temps, et inséparablement, l'assentiment libre à toute la vérité que Dieu a révélée [257] », par Jésus [258] et dans l'Esprit [259].

En professant notre foi au Père, nous affirmons notre volonté de mieux le connaître, pour mieux l'aimer et mieux vivre en enfant de Dieu, en gardant ses commandements.

En professant notre foi au Fils, nous reconnaissons l'amour infini dont il a fait preuve envers nous en s'incarnant et en

256. Cf. Jean-Paul II, *ibid.* n° 14 à 17 : Le mystère du péché.
257. CEC § 150.
258. Cf. CEC § 151.
259. Cf. CEC § 152.

souffrant sa passion pour nous sauver. Nous allons y revenir dans notre prochain chapitre et nous verrons alors plus concrètement comment accueillir les fruits de son sacrifice d'amour.

En professant notre foi au Saint-Esprit, nous affirmons notre volonté de vivre sous sa conduite, grâce à tous ses dons, pour aimer comme Jésus aime et pour faire la volonté du Père comme Jésus l'a faite.

C'est tout le mystère de notre foi qui est actualisé durant la veillée pascale et auquel nous sommes invités à adhérer. Vécu dans la foi et dans l'amour, il est source de guérison « radicale » pour chacun et source de grâce pour les familles qui s'y ouvrent vraiment. « Le croyez-vous ? » nous demande le célébrant à Pâques… et chaque jour de notre vie.

FOI ET SENSIBILITÉ

Notre foi s'enracine dans notre intelligence – qui nous permet de connaître les vérités révélées – et dans notre volonté – qui nous permet d'y adhérer. Souvent, comme saint Thomas, nous aimerions voir, ou plutôt sentir l'amour de notre Père, surtout si nous avons une affectivité et une mémoire très blessées à cause du comportement de notre père de la terre envers nous.

Dieu notre Père, dans sa miséricordieuse bonté, permet parfois que nous ayons de fortes grâces sensibles. Par exemple, au moment de notre conversion ; ou bien parce que nous vivons une épreuve difficile ; ou encore, par pure bonté, pour nous accorder un temps de consolation après la désolation.

C'est ce qu'a expérimenté Pascal. Il avait quinze ans lorsque son père est mort accidentellement. Comme il était en conflit avec lui, il a mal vécu ce décès ; s'en sont suivies des années de difficultés, et même de crise. Mais le jour de sa fête, le Père lui a fait un magnifique cadeau.

> « Avant de me coucher, je me suis mis en prière et d'un seul coup, je sentis une grâce d'En-Haut descendre sur moi, dans une onction à la fois très douce et très ferme : la présence de Dieu. Je m'écriai : "Papa, Papa, mon Papa !", et ce "Papa !" était chargé de

tout ce qu'un enfant peut y mettre quand il cherche son regard. Je le sentais très fortement sur moi : il n'était pas de condamnation, mais d'une immense bonté et d'une absolue confiance. À chaque "Papa !", il me semblait que le Père me répondait : "Mais oui, mon petit, je suis là !"

« Pendant peut-être deux heures, mon unique prière a été ce cri ; je me suis nourri de ce dialogue, de cette Présence, de ce Regard. Profondément, je sentais qu'un réajustement s'opérait, ce qui était mort en moi, en même temps que mon père de la terre, reprenait vie, doucement. Je découvrais que j'avais droit à un Père, que mon identité était cachée dans son Cœur, que depuis toute éternité il me désirait tel que j'étais, qu'il me connaissait mieux que moi-même, qu'il portait en lui un projet d'Amour sur ma vie et que mon incapacité à y correspondre n'était pas un obstacle pour lui dès lors que je lui faisais confiance. [...] Une grande Paix m'envahissait, doublée d'un profond sentiment de sécurité : mon Père du Ciel savait ; il ne pouvait rien m'arriver.

« Jour après jour, mes angoisses se sont apaisées ; chaque fois qu'une bouffée s'annonçait, j'arrivais à la désamorcer en faisant mémoire de la grâce reçue, en la réactualisant, et en me disant : mon Père sait ! [...] Cette grâce fondatrice a ouvert la porte à bien d'autres guérisons ; elle se déploie encore aujourd'hui, et je crois bien que j'en vivrai jusqu'à mon dernier souffle [260]. »

Si nous ne sentons rien, cependant, n'en déduisons pas trop vite que le Père ne nous aime pas, ou que nous n'avons pas reçu ses grâces ! Par exemple, au moment de son baptême, même s'il ne sent rien, le néophyte a reçu toutes les grâces merveilleuses que nous avons évoquées plus haut. Le père F.-R. Wilhélem nous le rappelle :

« Il faut bien se garder de confondre l'action de l'Esprit, toujours mystérieuse, inobservable en elle-même, avec les ondes de choc qu'elle produit parfois dans notre sensibilité et dans notre psychisme. Il peut y avoir une puissante infusion de grâce sans qu'il y ait forcément d'expérience sentie. Il ne faut pas confondre

260. In *Feu et Lumière* n° 174, p. 48.

l'action de Dieu et l'expérience de cette action, comme si elles étaient indissociables [261]. »

En outre, si l'on a reçu des grâces sensibles, il y a danger à les rechercher à nouveau, car on risque de perdre de vue le Donateur et le but de la vie spirituelle, qui est l'union à Dieu par la foi [262].

Dans un processus de guérison intérieure, c'est la démarche inverse qui porte du fruit. Sûrs – dans la foi – de l'amour infini de notre Père, des grâces reçues de Jésus, notre Rédempteur, et de la présence en nous de l'Esprit Saint, nous allons présenter à Dieu notre affectivité blessée et notre mémoire chargée de souvenirs négatifs empoisonnés.

Notre père de la terre ne nous a pas désirés avant notre conception ? Méditons la Parole, en Éphésiens 1, 3-6, qui nous dit avec quel bonheur immense le Père nous a désirés et bénis avant la fondation du monde.

Notre père de la terre ne nous a pas conçus avec amour, ne nous a pas reconnus à la naissance ? Méditons sur la grâce merveilleuse de notre baptême et, dans la foi, accueillons tout l'amour de notre Père qui nous a dit et nous redit aujourd'hui : « Tu es mon enfant bien-aimé ; je t'aime et j'ai confiance en toi ! »

Déposons sur la croix de Jésus tous nos souvenirs malheureux, toutes nos pensées négatives qui encombrent notre mémoire ; et remplaçons-les par le souvenir des grâces que le Seigneur nous a faites et des bénédictions dont il nous comble jour après jour, jusqu'à ce que les premiers disparaissent et que les seconds occupent toute la place.

Mettons notre imagination au service de ce travail de purification de notre mémoire. Le prophète Osée prête au Père

261. P. François-Régis Wilhélem, *Le temps des discernements*, éd. des Béatitudes 2007, p. 38-39.

262. Le P. Wilhélem cite un beau passage de st Jean de la Croix qui l'affirme : *ibid.* p. 47.

cette affirmation : « *J'étais pour eux comme ceux qui soulèvent un nourrisson tout contre leur joue.* » (Os 11, 4) Imaginons que nous sommes ce tout-petit qui entoure de ses bras le cou de son Père, qui s'abandonne sur son épaule et sur son cœur, goûtant sa force et sa tendresse ; en même temps, demandons au Saint-Esprit de répandre l'amour de Dieu dans notre cœur [263] et, par le don de piété, de nous donner d'y répondre. Le Père ne peut qu'exaucer cette prière et c'est ainsi que, petit à petit, grandira notre foi et progressera notre guérison.

Du baptême au mariage : la paternité restaurée

Tous les baptisés sont invités à revenir au Père, à actualiser la grâce de leur baptême et à vivre toujours mieux leur relation filiale à Dieu, par Jésus, dans l'Esprit.

Les pères de la terre ont besoin, quant à eux, de prendre appui sur cette expérience fondamentale pour vivre au mieux leur vocation. Ayant reçu de Dieu la grâce de participer au mystère de sa paternité, ils ont la responsabilité d'être le reflet de l'amour du Père pour les enfants que celui-ci leur a confiés.

Or, l'homme est faible, plus ou moins blessé et pécheur. Ceci entraîne des désordres dans sa relation avec ses enfants, nous l'avons vu et le verrons encore. Il a donc besoin d'être guéri et fortifié pour bien vivre sa paternité. Jean-Paul II l'affirme :

> « Voulus par Dieu en même temps que la création, le mariage et la famille sont en eux-mêmes destinés à s'accomplir dans le Christ et ils ont besoin de sa grâce pour être guéris de la blessure du péché et ramenés à leur origine (cf. Mt 19, 4), c'est-à-dire à la pleine connaissance et à la réalisation intégrale du dessein de Dieu [264]. »

Cette grâce s'enracine profondément dans le baptême et est communiquée aux époux par le sacrement du mariage. Jean-Paul II le dit clairement :

263. Cf. Rm 5, 5.
264. Jean-Paul II, *La famille chrétienne*, n° 3.

« Par le baptême, l'homme et la femme sont définitivement insérés dans la nouvelle et éternelle Alliance, l'Alliance nuptiale du Christ avec l'Église. C'est en raison de cette insertion indestructible que la communauté intime de vie et d'amour conjugal fondée par le Créateur a été élevée et assumée dans la charité nuptiale du Christ, soutenue et enrichie par sa force rédemptrice [265]. »

Cette force rédemptrice jaillit de la croix, et plus précisément du cœur ouvert de Jésus d'où coulent l'eau de notre baptême et le sang de l'eucharistie. Par la grâce du sacrement de mariage, elle rejoint les époux.

« En venant rétablir l'ordre initial de la création perturbée par le péché, Jésus donne lui-même la force et la grâce pour vivre le mariage dans la dimension nouvelle du Règne de Dieu. C'est en suivant le Christ, en renonçant à eux-mêmes, en prenant leurs croix sur eux, que les époux pourront comprendre (cf. Mt 19, 11) le sens originel du mariage et le vivre avec l'aide du Christ. Cette grâce du mariage chrétien est un fruit de la Croix du Christ, source de toute vie chrétienne [266]. »

Tout amour humain est imparfait, blessé, marqué par le péché. Par la grâce des sacrements du baptême et du mariage, « cet amour, par un don spécial de sa grâce et de sa charité, le Seigneur a daigné le guérir, le parfaire et l'élever [267] ».

Comment ? « En libérant l'homme de la dureté du cœur. [...] L'Esprit que répand le Seigneur leur donne un cœur nouveau, et rend l'homme et la femme capables de s'aimer comme le Christ nous a aimés [268]. »

Quant au père, s'il laisse le Saint-Esprit renouveler son cœur, il devient capable d'aimer ses enfants comme le Père. Jean-Paul II l'invite à lutter plus particulièrement contre deux tendances négatives : le désintérêt pour ses enfants et la

265. *Ibid.* n° 13.
266. CEC § 1615.
267. Vatican II, Constitution sur l'Église dans le monde, n° 49.
268. Jean-Paul II, *La famille chrétienne*, n° 13.

présence oppressive ; et à assumer son rôle de père « en manifestant et en revivant sur terre la paternité de Dieu [269] ».

Qu'il prenne modèle sur Abraham, dont l'amour pour Isaac a été éprouvé et purifié par Dieu (cf. Gn 22). Ou sur saint Joseph ; comme le rappelle Jean-Paul II, « en même temps que la puissance paternelle sur Jésus, Dieu a aussi accordé à Joseph l'amour correspondant, cet amour qui a sa source dans le Père *"de qui toute paternité, au ciel et sur la terre, tire son nom"* (Ep 3, 15) [270] ».

6. Paroles et prière

DIEU NOUS PARLE PAR SA PAROLE

– Le Père veut faire de nous ses enfants :

« Personne n'a jamais vu Dieu ; le Fils unique, qui est dans le sein du Père, nous l'a dévoilé. »
(Jn 1, 18)

« À ceux qui l'ont reçu, à ceux qui croient en son nom, il a donné le pouvoir de devenir enfants de Dieu. »
(Jn 1, 12)

– Au baptême, il nous a fait renaître :

« Lorsque se sont manifestés la bonté de Dieu notre Sauveur et son amour pour les hommes, il nous a sauvés [...] *en vertu de sa miséricorde, par le bain de la nouvelle naissance et de la rénovation que produit l'Esprit Saint. Cet Esprit, il l'a répandu en abondance sur nous par Jésus Christ notre Sauveur, afin que, justifiés par sa grâce, nous devenions, selon l'espérance, héritiers de la vie éternelle. »*
(Tt 3, 4-7)

269. *Ibid.* n° 25.
270. Jean-Paul II, *Le gardien du Rédempteur*, n° 8.

– Le jour de notre baptême, comme à Jésus le Père nous a dit – et il nous le redit aujourd'hui :

« Tu es mon fils (ma fille) *; moi, aujourd'hui, je t'ai engendré(e). »*
(Lc 3, 22)

– Témoignage :

« Un jour j'ai présenté à Dieu, à travers la prière de deux sœurs, le temps que j'ai passé dans le sein de ma mère. Au moment où nous évoquions ma naissance, j'ai été bouleversé par la parole qui m'a été dite de la part du Seigneur : Je suis heureux que tu sois né maintenant. Je suis content que tu sois un beau petit garçon. Je suis fier de toi et tu m'appartiens. »
(Jacques)

– À ceux qui se sont sentis abandonnés à la naissance, le Père dit aujourd'hui :

« Une femme oublie-t-elle son petit enfant ? Est-elle sans pitié pour le fils de ses entrailles ? Même si les femmes oubliaient, moi je ne t'oublierai pas. Vois, je t'ai gravé(e) sur les paumes de mes mains. »
(Is 49, 15-16)

– À ceux dont la naissance s'est passée dans un climat de honte, le Seigneur dit maintenant :

« N'aie pas peur, tu n'éprouveras plus de honte ; ne sois pas confondu(e), tu n'auras plus à rougir ; car tu vas oublier la honte de ta jeunesse. [...] *Ton Créateur est ton époux,* [...] *le Saint d'Israël est ton rédempteur.* [...] *Ému d'une immense pitié je vais t'unir à moi.* [...] *Dans un amour éternel j'ai eu pitié de toi, dit le Seigneur, ton rédempteur.* [...] *Mon amour ne s'écartera pas de toi, mon alliance de paix ne chancellera pas, dit le Seigneur qui te console. »*
(Is 54, 4-5.7-8.10)

– À ceux qui ont été dévalorisés dès leur naissance, le Père dit aujourd'hui :

« Ainsi parle le Seigneur, celui qui t'a créé(e) [...] *: ne crains pas, car je t'ai racheté(e) ; je t'ai appelé(e) par ton nom : tu es à moi.* [...] *Car tu comptes beaucoup à mes yeux, tu as du prix et je t'aime. »*
(Is 43, 1 et 4)

– À ceux dont la naissance s'est si mal passée qu'ils n'ont pas envie de vivre, le Père dit aujourd'hui :

« À ta naissance, au jour où tu vins au monde, on ne te coupa pas le cordon, on ne te lava pas dans l'eau pour te nettoyer. [...] *Nul n'a tourné vers toi un regard de pitié, pour te rendre un de ces devoirs par compassion pour toi. Tu fus jetée en pleine campagne, par dégoût de toi, au jour de ta naissance. Je passai près de toi, et je te vis, te débattant dans ton sang. Je te dis : "Vis !" et je te fis croître comme l'herbe des champs. Tu te développas, tu grandis et tu parvins à l'âge nubile.* [...] *Alors je passai près de toi et je te vis. C'était le temps des amours.* [...] *Je m'engageai par serment, je fis un pacte avec toi – oracle du Seigneur – et tu fus à moi. Je te baignai dans l'eau, je lavai le sang qui te couvrait, je t'oignis d'huile.* [...] *Je mis sur ta tête un splendide diadème.* [...] *Tu devins de plus en plus belle et tu parvins à la royauté. »*
(Ez 16, 4-13)

– Alors, dans la foi, accueillons l'exhortation de saint Jean :

« Voyez quelle manifestation d'amour le Père nous a donnée pour que nous soyons appelés enfants de Dieu. Et nous le sommes ! Bien-aimés, dès maintenant nous sommes enfants de Dieu. »
(1 Jn 3, 1-2)

Et ouvrons-nous à l'Esprit Saint pour vivre en enfants de Dieu :

« En effet, tous ceux qu'anime l'Esprit de Dieu sont fils de Dieu. Aussi bien n'avez-vous pas reçu un esprit d'esclaves pour retomber dans la crainte ; vous avez reçu un esprit de fils adoptifs qui nous fait nous écrier : Abba ! Père ! L'Esprit en effet se joint à notre esprit pour attester que nous sommes enfants de Dieu. Enfants, et donc héritiers ; héritiers de Dieu et cohéritiers du Christ, puisque nous souffrons avec lui pour être aussi glorifiés avec lui. »
(Rm 8, 14-17)

NOTRE PRIÈRE FILIALE DE BÉNÉDICTION

Psaume 102 (103)
Hymne à la miséricorde :
« Bénis le Seigneur, ô mon âme,
Bénis son nom très saint, tout mon être !
Bénis le Seigneur, ô mon âme,
N'oublie aucun de ses bienfaits !
Car il pardonne toutes tes offenses
Et te guérit de toute maladie ;
Il réclame ta vie à la tombe
Et te couronne d'amour et de tendresse ;
Il comble de biens tes vieux jours :
Tu renouvelles, comme l'aigle, ta jeunesse.
Le Seigneur fait œuvre de justice,
Il défend le droit des opprimés.
Il révèle ses desseins à Moïse,
Aux enfants d'Israël ses hauts faits.
Le Seigneur est tendresse et pitié,
Lent à la colère et plein d'amour ;
Il n'est pas pour toujours en procès,
Ne maintient pas sans fin ses reproches ;
Il n'agit pas envers nous selon nos fautes,
Ne nous rend pas selon nos offenses.
Comme le ciel domine la terre,
Fort est son amour pour qui le craint ;
Aussi loin qu'est l'orient de l'occident,
Il met loin de nous nos péchés ;
Comme la tendresse du père pour ses fils,
La tendresse du Seigneur pour qui le craint !
Il sait de quoi nous sommes pétris,
Il se souvient que nous sommes poussière.
L'homme ! ses jours sont comme l'herbe ;
Comme la fleur des champs, il fleurit :
Dès que souffle le vent, il n'est plus,
Même la place où il était l'ignore.

Mais l'amour du Seigneur, sur ceux qui le craignent,
Est de toujours à toujours,
Et sa justice pour les enfants de leurs enfants,
Pour ceux qui gardent son alliance
Et se souviennent d'accomplir ses volontés.
Le Seigneur a son trône dans les cieux :
Sa royauté s'étend sur l'univers.
Messagers du Seigneur, bénissez-le,
Invincibles porteurs de ses ordres,
Attentifs au son de sa parole !
Bénissez-le, armées du Seigneur,
Serviteurs qui exécutez ses désirs !
Toutes les œuvres du Seigneur, bénissez-le,
Sur toute l'étendue de son empire !
Bénis le Seigneur, ô mon âme ! »

CHAPITRE 4

Le père aime son enfant

1. Dieu est Amour (1 Jn 4, 8)
2. Le père aime son enfant
3. Quand l'amour manque ou est perverti
4. Chemin de guérison : recueillir les fruits de la Croix glorieuse du Christ

Ce titre, pour beaucoup, exprime une évidence ; mais chez d'autres, qui ont vécu l'absence ou la violence de leur père, il peut susciter une vive réaction, du scepticisme, de l'amertume, voire de la révolte. En effet, si les pères aimants existent, beaucoup d'hommes, blessés et pécheurs, ont du mal à aimer en vérité leur épouse et leurs enfants.

En outre, le mot amour est piégé. Il suffit de consulter un dictionnaire pour voir qu'il peut être employé en plusieurs sens ; et l'expérience montre que l'amour paternel peut être dévoyé ou perverti.

C'est pourquoi il nous faut revenir à la source, au Père, pour découvrir ce qu'est l'amour véritable ; c'est en l'imitant que le père, avec la grâce du Christ et la force de l'Esprit, parviendra à aimer en vérité.

1. Dieu est amour (1 Jn 4, 8)

Voilà ce que proclame saint Jean, le disciple bien-aimé, au sommet de sa prédication. Et le *Catéchisme de l'Église catholique* explicite : « L'Être même de Dieu est Amour. En envoyant dans la plénitude des temps son Fils unique et l'Esprit d'Amour, Dieu révèle son secret le plus intime (cf. 1 Co 2, 7-16 ; Ep 3, 9-12) : Il est Lui-même éternellement échange d'Amour : Père, Fils et Esprit Saint, et il nous a destinés à y avoir part [271]. »

C'est pourquoi, lorsqu'avant la fondation du monde, il forme le projet de créer l'humanité, le Père, dans son amour, veut la combler de bénédictions, par Jésus, dans l'Esprit [272].

Ensuite, la création du monde et de l'homme est une œuvre d'amour : le Père la réalise par le Verbe, dans l'Esprit. L'Église lui en rend grâce : « Père saint, nous proclamons que tu es grand et que tu as créé toutes choses avec sagesse et par amour :

271. CEC § 221.
272. Cf. ch. I, 1 : Le désir du Père des cieux : Ep 1, 3-6.

tu as fait l'homme à ton image et tu lui as confié l'univers, afin qu'en te servant, toi son Créateur, il règne sur la création [273]. »

Jean-Paul II commente : « Dieu a créé l'homme à son image et à sa ressemblance : en l'appelant à l'existence par amour, il l'a appelé en même temps à l'amour [274]. » Le Saint-Père ajoute par la suite que la famille, par la grâce du sacrement de mariage, est invitée à vivre de l'amour même de la Sainte Trinité, et le père à témoigner de l'Amour du Père à ses enfants.

Les manifestations de l'amour de Dieu dans l'Ancien Testament

Le Père n'a pas cessé d'aimer les hommes après que le péché originel fut venu saboter son beau projet. L'Église lui en rend grâce :

> « Comme l'homme avait perdu ton amitié en se détournant de toi, Père, tu ne l'as pas abandonné au pouvoir de la mort. Dans ta miséricorde, tu es venu en aide à tous les hommes pour qu'ils te cherchent et puissent te trouver. Tu as multiplié les alliances avec eux et tu les as formés, par les prophètes, dans l'espérance du salut [275]. »

Par amour, Dieu a appelé Abraham, a fait alliance avec lui et en a fait le père des croyants [276]. Puis, lorsque son peuple est devenu esclave en Égypte, par amour le Père a choisi Moïse pour le libérer, puis a fait alliance avec Israël au Sinaï et, plus tard, lui a fait don de la Terre promise [277].

Comme le peuple d'Israël était constamment infidèle à l'alliance, par amour Dieu a envoyé les prophètes pour lui rappeler de quel amour il l'aimait. Ils utilisaient pour cela des

---

273. Prière Eucharistique n° IV.
274. Jean-Paul II, *La famille chrétienne*, n° 11. Cf. la suite de ce texte au ch. I, p. 21 (note 16).
275. Prière Eucharistique n° IV.
276. Cf. ch. II, 2 : Abraham père des croyants, p. 56.
277. Cf. ch. II, 2 : Dieu sauve et recrée son peuple avec Moïse, p. 57.

images fortes et saisissantes : « L'amour de Dieu pour Israël est comparé à l'amour d'un père pour son fils (cf. Os 11, 1). Cet amour est plus fort que celui d'une mère pour ses enfants (cf. Is 49, 14-15). Dieu aime son peuple plus qu'un époux sa bien-aimée (cf. Is 62, 4-5) ; cet amour sera vainqueur même des pires infidélités (cf. Ez 16 ; Os 11) [278]. »

Ce paragraphe cite à deux reprises le prophète Osée. En effet, celui-ci, inspiré par le Saint-Esprit, a trouvé des mots bouleversants pour nous révéler l'amour paternel de Dieu :

> « *Quand Israël était jeune, je l'aimai, et d'Égypte j'appelai mon fils. Mais plus on les appelait, plus ils s'écartaient ; aux Baals ils sacrifiaient, aux idoles ils brûlaient de l'encens. Et moi j'avais appris à marcher à Ephraïm, je le prenais par les bras, et ils n'ont pas compris que je prenais soin d'eux ! Je les menais avec des attaches humaines, avec des liens d'amour ; j'étais pour eux comme ceux qui soulèvent un nourrisson tout contre leur joue, je m'inclinais vers lui et le faisais manger. Il ne reviendra pas au pays d'Égypte, mais Assur sera son roi, puisqu'il a refusé de revenir vers moi.* [...] *Mon peuple est cramponné à son infidélité.* [...] *Comment t'abandonnerais-je, Ephraïm, te livrerais-je, Israël ?* [...] *Mon cœur en moi est bouleversé, toutes mes entrailles frémissent. Je ne donnerai pas cours à l'ardeur de ma colère, je ne détruirai pas à nouveau Ephraïm car je suis Dieu et non pas homme, au milieu de toi je suis le Saint, et je ne viendrai pas avec fureur. Derrière le Seigneur ils marcheront,* [...] *les fils viendront du pays d'Assur, et je les ferai habiter dans leurs maisons, oracle du Seigneur.* » (Os 11, 1-11)

Dans ce texte magnifique, à travers la bouche du prophète, Dieu rappelle à Israël comment il lui a manifesté son amour de Père. Nous pouvons en relever cinq manifestations principales.

Tout d'abord, le peuple ayant perdu son amitié à cause du péché, et sa liberté à cause de la tyrannie du Pharaon d'Égypte, le Père lui a manifesté son amour en le *sauvant* : « *Quand Israël était jeune je l'aimai, et d'Égypte j'appelai mon fils.* » (Os 11, 1) Cette libération de l'esclavage, suivie de l'alliance au Sinaï, est

278. CEC § 219.

un événement capital pour les Juifs. Pour nous, chrétiens, elle est la figure de la libération du péché que Jésus nous obtiendra sur la croix, nous permettant ainsi d'entrer dans la Nouvelle Alliance qui nous redonnera toute notre dignité d'enfants du Père. Nous allons approfondir ce mystère dans la suite de ce chapitre.

Le Père a ensuite manifesté son amour à son peuple en le *nourrissant* au désert : « *Je m'inclinais vers lui et le faisais manger.* » (Os 11, 4) L'allusion à la manne – préfigurant l'Eucharistie – est évidente (cf. Ex 16), ainsi qu'à la Terre promise « *où coulent le lait et le miel* » (Ex 33, 3).

Le Père a encore manifesté son amour à son peuple en l'*éduquant* : « *Et moi j'avais appris à marcher à Ephraïm.* » (Os 1, 3) À marcher non pas physiquement, mais moralement. Benoît XVI souligne ce point :

> « L'histoire d'amour de Dieu avec Israël consiste plus profondément dans le fait qu'il lui donne la Torah (la Loi), qu'il ouvre en réalité les yeux à Israël sur la vraie nature de l'homme et qu'il lui indique la route du véritable humanisme. Cette histoire consiste dans le fait que l'homme, en vivant dans la fidélité au Dieu unique, fait lui-même l'expérience d'être celui qui est aimé de Dieu et qu'il découvre la joie dans la vérité, dans la justice [279]. »

Le Père éduque son enfant, ce sera l'objet du chapitre V.

Comme le peuple était constamment infidèle à la loi de l'alliance, le Père lui a manifesté son amour en *pardonnant* : « *Je ne donnerai pas cours à l'ardeur de ma colère, je ne détruirai pas à nouveau Ephraïm, car je suis Dieu et non pas homme, au milieu de toi je suis le Saint, et je ne viendrai pas avec fureur.* » (Os 11, 9) Commentant ce verset, Benoît XVI écrit :

> « Israël a commis "l'adultère", il a rompu l'alliance ; Dieu devrait le juger et le répudier. C'est précisément là cependant que se révèle que Dieu est Dieu et non pas homme (citation d'Os 11, 9). L'amour passionné de Dieu pour son peuple – pour l'homme – est

279. Benoît XVI, Encyclique *Deus caritas est, Dieu est Amour*, n° 9.

en même temps un amour qui pardonne. Il est si grand qu'il retourne Dieu contre lui-même, son amour contre sa justice [280]. »

Ce thème du pardon est si essentiel que nous lui consacrerons notre chapitre VI.

Enfin, le Père manifeste à son peuple un amour *fidèle* : il accomplira la promesse qu'il lui a faite ; aux Juifs déportés en Assyrie, il annonce un nouvel exode : « *Derrière le Seigneur ils marcheront ;* [...] *ils viendront en tremblant du pays d'Assur, et je les ferai habiter dans leur maison, oracle du Seigneur.* » (Os 11, 11) « *Car l'amour de Dieu est éternel* » (Is 54, 8), et « *son amour pour son peuple ne s'écartera pas* » (Is 54, 10).

Cette fidélité dure par-delà notre mort ; pour nous chrétiens, la Terre promise est le Paradis où le Père veut nous accueillir pour une éternité d'amour et de béatitude dans la communion avec lui, avec son Fils et avec l'Esprit Saint.

QUELQUES CARACTÉRISTIQUES DE L'AMOUR DU PÈRE

Comme nous sommes des êtres limités, il nous est impossible de sonder les profondeurs de l'amour de Dieu. Seul l'Esprit Saint le peut (cf. 1 Co 2, 10). Qu'il nous aide donc à entrevoir quelques-unes des caractéristiques essentielles de cet amour.

« *Quand Israël était jeune, je l'aimai.* » (Os 11, 1) L'amour de Dieu est *premier*. Osée aurait pu remonter jusqu'à Abraham... Ou jusqu'à Adam. Grâce à saint Paul, nous savons que cet amour du Père pour les hommes remonte à « *avant la fondation du monde* » (Ep 1, 4). C'est toujours le Père qui prend l'initiative en amour. Saint Jean l'explicitera : « *En ceci consiste l'amour : ce n'est pas nous qui avons aimé Dieu, mais c'est lui qui nous a aimés.* » (1 Jn 4, 10) Pour entrer en communion d'amour avec le Père, il nous faut donc d'abord nous décentrer de nous-mêmes, renoncer à notre orgueil, à notre suffisance, et nous

280. *Ibid.* n° 10.

tourner avec confiance vers lui qui est la source de l'amour et de toute bénédiction.

« D'Égypte j'appelai mon fils. » (Os 11, 1) L'amour du Père est *gratuit*. C'est précisément au moment où Israël était incapable de se sauver lui-même que Dieu a envoyé Moïse le libérer dans la puissance de l'Esprit. Si le peuple a ainsi été affranchi de l'esclavage et invité à entrer dans l'alliance avec Dieu, ce n'est pas en raison de ses mérites : il n'en avait aucun ; c'est uniquement en raison de l'amour du Seigneur et de sa fidélité au serment fait à Abraham (cf. Dt 7, 8). Nous-mêmes, c'est alors que nous étions *« sans force »* – c'est-à-dire impuissants à nous dégager du péché originel et de nos péchés personnels – que nous avons été sauvés. *« Christ est mort pour des impies »* (Rm 5, 6) – et nous le sommes tous en naissant. Pour entrer dans la communion d'amour avec notre Père, il nous faut donc accepter d'être aimés, non pour ce que nous valons, mais gratuitement. Nous ne pouvons ni nous sauver nous-mêmes, ni mériter l'amour de Dieu, n'en déplaise aux pharisiens.

« Mais plus je les appelais, plus ils s'écartaient de moi. » (Os 11, 2) [281]. Dans son amour, le Père *respecte notre liberté*. Il s'offre, mais ne s'impose pas. C'est à l'homme de choisir : ou la vie dans la communion d'amour avec Dieu, ou la mort dans la séparation d'avec le Père (cf. Dt 30, 15-20). Ce deuxième choix est bien illustré par l'enfant prodigue de la parabole (cf. Lc 15, 32). Dieu garde confiance en notre capacité à faire le premier choix. C'est pourquoi, depuis la faute d'Adam, il ne cesse de nous appeler : *« Où es-tu ? »* (Gn 3, 9) et de nous inviter au retour : *« Reviens donc, Israël, au Seigneur ton Dieu.* [...] *Je les guérirai de leur apostasie, et je les aimerai avec générosité. »* (Os 14, 2 et 5) Comme le père de l'enfant prodigue, avec miséricorde, il attendra jusqu'à la fin des temps ses enfants perdus pour

281. En hébreu, le sujet du verbe « appeler » n'est pas précisé. D'où les traductions récentes : *« On les appelait »*. Mais la Bible de Jérusalem précise en note qu'on peut traduire : *« Je les appelais »*.

les réconcilier avec lui à leur retour, et leur rendre toute leur dignité de fils et filles bien-aimés.

« Je les menais avec des attaches humaines, avec des liens d'amour ; j'étais pour eux comme ceux qui soulèvent un nourrisson tout contre leur joue, je m'inclinais vers lui et le faisais manger. » (Os 11, 4) Dans les manifestations de son amour, le Père a *des traits maternels*. Ceux qui apparaissent ici expriment la tendre affection, la douceur, la bienveillance, la délicatesse avec lesquelles une maman s'occupe de son tout petit enfant.

D'ailleurs, un des termes qui, dans l'Ancien Testament, désignent la *miséricorde* de Dieu, le mot *rahamim*, vient du mot *rehem* qui signifie : « le sein maternel ». Nous le trouvons en Osée (11, 8) : *« toutes mes entrailles frémissent »*. Benoît XVI commente : « Le sein maternel est l'expression la plus concrète pour signifier le lien intime entre deux existences et l'attention portée à la créature faible et dépendante qui, dans son corps et dans son âme, est totalement protégée dans le sein de sa mère [282]. »

Pour nous chrétiens, la Vierge Marie, que Dieu a choisie pour nous donner son Fils et que Jésus nous a donnée pour mère à la croix, a vocation à nous manifester cette tendresse maternelle du Père. Le père M.-D. Philippe écrit :

> « C'est grâce à cette unité si profonde, si intime avec Jésus, qu'elle réalise avec lui cette œuvre commune de miséricorde et d'amour fraternel à l'égard de tout le Corps mystique. Elle est pour l'éternité la Mère des membres du Christ : mère de leur vie divine, mère qui ne cesse de les engendrer à cette vie, qui ne cesse de les garder, de les porter, de les nourrir, de les soutenir, de les éduquer et de les diriger vers le cœur de son Jésus et vers le Père, en leur apprenant la docilité plénière au souffle de l'Esprit [283]. »

282. Benoît XVI, *Jésus de Nazareth*, tome I, p. 162. Cf. Jean-Paul II, *La Miséricorde divine*, note 52.

283. P. Marie-Dominique Philippe, *Le mystère de Marie*, Fayard, 1999, p. 65.

Remarquons ces termes : porter, nourrir, soutenir, éduquer, qui font écho au texte d'Osée !

Dans le verset 4 d'Osée, relevons encore ces deux expressions : *« Je m'inclinais vers lui »*, et *« j'étais comme ceux qui soulèvent un nourrisson tout contre leur joue »*. L'amour du Père est humble. Lui, le Tout-Puissant, ne nous domine pas avec orgueil, mais *s'incline* humblement vers nous. Ce mouvement évoque déjà l'incarnation du Fils, sa « kénose » et son humilité que célébrera saint Paul (cf. Ph 2, 6-8). En outre, l'amour du Père ne nous condamne pas (cf. Jn 3, 17), ne nous écrase pas. Il vient au contraire nous *soulever*, nous relever pour nous rendre notre dignité de fils. Jean-Paul II y insiste :

> « La miséricorde – telle que le Christ l'a présentée dans la parabole de l'enfant prodigue – a la forme intérieure de l'amour qui, dans le Nouveau Testament, est appelé *agapè*. Cet amour est capable de se pencher sur chaque enfant prodigue, sur chaque misère humaine et surtout sur chaque misère morale, sur le péché. Lorsqu'il en est ainsi, celui qui est objet de la miséricorde se sent non pas humilié, mais comme retrouvé et revalorisé [284]. »

Cependant, s'il a des traits maternels, l'amour du Père n'a rien de mièvre. Il est *exigeant*, et réclame la fidélité à l'alliance, à la Loi (cf. Os 14, 3-4). Cela ressort bien de l'autre mot hébreu utilisé pour exprimer la miséricorde de Dieu : le mot *hesed*. Jean-Paul II le commente ainsi :

> « Ce mot met en évidence ces caractères : être fidèle à soi-même et "être responsable de son amour" (qui sont en un certain sens des caractères masculins). [...] Israël, accablé de fautes pour avoir enfreint l'alliance, ne peut prétendre avoir droit à la *hesed* de Dieu en se fondant sur une justice légale ; et pourtant, il peut et il doit garder l'espoir et la confiance de l'obtenir, parce que le Dieu de l'alliance est réellement "responsable de son amour". Le fruit d'un tel amour, c'est le pardon et la restauration de la grâce, le rétablissement de l'alliance intérieure [285]. »

284. Jean-Paul II, *La Miséricorde divine*, n° 6.
285. *Ibid.* note 52.

En réponse à cet amour de Dieu, nous sommes appelés à l'aimer, pas seulement affectivement, mais surtout effectivement. Dans son dernier discours avant sa Passion, Jésus nous y exhorte : *« Comme le Père m'a aimé, moi aussi je vous ai aimés : demeurez dans mon amour. Si vous observez mes commandements, vous demeurerez dans mon amour, comme, en observant les commandements de mon Père, je demeure en son amour. »* (Jn 15, 9-10)

Nous avons évoqué les traits maternels et paternels de l'amour du Père. Avec le *Catéchisme de l'Église catholique*, « il convient de rappeler que Dieu transcende la distinction humaine des sexes. Il n'est ni homme ni femme, il est Dieu. Il transcende aussi la paternité et la maternité humaines, tout en en étant l'origine et la mesure (cf. Ep 3, 14 ; Is 49, 15) : personne n'est Père comme l'est Dieu [286]. »

Au terme de cette brève présentation de quelques caractéristiques essentielles de l'amour du Père des cieux, et avant celles de l'amour du père de la terre, s'il faut proposer une définition de l'amour, retenons celle de Benoît XVI dans sa première encyclique :

> « En opposition à l'amour indéterminé et encore en recherche (*éros*), le terme d'*agapè* exprime l'expérience de l'amour, qui devient alors *une véritable découverte de l'autre*, dépassant donc le caractère égoïste qui dominait clairement auparavant. L'amour devient maintenant *soin de l'autre, et pour l'autre*. Il ne se cherche plus lui-même [...], au contraire *il cherche le bien de l'être aimé* : il devient renoncement, *il est prêt au sacrifice*, il le recherche même. [...] *"Qui cherchera à conserver sa vie la perdra. Et qui la perdra la sauvegardera"* (Lc 17, 33) dit Jésus. [...] Jésus décrit ainsi son chemin personnel, qui le conduit par la croix jusqu'à la résurrection ; c'est le chemin du grain de blé tombé en terre qui meurt et qui porte beaucoup de fruit. Mais il décrit aussi par ces paroles *l'essence de l'amour* et de l'existence humaine en général,

286. CEC § 239.

partant du centre de son sacrifice personnel et de *l'amour qui parvient en lui à son accomplissement* [287]. »

JÉSUS NOUS RÉVÈLE L'AMOUR FOU DU PÈRE EN NOUS SAUVANT

Benoît XVI vient de l'affirmer : c'est Jésus qui nous a révélé ce qu'est l'amour véritable, en le vivant *jusqu'au bout* (Jn 13, 1) et, *ipso facto,* nous a révélé l'amour du Père. C'est une des raisons pour lesquelles il s'est fait homme, l'Église le rappelle [288].

En tant que Verbe incarné, Jésus vit, dans son humanité, une relation si forte avec son Père qu'elle a impressionné ses disciples. En appelant Dieu : *Abba* (Mc 14, 36), équivalent de notre « papa », il témoigne d'une familiarité et d'une intimité inouïes avec lui. En retour, comme il est sans péché, dans son humanité il est le Fils que le Père a comblé de ses bénédictions ainsi qu'il le désirait depuis avant la fondation du monde. Jésus est le nouvel Adam, l'homme parfait, le Fils bien-aimé du Père [289].

Dans sa réponse d'amour, il est ainsi notre modèle de sainteté – autre motif de l'Incarnation [290]. « Donné au Père depuis le début (cf. Lc 2, 49 ; cf. He 10, 5 s), vivant dans la prière et l'action de grâces (cf. Mc 1, 35 ; Mt 11, 25) et surtout dans la parfaite conformité à la volonté de Dieu (cf. Jn 4, 34 ; 6, 38), il est sans cesse à l'écoute de Dieu (cf. Jn 5, 30 ; 8, 26-40), ce qui l'assure d'être écouté de lui (cf. Jn 11, 41 s ; cf. 9, 31) [291]. »

Reste à accomplir cet autre motif essentiel de l'Incarnation : « Le Verbe s'est fait chair pour nous sauver en nous réconciliant avec Dieu. [292] » C'est le Père qui, par amour, *« a envoyé son Fils*

287. Benoît XVI, *Dieu est Amour*, n° 6. C'est nous qui soulignons certaines expressions que l'on peut appliquer à l'amour du Père.
288. CEC § 458, cité au ch. III, p. 99.
289. Cf. ch. II, 3 : La conception de Jésus, le nouvel Adam, p. 60.
290. CEC § 459, cité au ch. III, note 14, p. 99.
291. VTB p. 51.
292. CEC § 457, cité au ch III, note 14, p. 99.

en victime de propitiation pour nos péchés » (1 Jn 4, 10). Jésus, en acceptant le dessein de salut du Père et en se livrant à la mort pour nous sauver, non seulement vit et manifeste cet amour parfait, cet amour accompli dont parle Benoît XVI – « *car nul n'a de plus grand amour que celui qui se dessaisit de sa vie pour ceux qu'il aime* » (Jn 15, 13) –, mais en outre, il révèle l'amour fou du Père qui « *n'a pas épargné son propre Fils* » (Rm 8, 32) pour nous sauver.

L'Église rend grâce pour un si grand amour :

> « Tu as tellement aimé le monde, Père très Saint, que tu nous as envoyé ton propre Fils, lorsque les temps furent accomplis, pour qu'il soit notre Sauveur. Conçu de l'Esprit Saint, né de la Vierge Marie, il a vécu notre condition d'homme en toute chose, excepté le péché, annonçant aux pauvres la bonne nouvelle du salut, aux captifs la délivrance, aux affligés la joie. Pour accomplir le dessein de ton amour, il s'est livré lui-même à la mort et, par sa résurrection, il a détruit la mort et renouvelé la vie [293]. »

Jadis, Dieu avait demandé à Abraham de sacrifier son fils Isaac : « *Prends ton fils, ton unique, Isaac, que tu aimes. Pars pour le pays de Moriyya et là tu l'offriras en holocauste sur celle des montagnes que je t'indiquerai.* » (Gn 22, 2) Le patriarche obéit, dans la foi, montrant ainsi que son amour pour Dieu primait sur son amour paternel. Mais, au moment où Abraham s'apprêtait à immoler Isaac, l'Ange du Seigneur l'arrêta : « *N'étends pas la main sur le jeune homme. Ne lui fais rien, car je sais que tu crains Dieu, toi qui n'as pas épargné ton fils unique pour moi.* » (Gn 22, 12) Abraham immola un bélier à la place d'Isaac et Dieu renouvela sa promesse : « *Je m'engage à te bénir, et à faire proliférer ta descendance autant que les étoiles du ciel et le sable de la mer.* [...] *C'est en elle que se béniront toutes les nations de la terre parce que tu as écouté ma voix.* » (Gn 22, 17-18)

293. Prière Eucharistique IV. Cf. Jean-Paul II, *Le sens chrétien de la souffrance humaine*, 1984, ch. IV : Jésus-Christ, la souffrance vaincue par l'amour.

Dans son amour fou pour nous, le Père est allé plus loin qu'Abraham, mettant ainsi en œuvre cet amour premier, cet amour gratuit, cet amour humble qu'il vit à la perfection. Sur la colline de Sion *(« la colline de Moriyya »)*, il a voulu que *« son Fils unique, qu'il aime »* (cf. Mt 3, 7 ; 17, 5), soit immolé pour nos péchés. Mais ensuite, il l'a ressuscité (Ac 2, 24) et *« fera proliférer sa descendance autant que les étoiles du ciel »* en l'étendant *« à toutes les nations de la terre »*.

On ne peut concevoir amour plus grand ! L'humanité s'était révoltée contre Dieu, ignorait son Créateur et s'adonnait à l'idolâtrie ; Israël était constamment infidèle à l'alliance ; selon la justice de Dieu, tous méritaient la condamnation (cf. Rm 1 à 3). Or, le Père, dans sa miséricorde, non seulement ne condamne pas l'humanité, mais il demande à son propre Fils, l'Innocent, de subir à notre place l'abominable châtiment que nous méritions, pour que, par sa mort, nous soyons réconciliés avec Dieu !

En effet, pour que les hommes puissent retrouver leur dignité de fils et recevoir toutes ses bénédictions, le Père devait détruire le péché qui les séparait de lui. Or, l'humanité était « perdue, incapable de se rapprocher de lui [294] ». C'est pourquoi il a demandé à son Fils de prendre notre condition d'homme, à l'exception du péché ; puis, à l'heure de sa passion, de se charger de tous nos péchés, de plonger au cœur de nos ténèbres et d'accepter d'être immolé à notre place, pour nous obtenir la rédemption par le pardon de nos péchés et pour nous communiquer la vie éternelle des fils adoptifs.

Saint Paul, dans son hymne de l'épître aux Éphésiens, déborde d'action de grâce, car il s'agit là de la plus merveilleuse des bénédictions spirituelles dont le Père voulait nous gratifier dès avant la fondation du monde : *« Ainsi l'a voulu sa bienveillance, à la louange de sa gloire, et de la grâce dont il nous a comblés en son Bien-aimé : en lui, par son sang, nous sommes*

294. Prière Eucharistique pour la réconciliation I.

délivrés, en lui nos fautes sont pardonnées selon la richesse de sa grâce. » (Ep 1, 6-7)

L'Église nous aide à approfondir ce mystère central de notre foi : « En envoyant son propre Fils dans la condition d'esclave (cf. Ph 2, 7), celle d'une humanité déchue et vouée à la mort à cause du péché (cf. Rm 8, 3), *"Dieu l'a fait péché pour nous, Lui qui n'avait pas connu le péché, afin qu'en lui nous devenions justice pour Dieu"* (2 Co 5, 21) [295]. » « L'ayant ainsi rendu solidaire de nous pécheurs, *"Dieu n'a pas épargné son propre Fils, mais l'a livré pour nous tous"* (Rm 8, 32), pour que nous soyons *"réconciliés avec lui par la mort de son Fils"* (Rm 5, 10) [296]. »

Jésus, quant à lui, par amour, a accepté librement le dessein rédempteur de son Père :

> « En épousant dans son cœur humain l'amour du Père pour les hommes, Jésus *"les a aimés jusqu'à la fin"* (Jn 13, 1) *"car il n'y a pas de plus grand amour que de donner sa vie pour ceux qu'on aime"* (Jn 15, 13). Ainsi, dans la souffrance et dans la mort, son humanité est devenue l'instrument libre et parfait de son amour divin qui veut le salut des hommes. En effet, il a librement accepté sa passion et sa mort par amour de son Père et des hommes que Celui-ci veut sauver : *"Personne ne m'enlève la vie, mais je la donne de moi-même."* (Jn 10, 18) D'où la souveraine liberté du Fils de Dieu quand Il va Lui-même vers la mort (cf. Jn 18, 4-6 ; Mt 26, 53) [297]. »

C'est à Gethsémani que Jésus a manifesté clairement son adhésion totale au dessein salvifique du Père :

> « La coupe de la Nouvelle Alliance, que Jésus a anticipée à la Cène en s'offrant Lui-même, Il l'accepte ensuite des mains du Père dans son agonie à Gethsémani (cf. Mt 26, 42) en se faisant *"obéissant jusqu'à la mort"* (Ph 2, 8 ; cf. He 5, 7-8). Jésus prie : *"Mon Père, s'il est possible, que cette coupe passe loin de moi…"* (Mt 26, 39) Il exprime ainsi l'horreur que représente la mort pour sa nature humaine.

295. CEC § 602.
296. CEC § 603.
297. CEC § 609.

En effet, celle-ci, comme la nôtre, est destinée à la vie éternelle ; en plus, à la différence de la nôtre, elle est parfaitement exempte du péché qui cause la mort ; mais surtout, elle est assumée par la personne divine du *"Prince de la Vie"* (Ac 3, 15), du *"Vivant"* (Ap 1, 17). En acceptant dans sa volonté humaine que la volonté du Père soit faite, il accepte sa mort en tant que rédemptrice pour *"porter lui-même nos fautes dans son corps sur le bois"* (1 P 2, 24) [298]. »

En se chargeant ainsi de nos péchés à Gethsémani – des péchés d'Adam, de tous les péchés commis après lui, de tous les péchés qui seront commis jusqu'à la fin du monde, et donc de nos péchés, – Jésus manifeste l'infinie miséricorde du Père. Le père M.-D. Philippe l'exprime admirablement : « La miséricorde est le fruit de la surabondance de l'amour ; elle est l'amour en tant qu'il se porte vers la pauvreté de l'être aimé, vers son *defectus* quel qu'il soit ; elle est l'amour en tant qu'il prend sur lui cette misère, la considère comme sienne et met tout en œuvre pour la supprimer. »

Le P. Philippe rappelle que, durant toute sa mission, Jésus a manifesté la miséricorde du Père ; mais c'est dans sa passion que son témoignage culmine :

« Sous cet aspect de la miséricorde, la mort de la Croix n'est pas seulement un témoignage manifestant l'absolu de l'amour du Christ pour nous, elle est avant tout la peine que Dieu inflige aux hommes à cause de leurs fautes, et que le Christ veut prendre sur lui. Il est le bouc émissaire chargé de toutes les fautes des enfants d'Israël (cf. Lv 16, 21). C'est ainsi que Jésus apparaît durant la flagellation. [...] Mais la miséricorde du Christ va plus loin encore que de vivre ce que vit le misérable, de prendre sa place et même de le réhabiliter aux yeux des autres et à ses propres yeux : elle lui redonne la vie. Dans le mystère de la Croix, Jésus réintroduit les âmes dans la maison paternelle et leur communique sa propre vie de Fils [299]. »

298. CEC § 612.
299. P. M.-D. Philippe, *Le Mystère du Christ crucifié et glorifié*, Aletheia Fayard, 1996, p. 182-183.

Il nous faut méditer longuement ce mystère et nous en laisser pénétrer profondément avec la grâce de l'Esprit Saint, pour *« comprendre ce qu'est la largeur, la longueur, la hauteur, la profondeur... pour connaître l'amour du Christ qui surpasse toute connaissance, afin d'être comblés jusqu'à recevoir toute la plénitude de Dieu »* (Ep 3, 18-19). « *La largeur de l'amour du Christ* », ce sont ses bras étendus sur la croix qui nous la révèlent : ils sont ouverts pour accueillir l'humanité tout entière (cf. Jn 12, 32). « *La longueur de l'amour du Christ* », c'est sa résurrection qui la manifeste : Jésus est vivant pour toujours, il intercède pour nous auprès du Père et il est avec nous *« tous les jours jusqu'à la fin des temps »* (Mt 28, 20). « *La profondeur de l'amour du Christ* » : il est descendu au fond de nos abîmes, s'est chargé de nos péchés, a été crucifié comme un malfaiteur ou un esclave, a subi les pires tortures et accepté de mourir pour rejoindre, dans sa miséricorde, ceux qui sont le plus loin de Dieu et les ramener au Père (cf. Lc 15). La hauteur de l'amour du Christ : il s'est abaissé, *« devenant obéissant jusqu'à la mort, et à la mort sur une croix. C'est pourquoi Dieu l'a souverainement élevé et lui a conféré le Nom qui est au-dessus de tout nom »* (Ph 2, 8-9). Et non seulement le Père a glorifié son Fils, mais il veut aussi nous élever avec lui à la dignité d'enfants de Dieu, car Jésus nous a obtenu le pardon de tous nos péchés, nous a réconciliés avec le Père (cf. Mt 26, 28), nous a obtenu la vie éternelle (cf. Jn 17, 2) et l'espérance de vivre une éternité de bonheur avec lui auprès du Père (cf. Jn 14, 2-3).

C'est l'amour qui donne sens à ce mystère de la croix. Sinon, celle-ci est *« un scandale pour les juifs, une folie pour les païens »* (1 Co 1, 23). Et Satan ne manque pas de caricaturer l'attitude du Père : un Dieu qui livre son propre Fils ne serait-il pas un Dieu sadique ? Jésus, en acceptant de souffrir, ne serait-il pas masochiste ? Non ! *« Le langage de la croix est folie pour ceux qui se perdent, mais pour ceux qui sont en train d'être sauvés, pour nous, il est puissance de Dieu »* (1 Co 1, 18). C'est le langage de l'amour vrai, comme Benoît XVI le définit, c'est le langage de la miséricorde infinie, c'est le langage du salut universel.

Dans ce mystère, le Père manifeste l'immensité de son amour d'une manière bien plus éclatante qu'il ne l'avait fait en sauvant le petit peuple hébreu esclave de Pharaon. « *Quand Israël était jeune, je l'aimai, et d'Égypte j'appelai mon fils.* » (Os 11, 1) À la croix, ce sont les hommes de toutes les nations et de toutes les époques qui sont libérés de Satan et du péché pour qu'ils puissent entrer dans l'Alliance nouvelle et éternelle avec Dieu. Grâce à Jésus.

> « C'est l'amour *"jusqu'à la fin"* (Jn 13, 1) qui confère sa valeur de rédemption et de réparation, d'expiation et de satisfaction au sacrifice du Christ. Il nous a tous connus et aimés dans l'offrande de sa vie. L'amour du Christ nous presse à la pensée que, *"si un seul est mort pour tous, alors tous sont morts"* (2 Co 5, 14). Aucun homme, fût-il le plus saint, n'était en mesure de prendre sur lui les péchés de tous les hommes et de s'offrir en sacrifice pour tous. L'existence dans le Christ de la Personne divine du Fils, qui dépasse et, en même temps, embrasse toutes les personnes humaines, et qui Le constitue Tête de toute l'humanité, rend possible son sacrifice rédempteur pour tous [300]. »

Jésus apparaît ainsi comme le nouvel Adam à partir duquel naît une humanité nouvelle pour laquelle se réalisent les bénédictions prévues par Dieu pour elle avant la fondation du monde. Adam a cédé à la tentation ; Jésus en a triomphé au début de sa vie publique (cf. Mt 4, 1-11) et remporte, sur la croix, la victoire définitive sur l'adversaire (cf. Jn 16, 11 et 33). Adam a commis le péché d'orgueil en voulant devenir comme un dieu (cf. Gn 3, 5) sans Dieu ; Jésus, qui était dans la condition de Dieu, s'est dépouillé en prenant la condition d'homme, puis s'est humilié en mourant sur la croix de façon infâme, et c'est Dieu, son Père, qui l'a glorifié avec son humanité et l'a fait asseoir à sa droite (cf. Ph 2, 6-11). Adam a désobéi à Dieu et plongé ainsi dans le péché toute l'humanité ; Jésus, par son obéissance au Père, a rétabli celle-ci dans la justice (cf. Rm 5, 19).

300. CEC § 610.

Par la faute d'Adam, la mort et la souffrance sont entrées dans le monde (cf. Gn 3, 19) ; « *mais là où le péché a proliféré, la grâce a surabondé, afin que, comme le péché avait régné pour la mort, ainsi, par la justice, la grâce règne pour la vie éternelle par Jésus Christ notre Seigneur* » (Rm 5, 20).

En naissant, nous sommes tous solidaires du premier Adam : marqués par le péché originel et ses conséquences, morts spirituellement, incapables de nous sauver nous-mêmes et voués à la mort. Pour être libérés du péché, réconciliés avec notre Père, pour retrouver notre dignité d'enfant de Dieu et hériter de ses bénédictions, il nous suffit de nous rendre solidaires du nouvel Adam : c'est ce que nous permet le merveilleux sacrement du baptême, comme nous l'avons vu au chapitre précédent.

2. Le père aime son enfant

Nous avons pu intituler la partie précédente : Dieu est amour. Il serait prétentieux et irréaliste d'intituler celle-ci : le père est amour. Quand je relis ma propre expérience et observe celle de tant d'autres pères dans notre société, je suis enclin à l'humilité, tant nous sommes limités, blessés et pécheurs.

Limités : nous ne sommes pas la source de la vie, ni la source de la paternité. Dieu nous fait le don de participer à la sienne, mais ce trésor, « *nous le portons en des vases d'argile* » (2 Co 4, 7), c'est-à-dire avec nos limites humaines, et donc de façon imparfaite.

En outre, nous avons pu être blessés – parfois terriblement – par notre propre père. Cela influence nécessairement notre propre attitude, car nous tendons à reproduire ce que nous avons vécu, ou à en prendre le contre-pied, avec une difficulté à vivre la justesse dans la relation avec nos enfants.

Et puis, même baptisés, nous restons fragiles spirituellement – d'autant plus si notre vie de prière et notre fréquentation des sacrements sont pauvres –, nous demeurons enclins au péché – à l'égoïsme, à l'orgueil, à la triple concupiscence ; ceci peut affecter gravement notre attitude vis-à-vis des enfants que le Père nous a confiés.

Aussi, nous devons chercher à comprendre ce qu'est l'amour vrai et essayer de le vivre chaque jour un peu mieux, avec la grâce de Dieu et l'aide du Saint-Esprit. Essayons donc de dégager quelques caractéristiques de ce que doit être un véritable amour paternel.

Un amour à manifester dès le départ

C'est le conseil que donnait déjà le psychologue F. Dodson en 1974 :

> « N'attendez pas que votre enfant soit grand pour vous mêler de sa vie. Faites-le dès sa naissance. [...] Il est impossible de s'attacher profondément à un enfant avec qui on n'a pas eu de contacts physiques étroits, qu'on n'a jamais tenu dans ses bras [301], à qui on n'a jamais donné ni son biberon ni son bain. [...] Le peu que vous ferez pour vous occuper du bébé favorisera énormément la formation de rapports affectifs étroits entre lui et vous. [...] Il est indispensable de commencer le plus tôt possible parce que les cinq premières années de la vie sont les plus importantes [302]. »

Est-ce à dire que le père doit devenir une mère bis, un papa poule ? Ces dernières années, après une période de déclin de la fonction paternelle, c'est un peu à cela qu'il a été invité, constate T. Anatrella : « En réaction au déclin de son image sociale, il a dû s'identifier à la mère. [...] Pourtant, lorsqu'il donne des soins nourriciers à son enfant, il le fait en tant que père, et non pas comme la mère. Sa façon de parler à l'enfant, de le porter et de le toucher est différente, et l'enfant le sait bien [303]. »

---

301. Cf. Osée 11, 4 .

302. Dr Fitzhugh Dodson, *Le père et son enfant*, p. 30. Cf. Xavier Lacroix, *Passeurs de vie*, p. 74 s.

303. P. Tony Anatrella, psychanalyste, in *Paternité de Dieu et paternité dans la famille*, Congrès 1999 du Conseil Pontifical pour la famille, Ed. P. Téqui, 2000, p. 12 ; cf. Xavier Lacroix, *Passeurs de vie*, p. 137 s : Une stature, un rempart.

En quoi la tendresse du père diffère-t-elle de celle de la mère ? En ce qu'elle apporte force, sécurité, protection. Telle fut l'attitude de saint Joseph vis-à-vis de l'enfant Jésus [304].

Au fur et à mesure que l'enfant grandira, le père, grâce à ces qualités, l'aidera à se structurer. T. Anatrella l'affirme :

> « Les enfants ont besoin de ressentir la présence physique du père, de jouer, de s'affronter et de se mesurer corporellement avec lui. Avec le père, l'enfant est dans le plaisir d'avoir des choses à faire. Cet échange affectif avec le père, plus vigoureux qu'avec la mère, permet aux enfants de trouver de la sécurité et de la confiance en eux-mêmes [305]. »

Un amour paternel tendre et fort à la fois – comme celui du Père des cieux – permet à l'enfant de s'épanouir. C'est son absence ou sa dénaturation (laxisme, autoritarisme) qui provoquent des problèmes.

Une parole aimante qui révèle à l'enfant son identité

Dans l'utérus maternel, et durant les tout premiers mois de sa vie, l'enfant vit une relation fusionnelle avec sa mère. Pour qu'il puisse se différencier de celle-ci, le rôle du père est essentiel. T. Anatrella écrit :

> « L'univers de la mère et de l'enfant fonctionne comme un monde clos et autosuffisant. Le père vient rappeler que la mère ne se confond pas avec l'enfant, que celui-ci n'appartient pas à la mère et que l'inceste, sous toutes ses formes, est interdit. Le père vient ainsi détacher l'enfant de sa mère et donne l'enfant à lui-même. [...] Vers dix mois, le père apparaît comme un autre pôle à partir duquel celui-ci va pouvoir affirmer son autonomie. Le père est ainsi le garant de l'autonomie psychique de l'enfant et de son ouverture vers le monde extérieur, car il est étranger à la relation mère-enfant [306]. »

---

304. Cf. Bernard Dubois, *Guérir en famille*, p. 123-124.
305. P. T. Anatrella, *ibid.* p. 14.
306. *Ibid* p. 17. Cf. X. Lacroix, *Passeurs de vie*, p. 68 s : Vers le témoin de l'existence langagière.

C'est dans l'espace ainsi créé entre la mère et l'enfant que peut naître la parole, que l'enfant (étymologiquement : celui qui ne parle pas) va devenir un être de parole.

Son père va pouvoir lui révéler qu'il l'a désiré, mais aussi qu'avant lui, le Père l'a désiré de toute éternité pour le combler de ses bénédictions.

Le père va dire à son enfant qu'il l'a engendré dans un acte d'amour avec sa mère et qu'en tant que personne, l'enfant a sa place dans cette communion d'amour, reflet de la communion d'amour trinitaire.

Il ajoutera que cette vie, qu'il lui a transmise, vient d'au-delà de lui : il l'a reçue de ses parents ; il est « passeur de vie », selon l'expression de Simone Pacot reprise par Xavier Lacroix [307]. Il a donc inscrit son enfant dans une généalogie et, en le faisant baptiser, il l'a conduit à la Source de la vie : au Père qui l'a adopté comme son enfant bien-aimé en le faisant renaître dans le bain d'eau qu'une parole accompagne (cf. Ep 5, 26).

Le père reçoit la mission d'être pour son enfant le reflet de l'amour du Père et de lui révéler son insigne dignité. Jean-Paul II le rappelle :

> « Le nouvel être humain, de la même façon que ses parents, est appelé, lui aussi, à l'existence en tant que personne ; il est appelé à la vie "dans la vérité et dans l'amour". Cet appel ne concerne pas seulement ce qui est dans le temps, mais, en Dieu, c'est aussi un appel qui ouvre à l'éternité. Telle est la dimension de la généalogie de la personne que le Christ a définitivement révélée, en projetant la lumière de son Évangile sur la vie et sur la mort humaines, et donc sur la signification de la famille humaine [308]. »

Le Saint-Père poursuit en affirmant que les époux doivent vouloir l'enfant non pour eux-mêmes, mais pour lui-même, afin de lui permettre de trouver son identité et de comprendre sa destinée ultime : l'éternité en Dieu.

307. X. Lacroix, *ibid.* p.146 s : Le gardien des passages.
308. Jean-Paul II, *Lettre aux familles*, 9.

Soulignons encore un point important : le père joue aussi un rôle essentiel pour aider l'enfant à affirmer son identité sexuelle. T. Anatrella explique en quoi :

« La différence des sexes, représentée par le père puisqu'il est d'un autre sexe que la mère, joue un rôle de confirmation pour le garçon et de révélation pour la fille de leur identité sexuelle. [...] La fille comme le garçon ont tendance, au départ, à s'identifier au sexe de la mère, et c'est le père, dans la mesure où il est reconnu par elle, qui va permettre à l'enfant de se situer sexuellement. Le garçon a besoin de son père pour renoncer à l'identification au sexe de sa mère. Il a peur d'être une fille et n'aime pas qu'on le traite ainsi. Le père le confirme dans sa masculinité. Le fils s'identifie de façon homosexuée à son père pour trouver en lui les matériaux dont il a besoin pour s'édifier. [...] Le père révèle la féminité de la fille dans une relation qui est souvent faite de séduction et de jalousie réciproques [309]. »

X. Lacroix précise l'importance du père pour sa fille :

« De la proximité avec le familier différent, elle gagnera une meilleure assurance de son identité féminine, tant il est vrai que c'est en relation avec le masculin que le féminin se révèle davantage, et réciproquement. Elle y gagnera en particulier la prédisposition à ce que nous appelons aujourd'hui l'hétérosexualité, c'est-à-dire à l'orientation de son désir vers ce continent inconnu qu'est l'autre sexe [310]. »

UN AMOUR EXIGEANT

De tout ce qui précède, il ressort que l'amour du père pour son enfant n'est ni d'abord ni seulement un amour affectif. Jean-Paul II le recentre sur l'essentiel :

« L'amour, auquel l'apôtre Paul a consacré une hymne dans la première lettre aux Corinthiens – l'amour qui est *patient*, qui

309. P. T. Anatrella, *ibid.* p. 20-21.
310. X. Lacroix, *Passeurs de vie*, p. 80.

rend service et qui *supporte tout* (cf. 1 Co 13, 4-7) – est assurément un amour exigeant. C'est là justement que réside sa beauté, dans le fait d'être exigeant, car ainsi, il édifie le vrai bien de l'homme et le fait rayonner sur les autres [311]. »

Benoît XVI ne dit pas autre chose : « L'amour cherche le bien de l'être aimé : il devient renoncement, il est prêt au sacrifice [312]. »

Avant eux, Paul VI a vu en saint Joseph le modèle des pères :

> « Il a fait de sa vie un service, un sacrifice au mystère de l'Incarnation et à la mission rédemptrice qui lui est liée ; il a usé de l'autorité légale qui lui revenait sur la Sainte Famille pour lui faire le don total de lui-même, de sa vie, de son travail ; il a converti sa vocation humaine à l'amour familial en une oblation surnaturelle de lui-même, de son cœur et de toutes ses forces, à l'amour mis au service du Messie qui naquit dans sa maison [313]. »

Retenons trois mots de ce texte : service, sacrifice, don total ; ce sont les qualités fondamentales de l'amour paternel. Mais attention, prévient X. Lacroix, « il y a une façon de donner qui tend à accroître son emprise sur l'autre, à l'envahir. Selon Vincent Laupies, psychiatre, il existe trois perversions du don. La première est l'indifférenciation, dans laquelle la relation est fusionnelle, à tel point que le don est vécu selon l'imaginaire de la toute-puissance, aussi bien chez le donataire que chez le donateur. La deuxième perversion consiste à donner à l'autre sans prêter attention à ses besoins et désirs, c'est-à-dire sans le considérer véritablement comme sujet. La troisième perversion est le don à sens unique, qui crée chez le donataire incapable de don en retour une dépendance, voire le sentiment d'une dette insolvable. Les trois conditions du don authentique, c'est-à-dire source de vie et non mortifère, sont alors

311. Jean-Paul II, *Lettre aux familles*, n° 14.

312. Benoît XVI, *Dieu est amour*, n° 6, cité p. 152.

313. Paul VI, cité par Jean-Paul II dans *Le gardien du Rédempteur*, n° 6 ; cf. Jean-Paul II, *Lettre aux familles*, n° 11 : Le don désintéressé de soi.

la différenciation, la reconnaissance de l'autre comme sujet, l'ouverture au don en retour [314]. »

Purifié de ce qui le pervertit, l'amour de don sera enrichi, dit Jean-Paul II, « des valeurs de douceur, de constance, de bonté, de service, de désintéressement, d'esprit de sacrifice, qui sont les fruits les plus précieux de l'amour [315] ». Ces valeurs nous font penser aux fruits de l'Esprit (cf. Ga 5, 22) ou à l'hymne à l'amour de la première lettre aux Corinthiens.

Ce texte, Jean-Paul II y renvoie justement dans sa *Lettre aux Familles*, nous l'avons vu. Il poursuit :

> « Il faut que les hommes d'aujourd'hui découvrent cet amour exigeant, parce qu'en lui se trouve le fondement vraiment solide de la famille, un fondement qui la rend capable de *supporter tout.* Selon l'Apôtre, l'amour n'est pas apte à tout supporter s'il cède aux *rancunes*, s'il *se vante*, s'il *se gonfle d'orgueil*, s'il *fait ce qui est inconvenant* (cf. 1 Co 13, 4-5). Le véritable amour, enseigne saint Paul, est différent : *il fait confiance en tout, il espère tout, il endure tout* (cf. 1 Co 13, 7). C'est cet amour-là qui supportera tout. La puissance de Dieu même, qui *est amour*, agit en lui (cf. 1 Jn 4, 8.16). La puissance du Christ, Rédempteur de l'homme et Sauveur du monde, agit en lui [316]. »

Par la grâce du sacrement de mariage, en effet, « les époux participent à la charité du Christ se donnant lui-même sur la croix et sont appelés à la vivre. L'Esprit que répand le Seigneur leur donne un cœur nouveau, et rend l'homme et la femme capables de s'aimer comme le Christ nous a aimés [317] ». Par la même grâce du sacrement de mariage, les pères participent à l'amour paternel de Dieu ; l'Esprit renouvelle leur cœur et les rend progressivement capables d'aimer leurs enfants comme le Père les aime.

---

314. Xavier Lacroix, *Passeurs de vie*, p. 200.
315. Jean-Paul II, *La famille chrétienne*, n° 36.
316. Jean-Paul II, *Lettre aux Familles*, n° 14.
317. Jean-Paul II, *La famille chrétienne*, n° 13.

UN AMOUR HUMBLE

L'amour *agapè* est don total – le Père nous a donné son Fils et Jésus a donné sa vie pour nous ; il est également humble. F. Varillon, particulièrement, a médité sur l'humilité de Dieu : « On ne peut regarder de haut quelqu'un à qui on dit “Je t'aime”. Le surplomb du regard néantiserait l'amour. [...] Dieu est immensément grand, puissant. Mais sa grandeur est de pouvoir tout ce que peut l'amour, jusqu'à l'effacement de soi dans l'humilité du regard [318]. »

C'est ainsi que le père doit aimer son enfant. Non pas pour en faire un enfant roi, comme ce fut malheureusement souvent le cas dans les lendemains de mai 1968, mais pour permettre à l'enfant de devenir lui-même, et pour le conduire au Père. C'est ce qu'a fait saint Joseph : il a assumé pleinement sa fonction paternelle ; mais, surtout après l'épisode de Jésus au Temple à douze ans (cf. Lc 2, 41-52), il s'est effacé pour permettre à Jésus d'être *« aux affaires de son Père »*. Joseph aurait pu dire, comme Jean-Baptiste : *« Il faut qu'il grandisse, et que moi je diminue. »* (Jn 3, 30)

X. Lacroix parle d'un mouvement kénotique de la paternité (cf. Ph 2, 7). « La paternité authentique se dépouille d'une certaine forme de pouvoir et de puissance, pour se concevoir comme un service [319]. »

Cette kénose s'approfondit lorsque le père, bien qu'il aime de son mieux son enfant, voit celui-ci, comme le fils prodigue, se détourner de lui, s'éloigner, le rejeter même et parfois se détruire lui-même.

> « Il n'y a rien de plus pathétique, écrit X. Lacroix, que de voir un père et une mère démunis devant l'échec (apparent) de leur mission, devant le refus, la révolte et parfois la dérive, la destruction de leur enfant. Laissons ici de côté la question des responsabilités ou du sens de cette révolte : nous sommes de facto placés devant une souffrance, une douleur, celle de l'amour sans

318. P. François Varillon, *L'humilité de Dieu*, Centurion, 1974, p. 70-71.
319. Xavier Lacroix, *Passeurs de vie*, p. 198.

retour, amour déchiré, amour crucifié. [...] Les parents sont alors renvoyés à l'expérience de leur radicale pauvreté. [...] Il y a là une expérience spirituelle fondamentale, qui prend en christianisme une portée toute particulière (celle d'une participation à l'amour crucifié du Christ) et que chaque parent [...] est appelé à vivre au cours de son existence [320]. »

Le père communie ainsi à la souffrance de Dieu [321] ; il expérimente ce que ressent le Père lorsque ses enfants – plusieurs milliards d'êtres humains – l'ignorent, se détournent de lui, parfois le rejettent ou vont à leur perte. S'il y ouvre alors son cœur, il reçoit du Père la grâce d'aimer encore plus son enfant – d'un sur-amour de pardon – et d'attendre patiemment le retour du prodigue, sûr que l'amour à la fin triomphera. Voilà jusqu'où va l'amour du Père ; voilà jusqu'où doit aller – et peut aller, avec la grâce de l'Esprit Saint – l'amour des pères.

3. Quand l'amour manque ou est perverti

Malheureusement, beaucoup de pères sont loin de vivre cet amour exigeant qu'ils ont vocation à vivre avec leurs enfants. La majorité des pères, aujourd'hui, se sont coupés de la Source de la paternité ; du coup, limités, blessés et pécheurs, ils ne sont plus capables d'apporter à leurs enfants l'amour véritable dont ceux-ci ont besoin pour vivre et grandir harmonieusement.

Le manque d'amour

Généralement, les pères qui ne savent pas aimer leurs enfants ont eux-mêmes souffert de carences affectives plus ou moins importantes dans la relation avec leur propre père. Dès lors, ils ne peuvent donner ce qu'ils n'ont pas reçu.

---

320. *Ibid.* p. 199.

321. Cf. François Varillon, *La souffrance de Dieu*, Centurion, 1975.

Leur amour, au lieu d'être gratuit, risque d'être conditionnel et leur don perverti, comme nous l'avons vu plus haut [322].

Au lieu de vivre le service jusqu'au sacrifice, ils risquent de céder à l'égoïsme qui « s'oppose directement et radicalement à l'amour [323] ».

Au lieu de pratiquer l'humilité, si importante en amour, ils réagissent avec orgueil, et font parfois tout le contraire de ce que prône saint Paul dans l'hymne à l'amour (cf. 1 Co 13, 4-7).

Ces réactions négatives, plus ou moins importantes selon les cas, peuvent être accrues lorsque les pères souffrent de maladie – surtout psychique – ou d'addiction (alcoolisme, drogue, etc.).

L'absence du père

Mettons à part l'absence du père pour des raisons professionnelles (voyage d'affaires, marin au long cours, militaire en opération, etc.), ou pour d'autres raisons (hospitalisation, etc.). Dans ces cas, si la relation est bonne, l'absence physique peut être compensée par des contacts téléphoniques ou via Internet, et par l'attitude de la mère qui assure une présence symbolique et aimante du père auprès de leurs enfants.

L'absence qui nuit à ceux-ci commence lorsque des pères se laissent accaparer par leur travail, leurs loisirs, leurs engagements (parfois même religieux), et ne savent pas accorder à leurs enfants le temps et la qualité de présence dont ils ont besoin. Jean-Paul II souligne qu'avec l'égoïsme, un des autres grands obstacles à l'amour est l'individualisme, qui pousse l'homme à faire d'abord ce qui lui plaît ou lui est utile, au lieu de vivre « un don désintéressé » de lui-même à ses enfants [324]. Combien de ceux-ci se plaignent de l'absence de leur père et déplorent qu'il ne joue pas auprès d'eux le rôle qu'il devrait !

322. Cf. p. 165.
323. Jean-Paul II, *Lettre aux Familles*, n° 14.
324. *Ibid.* n°14.

L'absence du père devient radicale en cas de décès. Mais le traumatisme chez l'enfant peut être atténué par l'attitude de la mère. Une jeune fille de quinze ans écrivait à Mgr Jullien : « J'ai perdu mon papa quand j'avais quatre ans ; cela a été et est, évidemment, très dur. Cependant, maman m'a tellement appris à vivre cette épreuve dans la foi que cette séparation n'est maintenant qu'essentiellement physique, parce que je sais qu'il est toujours avec moi [325]. »

Par contre, si le contexte familial au moment de décès du père était tendu, au traumatisme de la mort vont s'ajouter d'autres blessures. Pascal en témoigne :

> « Mon père était violent de caractère. [...] À quinze ans, au cours d'une violente dispute, je lui ai lancé : "De toute façon, j'en ai marre de toi ; on en a tous marre de toi !" Il est mort quelques jours plus tard... et Dieu seul sait combien j'ai dû, inconsciemment mais réellement, prendre sur moi la culpabilité de sa mort [326]. »

Le traumatisme de l'enfant peut être aussi accru par les circonstances du décès. Ainsi, pour cet enfant de sept ans qui a assisté au suicide par pendaison de son père. Ou pour cet adolescent qui a trouvé son père mort après un accident de mobylette. Ou encore pour ceux qui, en temps de guerre, ont vu leur père mourir torturé sous leurs yeux... Père de tendresse, nous les présentons à ton infinie miséricorde.

L'absence du père, à l'heure actuelle, fait le plus souvent suite à une séparation ou à un divorce. Dans les meilleurs des cas, les parents réussissent à s'entendre pour le droit de garde et de visite, si bien que les enfants souffrent moins de la séparation d'avec leur père. Ils peuvent le voir régulièrement, passer de bonnes vacances avec lui et profiter de la qualité des moments qu'ils vivent ensemble.

---

325. In Mgr J. Jullien, *Demain la famille*, Mame, 1992, p. 110.
326. In *Feu et Lumière*, n° 174 p. 46.

Mais il ne faut pas se leurrer, le plus souvent, la tension entre les parents divorcés est importante et leur relation est marquée par l'agressivité et les rejets mutuels. Dans ce contexte, les enfants deviennent des objets que les parents se disputent, ou bien sont utilisés pour nuire à l'autre. Cette situation déchirante peut durer des années et le résultat en est une dégradation de l'équilibre des enfants.

Dans ce climat de tension, certains enfants refusent de prendre parti ; d'autres, révoltés, rejettent leur père, si bien que la moitié d'entre eux ne le voient plus qu'épisodiquement, et le quart d'entre eux plus du tout (chiffres de 2004). Ils deviennent alors, selon l'expression de Jean-Paul II, « des orphelins de leurs parents vivants [327] ».

Certes, les pères qui abandonnent leur épouse ou compagne et leurs enfants portent une lourde responsabilité devant ceux-ci et devant Dieu. Mais un certain nombre de séparés ou divorcés veulent continuer à assumer leur responsabilité paternelle. Face aux préjugés de notre société et de beaucoup de juges, force est de constater que leurs démarches pour faire valoir leurs droits sont souvent l'objet de préjugés défavorables [328].

Thierry Maucour est l'un d'eux. Soutenu par sa foi, il a choisi de rester fidèle à son épouse, malgré le remariage de celle-ci après leur divorce. Il témoigne de l'effet bienfaisant de cette orientation sur leurs enfants, en y associant ceux qui, au sein de la Communion Notre-Dame de l'Alliance, ont fait le même choix : « Lorsque nous accueillons nos enfants, nos petits-enfants, la présence de notre conjoint absent est vivante dans nos cœurs. Pas besoin de parole : nous leur témoignons là qu'ils ne sont pas le fruit du hasard et de la nécessité, mais le fruit d'un amour blessé qui demeure [329]. »

---

327. Jean-Paul II, *Lettre aux familles*, n° 14.

328. Certains ont fondé des associations comme SOS papas, ou Pères exclus.

329. Thierry Maucour, *J'ai choisi de lui rester fidèle*, Edifa Mame, 2006, p. 77.

Les conséquences négatives de l'absence des pères

Contrairement à ce que voudrait faire croire l'idéologie véhiculée par les médias, l'absence de leur père est source de grandes souffrances chez les enfants. Mgr Jullien cite cette émouvante lettre d'une jeune fille de quinze ans :

> « Il y a à peu près trois ans que je ne suis pas retournée chez mon père. Il s'était remarié. […] Mais mon père me manque terriblement. Je n'ose pas dire à ma mère que je voudrais le revoir, car j'ai peur de lui faire de la peine. Je ne sais pas si mon père m'aime, mais moi, je l'adore plus que tout au monde. Tous les soirs, je pleure dans mon lit parce que je n'ai plus mon père à côté de moi [330]. »

Depuis quelques années, nombre de psychologues dénoncent les graves carences engendrées chez les enfants par l'absence des pères [331]. La première conséquence de ce manque d'amour est une fragilité psychologique, d'autant plus importante que l'absence du père est intervenue plus tôt. T. Anatrella le constate :

> « Beaucoup de jeunes souffrent de ne pas savoir ce qu'est un père. Ils apparaissent fragiles, incertains, indécis et impulsifs du fait de l'absence de cette image paternelle dans leur vie psychique. […] Le père rend libre et donne le sens du temps et de l'avenir, là où la mère renvoie à l'imaginaire, au passé et retient dans l'instant. Si l'enfant n'a pas connu cette expérience de la paternité, il lui sera difficile, une fois devenu adulte, d'affronter la réalité sans éprouver parfois une relative douleur psychique. Certains même dépriment au contact du réel, du temps qui passe, sont

330. Mgr J. Jullien, *Demain la famille*, p. 243.
331. Par exemple Guy Corneau, *Pères manquants, fils manqués*, éd. de l'Homme, 1989 ; Jacques Arènes, *Y a-t-il encore un père à la maison*, Fleurus, 1997 ; Didier Dumas, *Sans père et sans parole*, Hachette 1999 ; Philippe Oswald, *Debout les pères*, Le Sarment Fayard, 1998 ; Patrick Ben Soussan, *Comment ça fonctionne un père ?* La Martinière, 2003 ; Jean Le Camus, *Le vrai rôle du père*, Odile Jacob, 2000 ; Gabrielle Rudin, *Il faut aider les pères*, Payot, 2008 ; etc.

angoissés à l'idée de s'engager et encore plus d'accéder au sens de l'institutionnel, et flirtent parfois avec des idées suicidaires [332]. »

Dans certains cas, la souffrance de l'enfant peut se manifester par des troubles physiques. « Les désirs refoulés et inexprimés, explique G. Mauco, vont se manifester par des altérations du corps qui symboliquement vont avoir valeur de langage. Telle jeune fille a la jambe gauche paralysée, par où elle exprime le désir inconscient de voir son père s'occuper d'elle [333]. »

Le comportement social des enfants ayant manqué d'amour paternel est lui aussi perturbé. T. Anatrella en donne « les symptômes majeurs : les troubles de la filiation, de l'identité sexuelle, la confusion entre imaginaire et réalité, l'accroissement de conduites addictives (c'est-à-dire de dépendance) à travers la toxicomanie, signe de la difficulté à occuper son espace intérieur, la dérision, qui est une relation sadique et destructrice, et la violence juvénile [334]. »

L'absence du père fait que l'enfant a également du mal à intégrer la différence des sexes et son identité sexuelle, T. Anatrella le constate :

> « L'intégration du genre sexuel peut psychologiquement échouer et maintenir la personnalité dans une relative indistinction qui va du ratage de l'accès à l'hétérosexualité au rabattement sur les pulsions partielles telles que le voyeurisme, le sadomasochisme, etc. [...] La sexualité éclatée, régressive et agressive, comme elle est présentée dans les images actuelles, est bien le symptôme de la carence de la fonction paternelle à partir de laquelle s'élabore le sexuel humain [335]. »

Dans les cas extrêmes, cette carence est l'une des causes de l'homosexualité masculine. Selon Guy Corneau,

332. P. T. Anatrella, in *Paternité de Dieu et paternité dans la famille*, p. 14-15.
333. Georges Mauco, *Psychanalyse et éducation*, p. 37.
334. P. T. Anatrella, *ibid.* p. 13.
335. *Ibid.* p. 20.

« l'homosexualité exprimerait le besoin d'un ancrage dans le masculin, dans ce qui est pareil à soi ; elle traduirait par le fait même la recherche inconsciente du père, la recherche d'une identité mâle [336]. »

Évoquons enfin les conséquences que peut avoir l'absence du père sur la relation avec Dieu le Père. Le cardinal A. Lopez Trujillo en donne un exemple dans la vie d'un homme célèbre :

> « Jean-Paul Sartre a perdu son père très jeune et a connu la pénible expérience d'être, en quelque sorte, de trop. Beaucoup pensent que cette situation a influé sur l'élaboration même de sa pensée, inconsciemment, du fait de cette apparente incapacité, qui lui est propre, de découvrir et de vivre la dialectique de l'amour. [...] L'absence de son père ne lui ayant pas apporté l'expérience de se sentir aimé en tant que personne, en tant que fils, il avait dû trouver un vide profond, obstacle pour suivre le processus d'une relation qui découvre Dieu en tant que Père [337]. »

Cette carence de l'amour paternel crée un tel manque que l'enfant devenu adulte en restera marqué à vie. Néanmoins, s'il expérimente l'amour du Père pour lui, s'il rencontre des figures paternelles fortes, il peut, au prix d'un long travail sur lui-même, se reconstruire peu à peu et surmonter progressivement certaines de ses faiblesses.

LA PERVERSION DE L'AMOUR : L'INCESTE

> « L'amour paternel, écrit G. Mauco, peut être troublé par de multiples déviations, les plus fréquentes étant l'autoritarisme intolérant, la violence et l'agressivité [338], ou au contraire le

336. Guy Corneau, ouvrage cité, p. 30. Leanne Payne, dans *L'âme, cette oubliée*, éd. Raphaël 2003, p. 109 s, cite le très beau témoignage de la guérison d'un docteur confronté à ce problème. Ce passage est reproduit dans *Feu et Lumière* n° 174.
337. Cardinal Alfonso Lopez Trujillo, *in Paternité de Dieu et paternité dans la famille*, p. XXXV.
338. Nous y reviendrons au chapitre V.

renoncement, l'abdication et le repli. Mais il peut y avoir aussi l'amour paternel captatif, particulièrement étouffant. Une des formes de cette relation égocentrique est le paternalisme [339]. »

Dans ce cas, l'amour paternel, névrotique, étouffe et paralyse l'enfant au lieu de le conduire à l'autonomie. Il lie le sujet par des liens de tendresse apparente qui l'empêchent de s'affirmer, qui l'obligent à rester un objet pour le père abusif. Certains adolescents, ne pouvant se dégager de l'emprise d'un tel père, en arrivent parfois au suicide.

Nous sommes ici aux antipodes de l'amour de don, de l'amour authentique, qui doit être désintéressé, vouloir le bien véritable de l'enfant et se dévouer gratuitement pour lui. En outre, l'amour paternel s'adresse à une personne et ne doit pas traiter l'enfant comme un objet.

C'est pourtant ce qui se passe dans le paternalisme et, pire encore, lorsque le père transforme son enfant en objet sexuel pour satisfaire ses pulsions libidinales, et commet sur lui ce crime monstrueux de l'inceste.

Le père incestueux – qui peut avoir par ailleurs un comportement apparemment irréprochable – est un être profondément immature [340]. Confronté enfant à des parents eux-mêmes perturbés, ou marqué par leur absence, il n'a pu intégrer une sexualité adulte et passer au stade génital oblatif. Peut-être a-t-il été lui-même victime d'inceste ou de pédophilie durant son enfance. Dans certains cas, sa sexualité est même pervertie.

Isabelle en témoigne :

« Elle avait six ans quand son père a commencé à abuser d'elle dans son bain. Après la séparation de ses parents, à douze ans, elle se retrouve seule avec son père. Leurs rapports incestueux

339. Georges Mauco, *Psychanalyse et éducation*, p. 55.

340. Cf. Élodie Tibo, *L'inceste*, Guide totus, Sarment éd. du Jubilé, 2005, p. 57s. Victime de l'inceste, Élodie Tibo a réussi à surmonter son épreuve grâce à sa foi et à une aide psychologique. Elle en témoigne dans *De l'inceste au bonheur*, éd. du Jubilé, 2005.

recommencent : "Dans le lit de mon père, j'ai laissé mon enfance, mon équilibre, ma santé." Il lui fait faire la cuisine, le ménage et le soir, va rôder avec elle au bois de Boulogne pour rencontrer des couples échangistes et utiliser sa fille de quatorze ans comme monnaie d'échange. Échangisme, partouzes, triolisme : l'adolescente va au collège la journée et passe ses nuits dans le lit d'hommes qu'elle ne connaît pas. Plus tard, ce sera la descente aux enfers : prostitution, mais aussi addiction à la cigarette, la drogue, automutilation, tentatives de suicide [341]. »

Un article plus récent rapporte ceci : un autre père, qui avait violé ses filles de neuf ans et quatre ans, et les avait livrées à des adultes contre de l'argent, disait au tribunal : « J'ai livré mon âme au diable [342] ! » Satan est l'ennemi de Dieu depuis l'origine (cf. Jn 8, 44). Aussi, pour détourner les enfants du Père, cherche-t-il à détruire la paternité, qui a vocation à être le reflet de celle de Dieu. C'est pourquoi, lorsqu'un père lui ouvre la porte de son cœur et surtout s'il lui vend son âme, le diable pervertit celle-ci de façon abominable.

F. MacNutt s'est documenté sur les abus rituels perpétrés dans certains rites sataniques :

> « Quel en est le but ? Il s'agit d'honorer Satan en se moquant de Dieu, de dégrader les êtres humains en changeant ce qui devrait être des relations d'amour en des relations de haine et de méfiance. [...] Dans les rites sataniques, violence et sexe sont à un niveau démoniaque inimaginable. [...] On oblige les parents à torturer leurs propres enfants (dans une étude, 67 % des rescapés se souvenaient que c'est leur père qui les abusait). [...] L'abus rituel satanique est surtout destiné à glorifier la luxure. Il sert aussi à désacraliser le corps humain et le commandement de l'amour prôné par Jésus [343]. »

Certes, tous les pères incestueux n'ont pas livré leur âme au diable, mais certains sont infestés par des esprits mauvais et

341. In *Le Télégramme* du 19/10/08.

342. In *Ouest France* du 20/12/09.

343. Francis MacNutt, *La délivrance pour aujourd'hui*, p. 257 s.

tous font le jeu de Satan qui cherche à pervertir la paternité et à détruire les familles.

Les pères incestueux sont donc des êtres immatures, pécheurs et parfois démonisés. S'ils veulent s'en sortir, ils ont besoin de voir clair en eux-mêmes, de faire sur eux-mêmes un important travail psychologique, de vivre une conversion qui les conduira à demander son pardon au Père et éventuellement une délivrance [344].

Leur demande de repentance impliquera aussi une demande de pardon à leur enfant pour tout le mal qu'ils lui ont fait. E. Tibo, qui a vécu ce traumatisme, en souligne la gravité :

> « Qu'elle ait eu à subir des attouchements, ou que l'acte sexuel ait été consommé sur une longue période, les dégâts sur la victime sont toujours très importants. [...] Au sentiment d'une transgression chez l'agresseur répond un sentiment d'horreur et de dégoût chez la victime. [...] Un des principaux rôles du père est d'être celui qui protège l'enfant. Lorsqu'en un instant, la victime de l'inceste réalise qu'il est devenu pour elle le principal danger, cela est tellement inconcevable qu'elle s'en trouve brisée intérieurement et durablement [345]. »

Dans un chapitre, E. Tibo évoque les conséquences de ce traumatisme pour la victime : difficultés psychologiques ; destruction de l'image paternelle, qui entraîne des perturbations dans la croissance ; dérèglement de la vie sexuelle et grande culpabilité ; désespoir et négation de soi. Lorsque la jeune fille devient adulte, par rapport à la sexualité, elle éprouvera soit du dégoût se traduisant par une frigidité ou une impuissance, soit une attirance malsaine pouvant aller jusqu'à la prostitution. Si elle se trouve enceinte, le désir de la mort du père incestueux peut l'inciter à des avortements. Au fond d'elle-même, elle est habitée par la culpabilité, l'angoisse et la haine contre son père, voire contre tous les hommes [346].

---

344. Élodie Tibo, *L'inceste*, p. 156 s : Quel chemin de guérison pour l'agresseur ?
345. *Ibid.* p. 17, 23, 24.
346. *Ibid.* p. 44 s : Un traumatisme lourd de conséquences pour l'enfant.

L'une des pires souffrances est que la victime ne peut pas en parler. Isabelle le souligne :

> « Un survivant des camps m'a dit un jour : l'inceste, c'est pire que les camps. Là-bas, on pouvait compter les uns sur les autres. Quand on est victime d'inceste, on est seul et c'est le père le bourreau. C'est l'une des choses les plus dures, l'isolement. On est une "majorité silencieuse", plus nombreuse que les chômeurs, on est des millions... Au moins une personne sur cinq est victime de violences sexuelles [347]. »

C'est pourquoi la première étape d'un chemin de guérison est, pour la victime, de pouvoir en parler à quelqu'un qui l'écoute vraiment, qui la croie et la comprenne. Ce n'est pas facile pour elle, car il lui faut affronter ses peurs, les réactions de la famille qui peuvent être hostiles, l'emprise de son père... Mais c'est indispensable [348]. Ensuite, il lui faudra vivre « un itinéraire psychologique et spirituel. Les deux sont indissociables. [...] La psychothérapie seule ne peut aller au bout de la guérison. [...] En effet, ce sont les valeurs spirituelles profondes et le dynamisme de la vie qui sont atteints [349]. »

Ayant eu la grâce de vivre ce chemin de guérison, E. Tibo en balise les grandes étapes dans son livre : d'abord le dire ; guérir dans l'espace (sa famille) et dans le temps (son histoire) ; la résilience ou l'art de rebondir après ce traumatisme ; donner le pardon ; rencontrer Jésus et se laisser guérir... Que nos sœurs concernées se reportent à cet ouvrage si riche de l'expérience de l'auteur, dont la souffrance a été transfigurée par l'amour.

Dans l'optique de ce livre, citons le passage où Élodie témoigne de la manière dont Jésus l'a conduite à découvrir l'amour du Père pour elle :

> « Dans les cas d'inceste paternel, envisager Dieu comme Père est certainement très difficile. Ce ne peut être que donné par

---

347. In *Le Télégramme* du 19/10/08.

348. Cf. E. Tibo, *L'inceste,* p. 82 s : D'abord le dire.

349. *Ibid.* p. 81.

Dieu. Et cela prend du temps. Peu à peu, à travers une relation authentique à Jésus-Christ, on découvre un amour, on comprend que cet amour vient de son Père, qui est aussi le nôtre. Nous pouvons le savoir de manière intellectuelle, mais il nous faut une réelle conversion pour que nous en vivions. Il faut entrer dans le mystère de la Sainte Trinité. Nous pouvons être aidés en rencontrant d'autres images paternelles, un prêtre par exemple. Ici, Jésus se fait pleinement médiateur. J'ai pu accéder à l'amour de Dieu quand j'ai compris que l'amour de Jésus pour moi, que j'avais toujours perçu avec une profonde acuité, n'était autre que l'amour de son Père. Ils sont indissociables. Jésus ne dit-il pas à Philippe, dans l'Évangile : *"Qui m'a vu a vu le Père"* (Jn 14, 9) ? À partir de ce moment je me suis sentie aimée profondément d'un amour paternel par Dieu Père [350]. »

4. Chemin de guérison : recueillir les fruits de la Croix glorieuse du Christ

Lorsque l'on contemple l'amour infini du Père manifesté par Jésus, et que l'on prend conscience de l'amour exigeant que l'on doit vivre en tant que père ; lorsque l'on réalise tous les manquements, les déviations, voire les perversions que l'on a vécus, on se rend compte que l'on a besoin de conversion, de pardon, de guérison. Comme la Croix glorieuse de Jésus est le lieu où il nous a révélé l'extrême amour miséricordieux du Père, et où il nous a obtenu son pardon et la guérison de nos blessures, c'est là qu'il nous faut revenir.

À la fin du chapitre précédent, nous avons compris que, baptisés dans la mort et la résurrection du Christ, il nous fallait actualiser la grâce de notre baptême. Approfondissons cela maintenant et voyons comment nous pouvons recevoir les fruits de la Croix glorieuse de Jésus, afin que notre amour paternel soit purifié, guéri et renouvelé.

350. *Ibid.* p. 119-120.

Le pardon des péchés

Le pécheur n'a généralement pas conscience de son péché. Il est aveugle, comme le disait le Christ aux pharisiens [351]. En effet, il est coupé du Père et est à lui-même sa propre loi. C'est la découverte de l'amour infini de Dieu qui nous fait venir à la lumière et démasque nos ténèbres, notre aveuglement et notre péché.

Alors, notre premier réflexe est toujours le même, depuis Adam et Ève. Ceux-ci, après leur faute, ont eu peur de Dieu et, au lieu de reconnaître humblement leur péché, ils en ont rendu autrui responsable : Adam a accusé Ève et celle-ci le serpent (cf. Gn 3, 8-13). Le sentiment de culpabilité génère la peur de Dieu, puis la peur engendre le déni et l'accusation d'autrui. Le comble de la perversion est atteint lorsque l'agresseur accuse sa victime de l'avoir poussé à commettre son crime. C'est ce qui arrive, par exemple, quand un père incestueux affirme que c'est sa fille qui l'a provoqué.

Lorsque notre péché est démasqué, il nous faut venir humblement au pied de la croix de Jésus. Pouvons-nous avoir peur d'un crucifié ? Il est là, *non pour juger le monde, mais pour que le monde soit sauvé par lui* (cf. Jn 3, 17). Nous n'avons pas besoin de lui cacher nos péchés : il les connaît puisqu'il les a tous pris sur lui pour nous en obtenir le pardon de son Père ; il n'est qu'amour et miséricorde ! Et même si, sur la croix, il a été élevé – en signe de sa résurrection future et de son entrée dans la gloire – il s'offre à nous humblement : il y subit le supplice des esclaves et des malfaiteurs. En outre, au début du dernier repas avec ses apôtres, il s'est fait serviteur (esclave : en grec, c'est le même mot !) et s'est agenouillé devant eux pour leur laver les pieds en signe de purification de tout leur être (Jn 13, 1-11).

Sur la croix, Jésus, l'Agneau de Dieu, porte sur lui tous les péchés du monde, y compris les pires péchés des pires criminels. Il s'offre en victime d'holocauste pour tous nos péchés.

351. Cf. par exemple Jean 9 : La guérison d'un aveugle.

C'est pourquoi lorsqu'au milieu des tortures qu'il endure à notre place, il prie : *« Père, pardonne-leur car ils ne savent pas ce qu'ils font »* (Lc 23, 34), il obtient le pardon de Dieu pour tous les pécheurs qui se convertiront et imploreront humblement ce pardon.

Durant toute notre vie, c'est le temps de la miséricorde, Jésus le rappelait à sainte Faustine. À chaque instant, nous pouvons venir à la source du pardon, à cette source inépuisable qui coule du Cœur de Jésus et, grâce à un repentir sincère, nous pouvons recevoir gratuitement le pardon de tous nos péchés, y compris les pires. Par contre, après notre mort, ce sera l'heure de la justice de Dieu : nous serons jugés « en fonction de nos œuvres et de notre foi [352] » ; si nous n'avons pas su recourir à la miséricorde du Seigneur ici-bas, ce sera trop tard, car ce sera l'heure du jugement [353].

Aujourd'hui, n'ayons pas peur, nous, pères imparfaits et pécheurs : reconnaissons humblement nos péchés et jetons-les dans le brasier de la miséricorde de Jésus ; demandons-lui avec foi de purifier notre amour pour que celui-ci devienne plus semblable à celui de notre Père des cieux.

Le lieu spirituel pour cette démarche est le sacrement de réconciliation. Jean-Paul II nous y invite :

> « La grâce divine du pardon et de la réconciliation permet d'avoir l'énergie spirituelle nécessaire pour recommencer sans cesse. C'est pourquoi les membres de la famille ont besoin de rencontrer le Christ dans l'Église par l'admirable sacrement de la pénitence et de la réconciliation. [...] L'efficacité de celui-ci, appelé à juste titre par les Pères de l'Église "second baptême" est immensément plus grande que le mal agissant dans le monde. [...] Nous sommes intimement convaincus que l'amour rédempteur du Christ est plus grand que tout (cf. 1 Co 13, 13) et nous croyons qu'il est capable de dépasser et de vaincre tout ce qui n'est pas amour [354]. »

352. CEC § 1021. Cf. Jc 2, 13.
353. Cf. CEC § 1022 à 1037 ; cf. Mt 25, 31-46 : Le jugement dernier.
354. Jean-Paul II, *Lettre aux Familles*, phrases extraites des numéros 14, 18, 5.

De vaincre notamment l'égoïsme, l'individualisme, l'amour réduit à la satisfaction des instincts humains, que le Saint-Père dénonce comme les principaux obstacles à l'amour vrai [355], à l'amour *agapè* qui est reflet de l'amour du Père, auquel l'Esprit Saint nous donne de participer.

La guérison des blessures

Les blessures dues au manque ou à la perversion de l'amour ne peuvent être guéries que par l'amour. Ayant vécu d'abord la grâce d'une réconciliation avec le Père qui actualise la grâce baptismale, renouvelle notre cœur et nous rend capables d'aimer même nos ennemis, alors nous pouvons aussi présenter nos blessures à Jésus pour lui en demander la guérison.

« C'est pour nous que le Christ a souffert, [...] *lui qui, dans son propre corps, a porté nos péchés sur le bois, afin que morts à nos péchés, nous vivions pour la justice ; lui dont les meurtrissures vous ont guéris. »* (1 P 2, 21-24). Saint Pierre distingue le pardon des péchés et la guérison des blessures, conséquences du péché. Une fois nos péchés pardonnés dans le sacrement de la réconciliation, tournons-nous encore vers Jésus pour unir nos souffrances aux siennes et lui en demander la guérison. Car *« c'est pour nous que le Christ a souffert »*. Pour nous, c'est-à-dire à notre place et en vue de nous guérir.

Si nous avons été *trahis* par notre père, contemplons Jésus au moment de son arrestation, lorsqu'il voit venir à lui Judas, le traître. Selon Matthieu il lui dit : *« Compagnon, fais ce pour quoi tu es ici »* (traduction littérale de Mt 26, 50). Jésus aurait pu lui dire : « Traître, fais ta sale besogne ! », ce qui aurait été très péjoratif. Non, il l'appelle *compagnon*, rappelant ainsi à Judas sa dignité d'apôtre : *l'un des douze* (cf. Mt 26, 47). Selon Luc, Jésus dit : *« Judas, c'est par un baiser que tu livres le Fils de l'homme ! »* (Lc 22, 48.) Il l'appelle par son nom – nom glorieux en Israël, puisque c'était celui d'un des fils de Jacob, ancêtre

355. *Ibid.* n° 14.

du Christ (cf. Mt 1, 3) –, nom qui est porteur de son identité de fils de Dieu [356]. En même temps, Jésus lui révèle l'énormité de sa faute, non pour le condamner, mais pour l'appeler à la conversion. Et si Judas, après avoir pris conscience de son péché (cf. Mt 27, 3-4), avait demandé pardon au Père pour celui-ci, il aurait obtenu le pardon de Dieu.

Lorsque nous avons été trahis par notre père, unissons notre blessure à celle de Jésus. Demandons-lui de changer notre regard sur celui qui a si gravement péché contre nous. Il reste notre père aux yeux de Dieu ; il est aussi enfant du Père appelé à la conversion, au repentir, à la réconciliation. Demandons à Jésus l'Esprit Saint qui lui a donné la paix et la force face à la trahison de Judas ; et laissons cette paix couler dans notre cœur, sûrs que lui, Jésus, était avec nous depuis le début de notre épreuve et qu'il ne nous abandonnera pas tant qu'il ne nous aura pas conduits dans les bras du Père des miséricordes.

« C'est pour nous que le Christ a souffert »… Si nous avons été *abandonnés* par notre père, au point de ressentir un grand vide, de douter de nous (s'il m'a abandonné, c'est que je ne mérite pas d'être aimé !), contemplons Jésus après son arrestation : *« Alors les disciples l'abandonnèrent tous, et prirent la fuite. »* (Mt 26, 56) À vrai dire, pas tous : Pierre va le suivre un moment ; et près de la croix se tiendront debout *« sa mère, la sœur de sa mère, Marie, femme de Clopas et Marie de Magdala, ainsi que Jean, le disciple que Jésus aimait »* (Jn 19, 25-26). Dans son humanité, Jésus n'a pu que souffrir douloureusement d'être ainsi abandonné par dix de ses apôtres et amis (cf. Jn 15, 15), qu'il avait choisis, avec qui il avait vécu intimement pendant trois ans et dont il venait de faire les prêtres de la Nouvelle Alliance !

Ressuscité, il pardonnera à ses apôtres de l'avoir abandonné. Lors de sa première apparition, il leur donnera sa paix, signe de son pardon (cf. Jn 20, 19), leur rendra toute sa confiance et

356. Cf. ch. III, 4 : Au baptême, le Père nous reconnaît comme ses enfants ; le don du nom, p. 119.

les enverra annoncer la miséricorde de Dieu en pardonnant les péchés (cf. Jn 20, 21-23).

Les Évangélistes nous disent que Jésus s'est aussi senti abandonné par son Père, au point de dire sur la croix : *« Mon Dieu, mon Dieu, pourquoi m'as-tu abandonné ? »* (Mt 27, 46.) Seuls les mystiques ont pu ressentir quelque chose du sentiment de déréliction que Jésus a connu alors. Il l'a voulu pour épouser la souffrance de tous ceux qui éprouvent l'angoisse de l'abandon. Si c'est notre cas, tournons-nous vers lui : il est à nos côtés, il est en nous, il souffre en nous, et nous invite à nous tourner avec lui vers le Père pour être rassurés et guéris. En effet, le psaume 22 (21), que commence Jésus en Matthieu 27, 46, s'achève par un acte de foi en la réponse aimante de Dieu : *« Tu m'as répondu !* [...] *Vous tous qui craignez le Seigneur, louez-le !* [...] *Il n'a pas rejeté ni réprouvé un malheureux dans sa misère ;* [...] *il a écouté quand il criait vers lui. »* (Ps 22 (21), 22-25) Oui, le Père a entendu le cri de son Fils abandonné : il l'a ressuscité, il l'a glorifié et fait asseoir à sa droite pour l'éternité.

À ceux qui ont été abandonnés par leur père, et qui s'unissent dans cette épreuve à Jésus, celui-ci donne la certitude qu'ils sont aimés par son Père qui est aussi leur Père (cf. Jn 20, 17), qu'ils sont dignes d'être aimés puisqu'il a donné sa vie pour eux ; que jamais Dieu ne les abandonnera (cf. Is 49, 15), car il est éternellement fidèle (cf. 2 Tm 2, 13) ; et que, par-delà la mort, il leur promet une éternité de bonheur avec lui (cf. Jn 17, 24).

« C'est pour nous que le Christ a souffert »... Certains ont pu aussi être *reniés* par leur père – parce qu'il n'a pas accepté leur naissance, leur sexe, leur caractère, leur personnalité, leur handicap, etc. – si bien qu'ils restent sous l'emprise de ces jugements négatifs et ne peuvent pas devenir eux-mêmes [357]. Qu'ils se tournent vers Jésus et contemplent son attitude vis-à-vis de Pierre. Après que le Christ eut annoncé sa passion, sa mort et sa résurrection, déjà le chef des Apôtres voulut s'y opposer (cf. Mt

357. Cf. Simone Pacot, *L'évangélisation des profondeurs*, ch. VII : L'emprise.

16, 22-23). Au moment de l'arrestation du Christ, Pierre sortit son épée et tenta vainement d'empêcher *l'accomplissement des Écritures* (cf. Mt 26, 51-54). Décontenancé, il suivit son maître jusque chez le grand prêtre Caïphe, mais là, reconnu comme un disciple de Jésus, *il nia avec serment* : « *Je ne connais pas cet homme !* » (Mt 26, 72.)

Effectivement, l'Apôtre ne connaissait pas le vrai Jésus. Il avait rêvé d'un messie triomphateur à la manière du monde, un peu comme lors de son entrée triomphale à Jérusalem (cf Mt 21, 1-11), que nous commémorons le jour de la fête des Rameaux. Par contre, ce Messie humilié, traité comme un malfaiteur et un esclave, il ne le connaissait pas et il aurait bien voulu lui faire changer de stratégie pour accéder à la royauté ! Cependant, après l'avoir renié trois fois, prenant conscience de son péché, *Pierre pleura amèrement* (Mt 26, 75).

Ressuscité, Jésus lui pardonnera son reniement en l'invitant à affirmer son amour pour lui ; puis, bien loin de le traiter comme un renégat, il lui rendra toute sa confiance et le confirmera dans sa vocation de pasteur de l'Église (cf. Jn 21, 15-19).

Les pères qui renient leur enfant lui font un tort terrible et pèchent gravement. Si nous en avons été victimes, remettons à Jésus ces reniements injustes et demandons-lui de nous aider à nous libérer de cette emprise plus ou moins consciente, pour que nous puissions nous épanouir dans notre identité d'enfant du Père. Celui-ci nous redit inlassablement : « *Moi, le Seigneur, je suis ton Dieu, ton Sauveur.* [...] *Tu vaux cher à mes yeux, tu as du poids et moi je t'aime.* » (Is 43, 3-4) Il nous a choisis de toute éternité, comme nous l'avons vu, et il veut nous combler de ses bénédictions.

« *C'est pour nous que le Christ a souffert* »... Certains ont eu un père accusateur, prompt à juger et à condamner. Cela a fait naître en leur cœur un profond *sentiment d'injustice*, générant de la colère, de la révolte. Qu'ils contemplent le Christ devant Caïphe et le Sanhédrin. Ceux-ci refusent de croire qu'il est le Fils de Dieu. Satan les a aveuglés ; *ils cherchent un faux témoignage contre Jésus pour le faire condamner à mort* (cf. Mt 26, 59). *Le Grand Prêtre lui dit : « Je t'adjure par le Dieu vivant de nous dire si tu es, toi, le Messie, le Fils de Dieu. »* Jésus répond : *« Tu le dis.* [...]. *Alors le Grand Prêtre déchira ses vêtements et dit : "Il a blasphémé.* [...] *Quel est votre avis ?" Ils répondirent : "Il mérite la mort." »* (Mt 26, 63-66) Peut-on imaginer pire injustice ? Jésus est le Fils de Dieu et il est condamné à mort pour blasphème ! Bien plus, alors que ce sont le Grand Prêtre et le Sanhédrin qui mériteraient la mort à cause de leur énorme péché, Jésus accepte de mourir pour les sauver ! Ce qui lui donne la capacité d'accepter cette suprême injustice, c'est son amour pour le Père et pour tous les hommes, y compris les pires pécheurs, qu'il veut rétablir dans leur dignité d'enfants de Dieu.

Si nous avons connu l'accusation injuste de la part de notre père, si celui-ci s'est fait, consciemment ou non, l'instrument de Satan pour nous détruire, unissons cette terrible souffrance à celle de Jésus ; qu'il apaise notre colère et notre révolte ; qu'il nous libère de la haine. Qu'il nous aide à nous ouvrir à la miséricorde du Père qui, bien loin de nous juger et de nous condamner, ne désire que nous guérir, nous relever. Lui seul juge avec justice, et pour ses enfants bien-aimés qui se tournent vers lui humblement et avec confiance, il n'est que miséricorde.

Avec saint Paul, rendons grâce au Père pour un si grand amour :

> *« Si Dieu est pour nous, qui sera contre nous ? Lui qui n'a pas épargné son propre Fils, mais l'a livré pour nous tous. Comment, avec son Fils, ne nous donnerait-il pas tout ? Qui accusera les élus de Dieu ? Dieu justifie ! Qui condamnera ? Jésus Christ est mort, bien plus il est ressuscité, lui qui est à la droite de Dieu et qui intercède pour nous.* [...] *Rien ne pourra nous séparer de l'amour de Dieu manifesté en Jésus-Christ notre Seigneur. »* (Rm 8, 31-39)

« C'est pour nous que le Christ a souffert »... Dans un prochain chapitre, nous évoquerons aussi les *violences* qu'ont subies certains enfants de la part de leur père. Ces coups ont

atteint non seulement leur corps, mais aussi leur psychisme et leur cœur. Lorsqu'ils étaient ainsi battus injustement, parfois de façon sadique, c'est Jésus qui continuait de subir en eux son horrible flagellation. Ce moment de la Passion du Christ est évoqué très sobrement dans l'Évangile : « *Quant à Jésus, après l'avoir fait flageller, Pilate le livra pour qu'il soit crucifié* » (Mt 27, 26), mais le film *La Passion* de Mel Gibson nous laisse entrevoir l'horreur de ce supplice. Or, Jésus, le Serviteur souffrant, « *brutalisé, s'humilie ; comme un agneau traîné à l'abattoir* [...], *il n'ouvre pas la bouche* (Is 53, 7) ».

Comment cela a-t-il été possible ? Jésus était habité par la force de Dieu (cf. Lc 22, 43), par la puissance de l'Esprit Saint, et il faisait de sa souffrance acceptée l'acte du suprême amour (cf Jn 13, 1). « *Il était broyé à cause de nos perversités ; la sanction, gage de paix pour nous, était sur lui, et dans ses plaies se trouvait notre guérison* » (cf. Is 53, 5).

Ceux qui ont subi des violences de la part de leur père peuvent donc unir leurs souffrances à celles de Jésus dans le mystère de sa flagellation ; qu'ils les lui remettent et accueillent en retour le baume de la tendresse du Père. Jésus, le bon Samaritain, prendra soin d'eux jusqu'à ce que leurs blessures soient purifiées de tout le pus qui les a infectées (cf. Lc 10, 33-35). Cela demandera du temps, de la patience, mais leur confiance en lui sera récompensée et leur cœur peu à peu s'apaisera. En échange du cadeau de leurs blessures, le Seigneur leur accordera la guérison.

Un sens à la souffrance

Non seulement Jésus guérit les blessures du cœur et de l'âme, mais en plus il leur donne un sens et les rend fécondes.

Considérons tout d'abord le père qui a gravement offensé et blessé son enfant, et qui, ce faisant, a péché en ne remplissant pas sa vocation de père, en dénaturant l'image du Père. S'il est jugé et condamné par la justice humaine, sa souffrance est la conséquence de sa faute et il l'a méritée. Mais aux yeux de Dieu, elle devient un appel à la conversion.

Ainsi, dans l'Ancien Testament, comme les Juifs étaient constamment infidèles à l'alliance, leurs épreuves – principalement l'exil à Babylone – apparaissaient comme un châtiment de leurs péchés et, en même temps, comme un appel à revenir à l'alliance avec Dieu (cf. 2 M 6, 12).

Jean-Paul II insiste sur ce point :

> « La souffrance doit servir à la conversion, c'est-à-dire à la reconstruction du bien dans le sujet, qui peut reconnaître la miséricorde divine dans cet appel à la pénitence. La pénitence a pour but de triompher du mal qui existe à l'état latent dans l'homme sous diverses formes, et de consolider le bien tant dans le sujet lui-même que dans ses rapports avec les autres et surtout avec Dieu [358]. »

Aux pères incestueux ou coupables d'autres crimes contre leurs enfants, peuvent s'adresser ces paroles de Benoît XVI aux prêtres pédophiles :

> « Vous avez trahi la confiance placée en vous par de jeunes innocents. [...] Vous devez répondre de cela devant Dieu tout-puissant ainsi que devant les tribunaux constitués à cet effet. [...] Vous avez causé un dommage immense aux victimes. [...] Je vous exhorte à examiner votre conscience, à assumer la responsabilité des péchés que vous avez commis et à exprimer avec humilité votre regret. Le repentir sincère ouvre la porte au pardon de Dieu et à la grâce du véritable rachat. En offrant des prières et des pénitences pour ceux que vous avez offensés, vous devez chercher à expier personnellement vos actions. Le sacrifice rédempteur du Christ a le pouvoir de pardonner même le plus grave des péchés et également de tirer le bien du plus terrible des maux. En même temps, la justice de Dieu exige que nous rendions compte de nos actions sans rien cacher. Reconnaissez ouvertement vos fautes, soumettez-vous aux exigences de la justice, mais ne désespérez pas de la miséricorde de Dieu [359]. »

---

358. Jean-Paul II, Lettre apostolique *Salvifici doloris* sur le sens chrétien de la souffrance humaine, 1984, n° 12.

359. Benoît XVI, *Lettre aux catholiques irlandais*, 19 mars 2010. Cf. Élodie Tibo, *L'inceste*, p. 135 à 158 : Quelle espérance pour l'agresseur ?

Si le père qui a blessé gravement son enfant accepte d'entrer dans cette démarche de conversion, non seulement il commencera pour lui un chemin de guérison, mais il favorisera également celui de son enfant, quel que soit son âge.

L'immense souffrance de l'enfant est d'autant plus révoltante qu'il est innocent du mal qui s'est abattu sur lui. Sa protestation, sa révolte même, ses interrogations – pourquoi ? – sont normales et légitimes. Qui y répondra ?

Seul Jésus peut le rejoindre vraiment dans sa souffrance, et lui permet de trouver un sens à celle-ci. Lui, l'Innocent, s'est chargé de tous nos péchés et a subi les pires tortures – physiques, morales et spirituelles – pour nous, c'est-à-dire à notre place, et pour nous libérer, nous guérir. Tout cela par amour pour nous et pour son Père qui voulait ainsi nous sauver afin de nous combler de ses bénédictions. Jean-Paul II conclut ainsi sa méditation sur ce point :

> « La souffrance humaine a atteint son sommet dans la passion du Christ. Et, simultanément, elle a revêtu une dimension complètement nouvelle et est entrée dans un ordre nouveau : elle a été liée à l'amour (cf. Jn 3, 16), à l'amour qui crée le bien en le tirant même du mal, en le tirant au moyen de la souffrance, de même que le bien suprême de la Rédemption a été tiré de la Croix du Christ et trouve continuellement en elle son point de départ [360]. »

La pierre du calvaire où a été plantée la croix du Christ est pour beaucoup une pierre d'achoppement. La souffrance et la mort des innocents sont pour eux cause de révolte et de rejet de Dieu. Ils ne réalisent pas que, sur la croix, par amour, l'Innocent a pris sur lui tous nos péchés pour nous en obtenir le pardon ; que, sur la croix, par amour, l'Innocent a souffert toutes nos souffrances pour nous en obtenir la guérison.

Or, écrit Jean-Paul II, « en opérant la Rédemption par la souffrance, le Christ a élevé en même temps la souffrance

360. Jean-Paul II, *Le sens chrétien de la souffrance humaine*, n° 18.

humaine jusqu'à lui donner valeur de Rédemption. Tout homme peut donc, dans sa souffrance, participer à la souffrance rédemptrice du Christ [361]. »

Oui, voilà la bonne nouvelle pour tous les souffrants : si nous unissons notre souffrance à celle du Christ, et si nous voulons bien entrer dans les sentiments qui sont les siens à l'heure de sa passion, c'est lui qui va, peu à peu, agir en nous par l'Esprit, Jean-Paul II l'affirme :

> « C'est lui-même, le Rédempteur crucifié, qui agit au vif des souffrances humaines par son Esprit de vérité, son Esprit consolateur. [...] Par ses souffrances sur la Croix, le Christ a atteint les racines mêmes du mal, c'est-à-dire celles du péché et de la mort. Il a vaincu l'auteur du mal qu'est Satan, et sa révolte permanente contre le Créateur. À ses frères et sœurs souffrants, le Christ entrouvre et déploie progressivement les horizons du Royaume de Dieu : un monde converti à son Créateur, un monde libéré du péché et qui se construit sur la puissance salvifique de l'amour. Et, lentement mais sûrement, le Christ introduit l'homme qui souffre dans ce monde qu'est le Royaume du Père, en un sens à travers le cœur même de sa souffrance [362]. »

Celui qui, par la grâce du Saint-Esprit consolateur, communie à l'amour sauveur de Jésus et unit sa souffrance – quelle qu'elle soit – à la souffrance rédemptrice du Christ, expérimente bientôt la fécondité de sa démarche. Pour lui-même d'abord : il participe à la victoire de Jésus sur Satan, reçoit le pardon de ses péchés, la guérison de ses blessures et la paix du cœur. Pour sa famille ensuite, car il témoigne, en particulier à son père, que l'amour rédempteur est plus fort que tout le mal subi, et qu'un chemin de pardon, de réconciliation, de restauration de la relation s'ouvre pour ceux qui croient à la miséricorde du Seigneur. Pour l'Église aussi, dans laquelle beaucoup de chrétiens offensent le Père ou, comme

361. *Ibid.* n°19.
362. *Ibid.* n° 26.

les prêtres et laïcs pédophiles, souillent abominablement des enfants. Pour tous les enfants blessés par leur père : Jésus leur offre un chemin de guérison et un sens à leur épreuve. Pour tous les pères qui ont commis des crimes vis-à-vis de leurs enfants : blessés et pécheurs, ils peuvent aussi, s'ils viennent au Christ, vivre une conversion et expérimenter la miséricorde de Dieu…

Ceci est à vivre dans la foi, certes, mais avec assurance, Jean-Paul II l'affirme :

> « La foi dans la participation aux souffrances du Christ porte en elle-même la certitude intérieure que l'homme qui souffre complète *"ce qui manque aux épreuves du Christ"* (Col 1, 24) et que, dans la perspective spirituelle de l'œuvre de la Rédemption, il est utile, comme le Christ, au salut de ses frères et sœurs. […] Il accomplit un service irremplaçable. […] Cette souffrance, plus que tout autre chemin, ouvre le chemin à la grâce qui transforme les âmes. […] Dans ce combat cosmique entre les forces spirituelles du bien et celles du mal, dont parle la lettre aux Ephésiens (6, 12), les souffrances humaines, unies à la souffrance rédemptrice du Christ, constituent un soutien particulier pour les forces du bien, en ouvrant la route de ces forces salvifiques. C'est pourquoi l'Église voit dans tous les frères et les sœurs souffrants du Christ comme un sujet multiple de sa force surnaturelle [363]. »

Quelle admirable vocation : l'enfant blessé – même devenu adulte – qui unit sa souffrance à celle de Jésus devient avec lui le sauveur de son père offenseur, et œuvre avec le Christ pour la gloire du Père et le salut du monde.

363. *Ibid.* n° 27.

CHAPITRE 5

Le père indique les valeurs et donne la Loi

1. Le Père éduque ses enfants
2. Le rôle éducatif du père de famille
3. Les défaillances paternelles
4. Chemin de guérison : l'aide d'un père spirituel

Jusqu'à présent, nous avons évoqué la relation interpersonnelle entre le père et son enfant. De fait, le tout-petit a un horizon qui se limite d'abord à sa mère, puis s'ouvre à son père ainsi qu'à ses éventuels frères et sœurs et à la famille élargie. C'est progressivement qu'il vit l'expérience de la socialisation. Pourtant, nous y avons insisté, dès sa naissance il est inscrit dans le grand corps social, notamment à travers le nom qui lui est donné et son inscription sur les registres de la mairie ; en outre, des mesures sont prises par la société pour aider sa famille à l'accueillir au mieux (congés parentaux, aides financières éventuelles).

Sur le plan chrétien, cette dimension sociale est encore plus clairement affirmée, car le baptême, normalement, est célébré durant l'assemblée eucharistique ; la communauté manifeste ainsi son accueil du nouvel enfant de Dieu qui vient agrandir la famille des chrétiens.

C'est au père qu'il revient plus particulièrement d'initier son enfant aux règles de la vie commune, d'abord au sein de la famille, puis dans la société. Et ces règles, il les reçoit de celle-ci et, plus profondément, du Père source de toute paternité.

> « Dieu, qui veille paternellement sur tous, a voulu que tous les hommes constituent une seule famille et se traitent mutuellement comme des frères. [...] À cause de cela, l'amour de Dieu et du prochain est le premier et le plus grand commandement [364]. »

Comment vivre ce double commandement de l'amour ? Le Père nous l'a enseigné : d'abord, au long de l'histoire du peuple hébreu et, surtout, par l'exemple et l'enseignement de Jésus, son Fils, l'aîné d'une multitude de frères adoptés (cf. Rm 8, 29).

364. Vatican II, Constitution sur l'Église dans le monde, *Gaudium et spes*, 24.

1. Le Père éduque ses enfants

J'AVAIS APPRIS À MARCHER À EPHRAÏM (Os 11, 3)

Aussitôt après avoir libéré le peuple hébreu d'Égypte, c'est-à-dire après la naissance de celui-ci en tant que peuple de Dieu, le Père a fait alliance avec lui au Sinaï et lui a donné les dix commandements par l'intermédiaire de Moïse (cf. Ex 20). « Ces "dix paroles" résument et proclament la Loi de Dieu [365]. »

Benoît XVI a souligné l'importance du décalogue :

> « Les commandements ne sont autres que les règles fondamentales du véritable amour : d'abord, et comme principe fondamental, l'adoration de Dieu, le primat de Dieu, qu'expriment les trois premiers commandements. Ils nous disent : sans Dieu, rien n'aboutit. Puis suivent la sainteté de la famille (quatrième commandement), la sainteté de la vie (cinquième commandement), l'ordre du mariage (sixième commandement), l'ordre social (septième commandement) et enfin la nature inviolable de la vérité (huitième commandement) [366]. »

Moïse a développé cette Loi fondamentale, dont la portée est universelle [367], dans le code de l'alliance (cf. Ex 21 à 23), pour l'adapter à la société de son temps.

Cette loi est présentée par Moïse comme un chemin de vie et de bonheur ; il dit au peuple :

> *« Vois, je mets devant toi la vie et le bonheur, la mort et le malheur ; moi je te commande aujourd'hui d'aimer le Seigneur ton Dieu, de suivre ses chemins, de garder ses commandements, ses lois et ses coutumes. Alors tu vivras, tu deviendras nombreux, et le Seigneur ton Dieu te bénira dans le pays où tu entres pour en prendre possession. Mais si ton cœur se détourne, si tu n'écoutes pas, si tu te laisses entraîner à te prosterner devant d'autres dieux et à les servir, je vous le déclare aujourd'hui : vous disparaîtrez totalement, vous ne prolongerez pas vos jours sur la terre où tu vas entrer pour en prendre*

365. CEC § 2058.
366. Benoît XVI, *Homélie du dimanche des Rameaux*, 2010.
367. Cf. CEC § 1962.

possession en passant le Jourdain. J'en prends à témoin aujourd'hui contre vous le ciel et la terre : c'est la vie et la mort que j'ai mises devant vous, c'est la bénédiction et la malédiction. Tu choisiras la vie pour que tu vives, toi et ta descendance, en aimant le Seigneur ton Dieu, en écoutant sa voix et en t'attachant à lui. C'est ainsi que tu vivras et que tu prolongeras tes jours, en habitant sur la terre que le Seigneur a juré de donner à tes pères Abraham, Isaac et Jacob. » (Dt 30, 15-20)

Dieu a sauvé son peuple de l'esclavage en Égypte ; il veut aussi l'arracher à l'esclavage du mal et du péché. La loi met ceux-ci en lumière et indique où est le bien. En cela, elle est donc « sainte (cf. Rm 7, 12), spirituelle (cf. Rm 7, 14) et bonne (cf. Rm 7, 16), mais encore imparfaite. Comme un pédagogue (cf. Ga 3, 24), elle montre ce qu'il faut faire, mais ne donne pas de soi la force, la grâce de l'Esprit pour l'accomplir. À cause du péché qu'elle ne peut enlever, elle reste une loi de servitude. […] Cependant, la loi demeure la première étape sur le chemin du Royaume [368]. »

« La loi ancienne est une préparation à l'Évangile. […] Elle prophétise et présage l'œuvre de libération du péché qui s'accomplira avec le Christ [369]. »

JÉSUS NOUS COMMUNIQUE LA LOI NOUVELLE, LA LOI PARFAITE

Benoît XVI a commencé son livre sur Jésus de Nazareth en rappelant la promesse qui conclut le livre du Deutéronome : celle de la venue d'un *« prophète pareil à Moïse, lui que le Seigneur connaissait face à face* (Dt 34, 10) ». Il affirme : « C'est en Jésus que s'accomplit la promesse du nouveau prophète. En lui se réalise pleinement ce qui était resté inachevé chez Moïse : il vit devant la face de Dieu, non seulement en qualité d'ami, mais en qualité de Fils ; il vit dans l'union la plus intime avec le Père [370]. » C'est pour cela qu'il est en mesure, et lui seul l'est en

368. CEC § 1963.
369. CEC § 1964.
370. Benoît XVI, *Jésus de Nazareth*, tome I, p. 26.

vérité, de nous révéler la Loi nouvelle telle que le Père la veut pour ses enfants.

Cette Loi, Jésus a commencé par la vivre. « L'accomplissement parfait de la Loi ne pouvait être l'œuvre que du divin Législateur né sujet de la Loi en la personne du Fils (cf. Ga 4, 4). En Jésus, la Loi n'apparaît plus gravée sur des tables de pierre, mais *« au fond du cœur »* (Jr 31, 33) du Serviteur [371]. » C'est pourquoi il est notre modèle de sainteté ; le devenir était l'un de ses buts quand il s'est incarné [372].

La loi ancienne était bonne : Jésus ne vient donc pas l'abolir. « La Loi évangélique *accomplit* (cf. Mt 5, 17-19), affine, dépasse et mène à sa perfection la loi ancienne [373]. »

Celle-ci était « imparfaite, car elle ne pouvait enlever le péché [374] ». La Loi nouvelle est parfaite parce qu'au baptême, l'Esprit Saint nous purifie de nos péchés, inscrit alors la Loi dans notre cœur renouvelé (cf. Jr 31, 33) et nous rend capables de la vivre par grâce : « La Loi nouvelle est la grâce du Saint-Esprit donnée aux fidèles par la foi au Christ. Elle opère par la charité, elle use du sermon du Seigneur pour nous enseigner ce qu'il faut faire et des sacrements pour nous communiquer la grâce de le faire [375]. ».

Cette Loi est fondamentalement une Loi d'amour, parce que le plus grand commandement, selon Jésus, est le double commandement de l'amour de Dieu et de l'amour du prochain (cf. Mt 22, 36-39). *« À ces deux commandements*, ajoute-t-il, *se rattache toute la Loi »* (Mt 22, 40) [376]. En outre, cette Loi nouvelle « fait agir par l'amour qu'infuse l'Esprit Saint plutôt que par la crainte [377] ».

371. CEC § 580.
372. Cf. CEC § 459, p. 99.
373. CEC § 1967.
374. Cf. CEC § 1963 cité p. 196.
375. CEC § 1966.
376. Cf. CEC § 2055.
377. CEC § 1972.

Elle est aussi une Loi de liberté [378], contrairement à ce qu'ont pu affirmer Marx, Nietzsche et Freud, et à ce que croient ceux qui suivent *la loi de la chair*, c'est-à-dire du péché (cf. Rm 7, 5).

> « Loin d'être oppressante, affirme le cardinal Danneels, la Loi de Dieu libère et éduque : elle fait aller de l'avant et conduit à la liberté. Certes, elle comporte des interdits et établit des limites. Mais chaque fois qu'il est écrit "entrée interdite", il s'agit d'une mise en garde à propos d'un cul-de-sac. Chaque chemin barré renvoie à une issue ouverte, elle, et praticable [379]. »

Loi d'amour, Loi de vie, Loi de liberté, la Loi nouvelle indique le seul chemin du vrai bonheur. C'est pour le signifier que le sermon de Jésus sur la montagne commence par l'énoncé des béatitudes (cf. Mt 5, 3-12).

> « Dans les béatitudes, la Loi évangélique accomplit les promesses divines en les élevant et en les ordonnant au Royaume des cieux. Elle s'adresse à ceux qui sont disposés à accueillir avec foi cette espérance nouvelle : les pauvres, les humbles, les affligés, les cœurs purs, les persécutés à cause du Christ [380]. »

LA LOI NOUVELLE NOUS EST TRANSMISE PAR L'ÉGLISE

L'Église est le Corps du Christ ; comme son Seigneur, elle a donc à cœur de vivre la Loi nouvelle de l'amour et de la transmettre. Comme lui, elle prend appui sur les dix commandements. « En fidélité à l'Écriture, et conformément à l'exemple de Jésus, la Tradition de l'Église a reconnu au *décalogue* une importance et une signification primordiales [381]. »

Elle relit celui-ci à la lumière du *sermon sur la montagne* (Mt 7 à 9) et de tout l'enseignement de Jésus. « La Loi évangélique

378. *Ibid.*
379. Cardinal Danneels, *Le Père*, p. 38. Cf. CEC § 1742.
380. CEC § 1967 ; Benoît XVI, dans *Jésus de Nazareth*, tome I, commente les béatitudes p. 91 à 121.
381. CEC § 2064.

accomplit les commandements de la Loi. Le sermon du Seigneur, loin d'abolir ou de dévaluer les prescriptions morales de la loi ancienne, en dégage les virtualités cachées et en fait surgir de nouvelles exigences : il en révèle toute la vérité divine et humaine [382]. »

> « Au sermon du Seigneur, il convient de joindre la catéchèse morale des enseignements apostoliques, comme Rm 12-15 ; 1 Co 12-13 ; Col 3-4 ; Ep 4-5 ; etc. Cette doctrine transmet l'enseignement du Seigneur avec l'autorité des apôtres, notamment par l'exposé des vertus qui découlent de la foi au Christ et qu'anime la charité, le principal don de l'Esprit Saint (cf. Rm 12, 9-13) [383]. »

Aujourd'hui encore, l'Église nous invite à revenir au décalogue pour le mettre en pratique.

> « Puisqu'ils expriment les devoirs fondamentaux de l'homme envers Dieu et envers son prochain, les dix commandements révèlent, en leur contenu primordial, des obligations graves. Ils sont foncièrement immuables et leur obligation vaut toujours et partout. Nul ne pourrait en dispenser. Les dix commandements sont gravés par Dieu dans le cœur de l'être humain [384]. »

Dans toute une section du CEC, l'Église commente le décalogue [385] et nous aide à en comprendre toute la portée pour nous aujourd'hui. Relu à la lumière de l'Évangile et des écrits apostoliques, il constitue la Loi nouvelle des enfants de Dieu.

> « Lorsque nous croyons en Jésus-Christ, communions à ses mystères et gardons ses commandements, le Sauveur vient lui-même aimer en nous son Père et ses frères, notre Père et nos frères. Sa personne devient, grâce à l'Esprit, la règle vivante et

382. CEC § 1968.
383. CEC § 1971.
384. CEC § 2072.
385. CEC § 2052 à 2557.

intérieure de notre agir. *"Voici quel est mon commandement : vous aimer les uns les autres, comme je vous ai aimés"* (Jn 15, 12) [386]. »

La réponse du chrétien : l'obéissance

Souvenons-nous que le péché originel a commencé par la désobéissance d'Adam et Ève à la loi de Dieu leur interdisant de manger du fruit de l'arbre de la connaissance du bien et du mal (cf. Gn 3 ; CEC § 397). Nous savons tout le mal et tous les malheurs qui ont résulté de cette désobéissance !

Au moment de l'alliance au Sinaï, le peuple s'est engagé à obéir aux commandements du Seigneur (cf. Ex 19, 8) ; mais l'Ancien Testament nous rapporte les infidélités du peuple élu et les malheurs dans lesquels sa désobéissance l'a plongé !

Les hommes, faibles et pécheurs, tentés par Satan, le rebelle, sont constamment enclins à la désobéissance vis-à-vis de la Loi divine inscrite dans leur conscience et explicitée par l'Église.

C'est pour contrer cette universalité de la désobéissance que Jésus, le Fils de Dieu, s'est fait un modèle d'obéissance au Père.

> « C'est dans le Christ, et par sa volonté humaine, que la volonté du Père a été parfaitement et une fois pour toutes accomplie. Jésus a dit en entrant dans ce monde : *"Voici, je viens faire, ô Dieu, ta volonté."* (He 10, 7 ; Ps 40, 7) Jésus seul peut dire : *"Je fais toujours ce qui lui plaît."* (Jn 8, 29) Dans la prière de son agonie, il consent totalement à cette volonté : *"Que ce ne soit pas ma volonté qui se fasse, mais la tienne !"* (Lc 22, 42 ; cf. Jn 4, 34 ; 5, 30 ; 6, 38.) Voilà pourquoi *"Jésus s'est livré pour nos péchés selon la volonté de Dieu."* (Ga 1, 4) *"C'est en vertu de cette volonté que nous sommes sanctifiés par l'oblation du Corps de Jésus-Christ."* (He 10, 10) [387] »

Par son obéissance au Père, Jésus a racheté la désobéissance d'Adam et Ève. Il nous a sauvés et rendus capables d'*entendre* les appels de notre Père, et d'*obéir* à ses commandements, pour

386. CEC § 2074.
387. CEC § 2824.

notre bonheur [388]. C'est ce qu'ont fait la Vierge Marie (cf. Lc 1, 38 ; 2, 22) et tous les saints, « qui ont été agréables au Seigneur pour n'avoir voulu que sa volonté [389] ».

Ils ont vécu en vérité cette demande du Notre Père : *« Père, que ta volonté soit faite sur la terre comme au ciel. »* (Mt 5, 10) Quelle est donc cette volonté du Père que nous devons épouser ? Saint Paul en parle dans son épître aux Éphésiens. Il a commencé par évoquer toutes ces bénédictions dont le Père voulait nous combler avant la fondation du monde, en Jésus, par l'Esprit : notre élection, notre prédestination à être pour lui des fils adoptifs, notre rédemption par le Christ (cf. Ep 1, 3-8). Alors, son hymne de louange culmine ainsi :

> *« Il nous a fait connaître le mystère de sa volonté, le dessein bienveillant qu'il a d'avance arrêté en lui-même pour mener les temps à leur accomplissement : réunir l'univers entier sous un seul chef, le Christ, ce qui est dans les cieux et ce qui est sur la terre. »* (Ep 1, 9-10)

La volonté du Père est que tous les hommes, Juifs et païens, soient sauvés, deviennent membres du Corps du Christ, de sorte que son règne vienne sur la terre, grandisse au long de l'histoire et s'épanouisse pleinement dans la gloire du ciel.

En priant : *Père, que ton règne vienne*, « nous demandons à notre Père d'unir notre volonté à celle de son Fils pour accomplir sa volonté, son dessein de salut pour la vie du monde. Nous en sommes radicalement impuissants, mais unis à Jésus et avec la puissance de son Esprit Saint, nous pouvons lui remettre notre volonté et décider de choisir ce que son Fils a toujours choisi : faire ce qui plaît au Père (cf. Jn 8, 29) [390] ».

Ainsi, en vivant, grâce au Saint-Esprit, les commandements du Père, révélés d'abord à Moïse, puis à la perfection par Jésus,

388. « Obéir » vient du latin *obaudire*, dans lequel *audire* signifie « ouïr », « entendre ». Cf. ch. III, 5 : Une démarche de foi.
389. CEC § 2827.
390. CEC § 2825.

nous ferons advenir la civilisation de l'amour, et ferons, à notre modeste place, « que le règne de Dieu vienne sur la terre comme au ciel ».

Jésus lui-même nous y exhorte à la fin du sermon sur la montagne :

« *Il ne suffit pas de me dire : Seigneur, Seigneur ! pour entrer dans le Royaume des cieux ; il faut faire la volonté de mon Père qui est aux cieux.* [...] *Ainsi, tout homme qui entend les paroles que je viens de dire et les met en pratique, peut être comparé à un homme avisé qui a bâti sa maison sur le roc.* » (Mt 7, 21-24)

Et saint Jacques lui fait écho :

« *Mettez la Parole en pratique. Ne soyez pas seulement des auditeurs qui s'abusent eux-mêmes.* [...] *Celui au contraire qui se penche sur la Loi parfaite de liberté et s'y tient attaché, non pas en auditeur oublieux, mais pour la mettre activement en pratique, celui-là trouve son bonheur en la pratiquant.* » (Jc 1, 22-25)

2. Le rôle éducatif du père de famille

Pendant une période de l'histoire, l'enfant était considéré plutôt comme un petit animal à dresser que comme une personne humaine à éduquer. Aujourd'hui, heureusement, la perspective a changé, mais on risque de tomber dans de nouveaux travers si l'on oublie quelques principes fondamentaux.

Jean-Paul II rappelle aux parents éducateurs « deux vérités essentielles : la première est que l'homme est appelé à vivre dans la vérité et l'amour [391] ». Le père, avant de transmettre à son enfant certaines valeurs fondamentales, doit d'abord vivre dans la vérité et l'amour en tant qu'enfant de Dieu. « Les parents éduquent leurs enfants à accomplir la Loi de Dieu en

391. Jean-Paul II, *Lettre aux Familles*, 16.

se montrant eux-mêmes obéissants à la volonté du Père des cieux [392]. » C'est là une exigence incontournable pour qu'ils soient crédibles !

La deuxième vérité essentielle rappelée par Jean-Paul II est « que tout homme se réalise par le don désintéressé de lui-même ». Le père ne doit pas chercher avant tout à assurer un pouvoir sur ses enfants ; il doit exercer sa vocation dans l'amour, un amour généreux qui se traduit par « le don désintéressé de lui-même », amour qui trouve son modèle et sa source dans l'amour du Père des cieux pour nous.

En outre, fonder l'éducation sur ces valeurs, c'est considérer l'enfant comme « un enfant de Dieu » et comme « une personne humaine [393] » appelée à trouver son épanouissement en entrant elle aussi dans la Loi de l'amour, la loi du don.

« Le droit et le devoir d'éducation sont pour les parents primordiaux et inaliénables [394]. » Si le père les vit en respectant les deux valeurs essentielles rappelées ci-dessus, « il est, poursuit Jean-Paul II, une personne qui "engendre" au sens spirituel du terme. Dans cette perspective, l'éducation peut être considérée comme un véritable apostolat [395] ».

LES INTERDITS FONDAMENTAUX

Lorsqu'on lit le livre de la Genèse, on s'aperçoit que Dieu a comblé Adam et Ève au paradis. Ils pouvaient manger de tous les arbres qui s'y trouvaient ; *mais du fruit de l'arbre qui est au milieu du jardin, Dieu a dit : « Vous n'en mangerez pas, vous n'y toucherez pas sous peine de mort. »* (Gn 3, 3) Cet interdit signifie à l'homme qu'il n'est pas Dieu, qu'il doit accepter la Loi du Père pour vivre dans l'amour : *« L'homme ne vit pas seulement de pain, mais de toute parole qui sort de la bouche du Seigneur. »* (Dt 8, 3)

392. CEC § 2222.
393. Cf. CEC § 2222.
394. CEC § 2221.
395. Jean-Paul II, *ibid.*

Le père doit agir de la même manière auprès de son enfant. Il l'aime et le nourrit ; mais il doit aussi le faire grandir en lui dictant la loi. Georges Mauco écrit :

> « Il symbolise l'interdit et la force disciplinante qui permet, par la maîtrise des désirs, la construction psychique de l'être humain. [...] Il est et doit être éprouvé comme l'autorité imposant les nécessaires disciplines qui règlent les relations dans la vie collective. Il doit être un modèle de force sereine, admirée et sécurisante [396]. »

Ceci est nécessaire, car le tout-petit est lié à sa mère par des liens affectifs d'une intensité et d'une profondeur telles que leur relation en est fusionnelle. C'est un peu pour lui le paradis : il est comblé par l'amour et les soins de sa mère (nonobstant les blessures que celle-ci peut aussi lui infliger). Mais, en même temps, il est marqué par le péché originel et la concupiscence, c'est pourquoi cette relation fusionnelle ne peut lui permettre de grandir et de trouver son identité.

Xavier Thévenot a bien mis en lumière « les quatre grandes caractéristiques de ce monde fusionnel : un monde sans faille, donc sans échec et sans mort ; un monde sans différence, où ni l'espace ni le temps ne sont marqués ; un monde de toute-puissance, où tout semble possible, où l'enfant s'imagine tout pouvoir parce qu'il s'imagine être totalement l'objet du désir de sa mère ; un monde de coïncidence avec son origine [397] ».

Seul le père peut libérer l'enfant de ce monde fusionnel. Tony Anatrella l'affirme :

> « L'univers de la mère et de l'enfant fonctionne comme un monde clos et autosuffisant. Le père vient rappeler que la mère ne se confond pas avec l'enfant, que celui-ci n'appartient pas à la mère et que l'inceste, sous toutes ses formes, est interdit. Le père vient ainsi détacher l'enfant de sa mère et donne l'enfant à lui-même. Si la mère met l'enfant au monde, le père va le faire

396. Georges Mauco, *Psychanalyse et éducation*, p. 46-47.
397. Xavier Thévenot, *Repères éthiques*, Salvator 1983 p. 48.

naître psychologiquement en facilitant le processus séparation – individuation. [...] Le père est ainsi garant de l'autonomie psychique de l'enfant et de son ouverture vers le monde extérieur [398]. »

L'interdit de l'inceste devient encore plus nécessaire durant la période œdipienne. Vers l'âge de trois ans et demi ou quatre ans, le désir de l'enfant prend une dimension sexuelle ; il le pousse à rechercher une relation privilégiée avec le parent du sexe opposé et à vouloir écarter le parent de même sexe. À l'enfant, le père doit signifier que c'est lui-même qui tient la première place dans le désir de la mère – qui est d'abord son épouse ; il amène par conséquent le garçon à renoncer au désir de sa mère en tant qu'objet de ses premières aspirations sexuelles ; et la fille à renoncer à une relation privilégiée avec lui, l'époux de sa mère. Ainsi, vers sept ans, au sortir de la période œdipienne, l'enfant, fermement établi dans sa masculinité ou sa féminité, connaîtra un développement harmonieux de sa sexualité.

Pour que cette période difficile soit bien vécue par l'enfant, l'attitude du père est essentielle. Georges Mauco y insiste :

> « La force de l'autorité paternelle et son absence d'agressivité menaçante sont capitales pour aider l'enfant à résoudre les tensions de la situation triangulaire. C'est en s'identifiant d'une manière objective à cette force redoutée et admirée que le garçon peut évoluer vers son autonomie. C'est en sentant cette force paternelle comme inaccessible à son désir que la fille peut en faire son deuil [399]. »

Le père pose les interdits, en particulier celui de l'inceste. C'est à lui aussi qu'il revient d'aider l'enfant à *discipliner son agressivité*. Celle-ci n'est pas mauvaise en elle-même : si l'homme préhistorique n'en avait pas eu, il n'aurait pu lutter

398 . Tony Anatrella, *Paternité de Dieu et paternité dans la famille*, p. 17.
399 . Georges Mauco, *Psychanalyse et éducation*, p.109.

contre les éléments climatiques hostiles, les prédateurs, les ennemis, si bien que l'espèce humaine aurait disparu ! Mais après le péché originel, au lieu de s'en servir uniquement pour le bien, l'homme l'a utilisée contre son frère, détruisant ainsi la communion d'amour à laquelle le Père les appelait.

> « L'Écriture, dans le récit du meurtre d'Abel par son frère Caïn, révèle, dès les débuts de l'histoire humaine, la présence dans l'homme de la colère et de la convoitise, conséquences du péché originel. L'homme est devenu l'ennemi de son semblable, et Dieu dit la scélératesse de ce fratricide (cf. Gn 4, 10-11) [400]. »

Par la bouche de Moïse (cf. Ex 23, 7), puis de Jésus, le Père a affirmé la nécessité de vaincre la colère par l'amour. « Dans le sermon sur la montagne, le Seigneur rappelle le précepte : *"Tu ne tueras pas"* (Mt 5, 21) ; il y ajoute la proscription de la colère, de la haine et de la vengeance. Davantage encore, le Christ demande à son disciple de tendre l'autre joue (cf. Mt 5, 22-39), d'aimer ses ennemis (cf. Mt 5, 44) [401]. »

L'enfant, très tôt, est capable d'exprimer de la colère vis-à-vis de ses parents ou de ses frères et sœurs ; et ensuite, chez sa nourrice, à la crèche ou à l'école maternelle, vis-à-vis des autres enfants. Il revient particulièrement au père – et en son absence à la mère s'appuyant sur la loi édictée par le père – d'interdire à l'enfant de diriger son agressivité contre ses semblables et de lui apprendre à la canaliser vers des exutoires socialement acceptables (instruments de musique, dépense physique, jeux de ballon ou sports, notamment de combat, etc.). Les tribus primitives, étudiées par les éthologues, ont su trouver de tels rites pour aider leurs membres à maîtriser leur agressivité [402].

L'Église, en méditant sur le cinquième commandement : *« Tu ne tueras pas »* (Ex 20, 13), en indique les applications : le respect de la vie humaine (§ 2259 à 2283), le respect de la dignité

---

400. CEC § 2259.
401. CEC § 2262.
402. Cf. Irenaüs Eibl-Eibesfeldt, *Contre l'agression*, Stock, 1972, p. 109 s.

des personnes (§ 2284 à 2301) et la sauvegarde de la paix (§ 2302 à 2317).

Pour sauvegarder la paix, l'Église invite à réprimer « la colère qui est un désir de vengeance » (§ 2302), à bannir « la haine volontaire qui est contraire à la charité » (§ 2303), à rechercher la paix qui « est œuvre de justice (cf. Is 32, 17) et effet de la charité » (§ 2304).

Cette invitation de l'Église est réaliste, car Jésus nous permet de vivre ce qu'elle demande :

> « La paix terrestre est image et fruit de la paix du Christ, *le Prince de la paix* messianique (cf. Is 9, 5). Par le sang de sa croix, *il a tué la haine dans sa propre chair* (cf. Ep 2, 16), il a réconcilié avec Dieu les hommes et fait de son Église le sacrement de l'unité du genre humain et de son union avec Dieu [403]. »

La famille chrétienne étant une petite église domestique [404], si les enfants y apprennent à vivre en paix en dominant leur colère et en vainquant la haine par l'amour, ils sauront vivre ces mêmes réalités à l'école et dans la société, contribuant ainsi, pour leur part, à l'avènement de la civilisation de l'amour.

L'AUTORITÉ DU PÈRE

Le père chrétien, en donnant la vie à son enfant, a fait alliance avec le Père, source de la vie. Cela lui confère une grave responsabilité vis-à-vis de son petit, une responsabilité qui lui est confiée par Dieu et dont nous essayons de prendre toute la mesure. C'est de là que découle son autorité, qui va le mettre au service de son enfant pour permettre à celui-ci de grandir, de réaliser sa vocation d'homme ou de femme et de chrétien(ne).

Comprenons bien : l'autorité du père n'est pas une toute-puissance qui lui est donnée sur son enfant, comme c'était le cas chez le *pater familias* romain. Dieu, certes, est tout-puissant,

---

403. CEC § 2305.

404. Vatican II, *Constitution sur l'Église*, 11.

mais c'est en tant que Créateur. En tant que Père, il exerce son autorité dans l'amour, vis-à-vis de Jésus – on le voit surtout dans l'évangile de saint Jean – et vis-à-vis de nous que, dans sa miséricorde, il comble de ses bénédictions.

Telle doit être l'autorité du père vis-à-vis de son enfant : un pouvoir de commander reçu de Dieu, et vécu avec amour et bonté pour l'être si fragile, si démuni, qui lui est confié et dont il doit, comme un tuteur, accompagner la croissance. Cet objectif de l'autorité est d'ailleurs impliqué dans le mot lui-même, puisque son radical latin, *augere*, signifie « augmenter, faire croître ».

Comme un bon jardinier, le père doit émonder sa jeune plante – mais pas trop ! – pour qu'elle produise de bons fruits. Car, contrairement à ce que pensait Rousseau, l'enfant ne naît pas bon : il est marqué par le péché originel. « Ignorer que l'homme a une nature blessée, inclinée au mal, donne lieu à de graves erreurs dans le domaine de l'éducation [405]. » Même baptisé, l'enfant reste marqué par la concupiscence [406] et « doit donc sans cesse combattre pour s'attacher au bien [407] ». Le père, pour qu'il puisse l'aider, comme il en a la responsabilité, dispose d'un pouvoir sur son enfant ; il peut imposer certains ordres à celui-ci et éventuellement le corriger.

Quand l'enfant est tout petit, le père exerce une autorité pleine d'amour et de douceur, dans un climat de confiance. Les psychologues donnent beaucoup de conseils pratiques sur la manière de s'y prendre durant cette période. Il convient de contrôler d'abord l'environnement en écartant ce qui est dangereux. On peut ensuite distraire l'enfant de ce qui présente un risque et l'orienter vers d'autres activités. Il faut aussi encourager et récompenser les bons comportements par des compliments et de l'affection : cela donnera envie au petit de les adopter, et non ceux qui lui attirent des réprimandes. Il

405. Cf. CEC § 1264.
406. CEC § 407.
407. CEC § 409.

ne faut utiliser la punition – éventuellement la fessée – qu'en dernier recours, si l'enfant s'obstine à faire quelque chose de dangereux pour lui ou de nuisible aux autres, sans tenir aucun compte des remarques [408].

Lorsque l'enfant grandit, il faut nécessairement lui laisser plus de liberté, mais le père doit aussi l'éduquer. Qu'il le fasse alors en énonçant clairement les règles et en s'y tenant. Ainsi, l'enfant comprendra que son père le reprend non parce qu'il est énervé ou blessé par le comportement de son jeune, mais parce que « la loi » interdit telle attitude ou tel acte. L'enfant apprend ainsi que ce ne sont ni lui ni son père qui font les lois, mais qu'elles ont une portée universelle et ont été, pour les plus fondamentales, enseignées à l'homme par le Père lui-même.

Cependant, comme l'enfant ne peut pas – ou ne veut pas – tout comprendre, le père peut être amené à le corriger : c'est une exigence de l'amour qui veut le bien de l'être aimé. En effet, « corriger » signifie « rectifier », « rendre droit ». Cela requiert du père une grande prudence : il faut qu'il soit juste et que la sanction soit proportionnée à la faute commise. Ce n'est certes pas agréable pour l'enfant ; s'il se met en colère, quand il sera apaisé, il faudra que le père, en lui montrant un visage accueillant, l'aide à passer de la colère à l'amour, pour adopter ensuite un comportement meilleur.

Depuis la révolte de mai 1968, qui a eu lieu notamment en réaction contre les excès d'autoritarisme antérieur, certains pères n'osent plus punir les enfants. Ils préfèrent discuter avec eux, leur expliquer le pourquoi des exigences, passer des contrats avec eux… À l'arrivée, beaucoup d'enfants-rois font ce qu'ils veulent et leurs parents, dépassés, baissent les bras…

> « En réalité, écrit X. Lacroix, une conception exclusivement contractuelle de l'éducation n'est pas tenable. Pour aider l'enfant – et par moment l'adolescent – à sortir de son narcissisme ou du monde de ses caprices, il lui faut de temps à autre l'objectivité

408. Cf. F. Dodson, *Le père et son enfant*, p. 47 à 49 ; et ch. V : Les pères et la discipline.

du : "C'est comme ça et pas autrement", qui le référera soit au réel, soit à une loi, soit à une convention. [...] La délicate tâche des parents est d'introduire l'enfant à la fois au dialogue, faisant fond sur sa capacité de juger, et à l'obéissance, pour susciter son aptitude à s'incliner devant un ordre [409]. »

L'Église, considérant que Jésus lui-même a obéi en tout à son Père, rappelle que l'obéissance est un devoir pour les enfants :

« Aussi longtemps que l'enfant vit au domicile de ses parents, il doit obéir à toute demande des parents motivée par son bien ou celui de la famille. *"Enfants, obéissez en tout à vos parents, car cela est agréable au Seigneur."* (Col 3, 20) [...] En grandissant, les enfants continueront à respecter leurs parents. Ils préviendront leurs désirs, solliciteront volontiers leurs conseils et accepteront leurs admonestations justifiées. L'obéissance envers les parents cesse avec l'émancipation des enfants, mais non point le respect, qui reste dû à jamais [410]. »

Le but de l'éducation est de conduire l'enfant à l'autonomie, ce qui n'est possible que si le jeune a appris, dans sa famille, à respecter les lois fondamentales qui permettent de vivre harmonieusement avec les autres. Jean-Paul II l'affirme :

« Le parcours éducatif mène jusqu'à la phase de l'auto-éducation à laquelle on parvient lorsque, grâce à un niveau convenable de maturité psychique et physique, l'homme commence à "s'éduquer lui-même". [...] L'adolescent rencontre de nouvelles personnes et de nouveaux milieux, en particulier les enseignants et les camarades de classe, qui exercent sur sa vie une influence qui peut s'avérer éducative ou anti-éducative. À cette étape, il se détache dans une certaine mesure de l'éducation reçue dans sa famille et prend parfois une attitude critique à l'égard de ses parents. Mais malgré tout, le processus d'auto-éducation ne peut pas ne pas subir l'influence éducative exercée par la famille

409. Xavier Lacroix, *Passeurs de vie*, p. 206.
410. CEC § 2217.

et par l'école sur l'enfant ou sur le garçon et la fille. Même en se transformant et en prenant sa propre orientation, le jeune continue à rester intimement lié à ses racines existentielles [411]. »

La transmission des valeurs

L'autorité du père découle de la responsabilité que le Père lui a confiée envers ses enfants et est au service du dessein d'amour de Dieu pour la famille. Les parents « témoignent de cette responsabilité d'abord par la création d'un foyer où la tendresse, le pardon, le respect, la fidélité et le service désintéressé sont de règle [412] ». Ils ne peuvent transmettre à leurs enfants les valeurs évangéliques qui découlent du sermon sur la montagne que s'ils les vivent de leur mieux ! « C'est une grave responsabilité pour les parents de donner de bons exemples à leurs enfants [413]. »

Bien sûr, nul n'est parfait. C'est pourquoi les parents doivent être humbles devant leurs enfants : « En sachant reconnaître devant eux leurs propres défauts, ils seront à même de les guider et de les corriger [414]. »

Cela reconnu, « bien qu'affrontés aux difficultés, souvent grandes aujourd'hui, de leur tâche d'éducateurs, les parents doivent, avec confiance et courage, former leurs enfants au sens des valeurs essentielles de la vie humaine [415] ». Pour cela, ils peuvent compter sur l'Église qui leur rappelle quelles sont ces valeurs et les soutient dans leur tâche en leur communiquant, par les sacrements, les grâces dont ils ont besoin.

Quelles sont donc ces valeurs essentielles ? Précisées par les dix commandements et par l'enseignement de Jésus,

---

411. Jean-Paul II, *Lettre aux Familles*, n° 16.
412. CEC § 2223.
413. *Ibid.*
414. *Ibid.*
415. Jean-Paul II, *La famille chrétienne*, n° 37.

elles sont nombreuses ; cependant, l'Église en met en valeur quelques-unes.

Dans une société marquée par le consumérisme et une cruelle inégalité entre riches et pauvres, chez nous et dans le monde, « les enfants doivent grandir dans une juste liberté devant les biens matériels, en adoptant un style de vie simple et austère, bien convaincus que l'homme vaut plus par ce qu'il est que par ce qu'il a [416] ».

En outre, « le foyer constitue un milieu naturel pour l'initiation de l'être humain à la solidarité et aux responsabilités communautaires [417] ». Dans une société marquée par l'individualisme et l'égoïsme, « les enfants doivent acquérir le sens de la justice véritable – qui seule conduit au respect de la dignité personnelle de chacun – et davantage encore le sens de l'amour authentique, qui est fait d'attention sincère et de service désintéressé à l'égard des autres, en particulier des plus pauvres et des plus nécessiteux [418] ».

Certains passages du CEC précisent comment ces valeurs peuvent être vécues. Dans un chapitre sur la société humaine sont évoqués le respect de l'autorité (§ 1847 à 1904), le souci du bien commun (§ 1905 à 1912) et la justice sociale (§ 1928 à 1942).

Dans le commentaire du septième commandement : *« Tu ne voleras pas »* (Ex 20, 15 ; Mt 19, 18), l'Église appelle au respect des personnes et de leurs biens (§ 2407 à 2414), ainsi qu'au respect de l'intégrité de la création (§ 2415 à 2418), ce qui est intéressant à une époque soucieuse d'écologie.

Dans le commentaire du huitième commandement : *« Tu ne témoigneras pas faussement contre ton prochain »* (Ex 20, 16), l'Église invite à vivre dans la vérité (§ 2465 à 2470) et dénonce toutes les offenses à la vérité dans les relations humaines : faux témoignages, médisance, calomnies, mensonges (§ 2475 à 2487).

---

416. *Ibid.*
417. CEC § 2224.
418. Jean-Paul II, *La famille chrétienne*, n° 37.

Le commentaire du dixième commandement : « *Tu ne convoiteras* […] *rien de ce qui est à ton prochain* » (Ex 20, 17) « interdit la convoitise du bien d'autrui, racine du vol, de la rapine et de la fraude, que proscrit le septième commandement [419] ». Il dénonce le désordre des convoitises, la cupidité déréglée, l'envie (§ 2535 à 2540) et invite à la pauvreté du cœur (§ 2544 à 2547).

Tout père de famille sait bien que les enfants, très tôt, à leur niveau, sont tentés d'enfreindre ces commandements. Il doit donc les reprendre et les remettre dans le droit chemin. Ainsi, comme « la famille est la cellule originelle de la vie sociale », les enfants y trouvent « une initiation à la vie en société [420] ».

L'ÉDUCATION À L'AMOUR

Parmi les valeurs auxquelles l'Église tient le plus figurent celles liées à l'amour et à la famille. Celles-ci doivent être vécues selon Dieu, parce que, « en créant l'homme et la femme, c'est Dieu qui a institué la famille humaine et l'a dotée de sa constitution fondamentale [421] ». Par la grâce du sacrement, le mariage devient « le symbole réel de l'Alliance nouvelle et éternelle scellée dans le sang du Christ [422] » ; le père participe à la paternité de Dieu et la communion d'amour au sein de la famille devient le reflet de la communion d'amour vécue au sein de la Sainte Trinité [423].

Or, nous savons bien qu'à l'heure actuelle, le dessein de Dieu sur la famille est contrecarré de multiples manières par les comportements, l'idéologie véhiculée par les médias et même les lois de nombreux états : union libre, PACS, adultère banalisé, pornographie, divorce, « mariage » entre homosexuels, contraception non naturelle, manipulations génétiques,

419. CEC § 2534.
420. CEC § 2207.
421. CEC § 2203.
422. Jean-Paul II, *La famille chrétienne*, n° 13.
423. CEC § 2205.

fécondation in vitro, avortement, revendication du droit à l'euthanasie [424]…

C'est pour cela que Jean-Paul II insiste sur l'importance d'une éducation de l'amour comme don de soi, tenant compte des principes moraux qui découlent de la Parole de Dieu.

> « Devant une culture qui banalise en grande partie la sexualité humaine, en l'interprétant et en la vivant de façon réductrice et appauvrie, en la reliant uniquement au corps et au plaisir égoïste, le service éducatif des parents visera fermement une culture sexuelle vraiment et pleinement axée sur la personne : la sexualité, en effet, est une richesse de la personne tout entière – corps, sentiments et âme – et manifeste sa signification intime en la portant au don de soi dans l'amour [425]. »

Le CEC développe la vision chrétienne de la sexualité à partir du sixième commandement : « *Tu ne commettras pas d'adultère.* » (Ex 20, 14) Après avoir rappelé le dessein de Dieu : « *Homme et femme il les créa* » (Gn 1, 27) (§ 2331 à 2336), il redit la vocation de tous – y compris des conjoints – à la chasteté – qui n'est pas la continence (§ 2337 à 2359) ; les exigences de l'amour des époux : fidélité et ouverture à la fécondité (§ 2360 à 2379) ; et dénonce les offenses à la dignité du mariage : l'adultère, le divorce, la polygamie, l'inceste, l'union libre (§ 2380 à 2391).

Ces offenses à la dignité du mariage découlent le plus souvent de la convoitise charnelle dénoncée par le neuvième commandement : « *Tu ne convoiteras pas la femme de ton prochain.* » (Ex 20, 17) L'homme, dès son adolescence, doit lutter contre la concupiscence de la chair, demander à Dieu de purifier son cœur et lutter pour conserver la pureté (§ 2514 à 2533). Ce combat est devenu bien difficile pour nos jeunes à

---

424. Le CEC évoque ces trois derniers problèmes dans son commentaire du cinquième commandement : « *Tu ne tueras pas* » (Ex 20, 13) aux paragraphes 2270 à 2279, et 2292 à 2295.
425. Jean-Paul II, *La famille chrétienne*, 37.

cause du déferlement d'érotisme et de pornographie à la télévision, au cinéma ou sur internet !

Mais l'éducation sexuelle ne se limite pas à la question de la sexualité. Celle-ci doit être intégrée dans l'amour, l'amour dans le mariage et le mariage dans l'Alliance. Mgr Jullien aimait le souligner :

> « Un sens pleinement humain et chrétien de l'amour intègre le désir et le plaisir, mais il ne s'y réduit pas. [...] Il intègre le temps et la durée comme le montrent tant de couples fidèles. Il intègre aussi la dimension sociale de l'homme ; et aussi une dimension spirituelle, car l'amour vient de plus loin que nous : il vient de Dieu [426]. »

Dans le CEC, la vision chrétienne du mariage et de la famille est résumée dans le commentaire du quatrième commandement : *« Honore ton père et ta mère. »* (Ex 20, 12) (§ 2197 à 2246) Ce livre en reprend de nombreux passages ; par exemple, dans cette partie du chapitre V, ceux qui concernent les devoirs des parents (§ 2221 à 2231). Mais l'exposé le plus complet reste l'Exhortation apostolique de Jean-Paul II sur *Les tâches de la famille chrétienne dans le monde d'aujourd'hui*, parue en 1982 après le synode sur la famille : ce texte garde toute son importance aujourd'hui.

La formation spirituelle

En évoquant les valeurs que le père doit transmettre à ses enfants, nous avons été renvoyés aux commandements – du quatrième au dixième – que Jésus a résumés ainsi : *« Tu aimeras ton prochain comme toi-même. »* (Mc 12, 31) Ce commandement complète le premier : *« Écoute, Israël ! Le Seigneur notre Dieu est l'unique Seigneur ; tu aimeras le Seigneur ton Dieu de tout ton cœur, de toute ton âme, de tout ton esprit et de toute ta force »* (Mc 12, 29-30), qui résume ainsi les trois premiers

426. Mgr J. Jullien, *Demain la famille*, p. 17.

commandements du décalogue. Nous aurions pu commencer par là… Nous avons gardé le plus important pour la fin.

Le père doit témoigner à ses enfants de l'amour du Père ; par son attitude et par ses paroles, il doit leur révéler le Père. Jean-Paul II souligne la dignité insigne de cette responsabilité :

> « La mission éducative, enracinée dans la participation à l'œuvre créatrice de Dieu, trouve aussi sa source, pour les parents chrétiens, d'une manière nouvelle et spécifique, dans le sacrement de mariage ; celui-ci les consacre à l'éducation proprement chrétienne des enfants et les appelle donc à participer à l'autorité et à l'amour mêmes de Dieu Père et du Christ Pasteur, tout comme à l'amour maternel de l'Église. Il les enrichit des dons de sagesse, de conseil, de force, et de tous les autres dons du Saint-Esprit, afin qu'ils puissent aider leurs enfants dans leur croissance humaine et chrétienne. Grâce au sacrement de mariage, la mission éducative est élevée à la dignité et à la vocation d'un "ministère" authentique de l'Église au service de l'édification de ses membres. Ce ministère éducatif des parents chrétiens est si grand et si beau que saint Thomas n'hésite pas à le comparer au ministère des prêtres [427]. »

Le CEC précise comment, concrètement, les parents peuvent évangéliser leurs enfants :

> « Ils les initieront, dès le premier âge, aux mystères de la foi dont ils sont, pour leurs enfants, les premiers hérauts. Ils les associeront dès leur plus tendre enfance à la vie de l'Église [428]. »

Il poursuit :

> « La catéchèse familiale précède, accompagne et enrichit les autres formes d'enseignement de la foi. Les parents ont la mission d'apprendre à leurs enfants à prier et à découvrir leur vocation d'enfant de Dieu. La paroisse est la communauté eucharistique et le cœur de la vie liturgique des familles chrétiennes ; elle est un lieu privilégié de la catéchèse des enfants et des parents [429]. »

427. Jean-Paul II, *La famille chrétienne*, 38.
428. CEC § 2225.
429. CEC § 2226.

Toute une partie de *Familiaris consortio*, intitulée « La famille chrétienne, communauté en dialogue avec Dieu », développe ces moyens que l'Église met à la disposition des parents pour les aider dans leur ministère auprès de leurs enfants : l'Eucharistie, le sacrement de la réconciliation, les diverses formes de prière familiale et communautaire [430].

La catéchèse familiale est généralement poursuivie à la paroisse ou dans une école catholique digne de ce nom. « Les parents ont, autant que possible, le devoir de choisir les écoles qui les assisteront au mieux dans leur tâche d'éducateurs chrétiens [431]. »

L'éducation religieuse n'est pas un endoctrinement. Elle a pour but d'apprendre à l'enfant à connaître Jésus et à le suivre pour vivre de mieux en mieux en enfant du Père, dans la docilité à l'Esprit Saint, au sein de l'Église où il chemine avec ses frères [432].

En outre, Dieu a un dessein d'amour particulier pour chaque enfant ; celui-ci, s'il est à l'écoute de l'Esprit, entend cet appel. « Sa vocation singulière qui vient de Dieu s'affirme avec plus de clarté et de force. Les parents respecteront cet appel et favoriseront la réponse de leurs enfants à le suivre [433]. »

L'appel du Père est d'abord fondamentalement lié à l'élection, au choix qu'il a fait de nous en son Fils avant la fondation du monde (cf. Ep 1, 4). Ensuite viennent les vocations particulières au mariage, au sacerdoce ou à la vie religieuse. « Les parents accueilleront et respecteront avec joie et action de grâce l'appel du Seigneur à un de leurs enfants de le suivre dans la virginité pour le Royaume, dans la vie consacrée ou dans le ministère sacerdotal [434]. »

430. Jean-Paul II, *La famille chrétienne*, 55 à 62.
431. CEC § 2229.
432. Cf. CEC § 2233.
433. CEC § 2232.
434. CEC § 2233.

En concluant *Familiaris consortio,* Jean-Paul II invoque la protection de la Sainte Famille de Nazareth sur les familles. Avec lui, demandons particulièrement à saint Joseph d'intercéder pour les pères : « Que saint Joseph, homme juste, travailleur infatigable, gardien absolument intègre de ce qui lui avait été confié, garde les familles, les protège et les éclaire toujours [435]. »

3. Les défaillances paternelles

En lisant ce qui précède, beaucoup ont dû se dire qu'ils étaient loin d'avoir connu un tel père dans leur famille. En effet, bien des pères, limités, blessés et pécheurs, ont du mal à remplir convenablement et complètement leur vocation. Certains sont même gravement défaillants.

LES DÉFAILLANCES PAR RAPPORT AUX INTERDITS FONDAMENTAUX

Les psychologues affirment que la présence tendre et forte du père est nécessaire pour permettre à l'enfant de sortir de la relation fusionnelle avec la mère. Si le père est absent, qui aidera l'enfant à effectuer ce travail psychologique ? Qui posera l'interdit de l'inceste ? Qui aidera l'enfant à sortir du complexe d'Œdipe ? Qui lui apprendra à discipliner son agressivité ?

Lorsque la mère, après un divorce, est remariée ou a un nouveau compagnon, elle pense parfois que celui-ci peut remplacer le père. Tony Anatrella affirme que ce n'est pas possible :

> « Il est fréquent de penser qu'il suffit que la fonction symbolique du père soit exercée par n'importe qui pour suppléer à son absence. Cette hypothèse, qui peut se vérifier au titre de la compensation, ne peut pas cependant être une norme. […] À trop vouloir souligner la fonction symbolique, on finit par désincarner le père en négligeant l'importance de la présence corporelle [436]. »

435. Jean-Paul II, *La famille chrétienne*, 86.
436. Tony Anatrella, in *Paternité de Dieu et paternité dans la famille*, p. 15.

D'ailleurs, la réaction des enfants est significative : ils n'ont qu'un père, et beaucoup cherchent à le retrouver quand ils en ont été séparés.

L'absence ou la mauvaise attitude du père pendant la période œdipienne peut empêcher l'enfant de se construire harmonieusement ; ceci le conduira plus tard à adopter un comportement inadapté qui ne lui permettra pas de parvenir au bonheur. B. Dubois cite cet exemple :

« Une femme, âgée de quarante ans, n'avait pas eu droit au regard bienveillant de son père. Elle était persuadée d'être laide et inintéressante. Alors, pour tenter de gagner son affection, elle devint très séductrice. Plus tard, elle se jeta dans les bras du premier venu qui la regardait avec convoitise. Elle avait l'impression d'être "sa princesse d'un soir" et cela lui suffisait. Mais, au cours des années, la dépréciation d'elle-même l'emporta sur le pouvoir de séduction. Sa vie amoureuse devint une suite d'échecs répétés [437]. »

Parfois, le père est présent au foyer, mais ne joue pas son rôle à cause de son immaturité. Celle-ci se traduit par deux principaux types d'attitude : le père peut être trop doux, anxieux, parfois captatif – c'est le paternalisme –, voire dépressif ; ou bien il peut être agressif, coléreux et parfois violent. Dans les deux cas, l'enfant sera insécurisé et entrera en conflit – au moins intérieur – avec lui.

Les psychologues constatent que la mésentente des parents, leurs exigences excessives ou leur désintérêt pour l'enfant, ont un fort impact sur le travail scolaire des enfants. En voici un exemple :

« Jacques, 14 ans, est pubère et très ambivalent à l'égard de son père. Il est enfant unique ; les parents sont constamment à contrôler étroitement son travail. Son père lui reproche de ne pas travailler. [...] Lui, qui n'a fait que des études primaires, veut

437. B. Dubois et D. Desbois, *La libération intérieure*, Presses de la Renaissance 2010, p. 210.

réaliser son rêve d'études secondaires à travers son enfant. Tous les échecs du fils sont ressentis par le père comme des échecs personnels, comme des manifestations de mauvaise volonté et d'animosité à l'égard des parents. Dès lors, Jacques ressent son travail scolaire comme un aspect de son conflit affectif avec ses parents et surtout avec son père. Ses résultats sont désastreux. [...] On comprend qu'il utilise ses échecs scolaires pour "embêter" son père [438]. »

Dans un cas comme celui-ci, il est important que le père fasse un travail psychologique sur lui-même pour permettre à son fils de devenir lui-même, de mettre en œuvre ses possibilités pour lui-même et non pas pour satisfaire les attentes narcissiques de son père.

L'attitude paternelle peut aussi être colérique, agressive, mais elle cache en réalité une faiblesse et insécurise l'enfant. G. Mauco en donne un exemple :

« Jean, 15 ans, est en conflit ouvert avec son père. Ce dernier, magistrat sévère et rigide en apparence, masque une insécurité profonde. Son autorité se manifeste par des éclats, succédant à des périodes de laisser-faire morose. La mère, douce en apparence, est anxieuse, prend constamment le parti de son fils contre le père – mais souvent d'une manière détournée. Ainsi s'est établie une sorte de complicité entre la mère et le fils pour saper le rôle du père. [...] Cela d'autant que le père, insécurisé et faible sous une apparence rigide, n'offre pas à son fils une image valorisante et attrayante. Il éprouve pour Jean des sentiments ambivalents, alternant entre une tendresse possessive et une agressivité rejetante. Jean est en révolte contre son père : l'image essentielle du père lui a manqué, faute d'avoir été admise et affirmée par le couple parental [439]. »

De ce témoignage ressort d'abord la nécessité, pour réussir son couple, d'avoir réglé ses problèmes vis-à-vis de son propre

438. Georges Mauco, *Psychanalyse et éducation*, p. 135.
439. *Ibid.* p. 49.

père (et de sa mère, bien sûr), aussi bien pour l'homme que pour la femme ; sinon, les difficultés conjugales surgissent et subsistent jusqu'à ce que ces problèmes antérieurs aient été mis en lumière et surmontés.

En outre, le père ne peut assumer sa fonction symbolique de force disciplinante que si son épouse l'accepte et la relaie.

> « Si la mère se substitue au rôle du père, affirme G. Mauco, toute la relation familiale est perturbée, soit que la mère dévalorise le père comme incapable et prenne sa place ; soit que le père soit absent ou abdique sa fonction ; soit encore que la mère, sous une apparence d'entente avec son mari, n'accepte pas pleinement la virilité de son conjoint [440]. »

Il est certain que tout un courant féministe a encouragé cette attitude, au détriment de la famille et des enfants. Certes, ce courant est né en réaction contre l'autoritarisme du mari et du *pater familias* ; mais, en rejetant l'excès d'autorité, il a aussi déconsidéré la vraie et nécessaire autorité du père de famille.

LES DÉFAILLANCES PAR RAPPORT À L'AUTORITÉ ; LA VIOLENCE PATERNELLE

Parfois, l'exercice de l'autorité s'est fait sous la forme d'un pouvoir absolu qui soumettait l'enfant à ses lois de façon tyrannique. Le symbole en est le *pater familias* romain qui avait droit de vie et de mort sur ses enfants (ceci ne veut pas dire que tous les pères en abusaient et certains, comme Caton, se sont montrés de bons éducateurs). Les châtiments corporels étaient facilement utilisés – *Qui bene amat, bene castigat* (« Qui aime bien châtie bien ») – et c'est le père qui choisissait le conjoint de ses enfants (les auteurs comiques anciens, repris par Molière, le raillaient à ce propos !).

Le terme de *pater familias* a aujourd'hui une connotation particulière : il désigne « un père de famille très autoritaire » (*Le*

440. *Ibid.* p. 48.

Petit Robert). Celui-ci impose des lois inflexibles, gouverne par la menace et fait régner chez lui un climat de peur – non de confiance –, de dureté – et non d'amour. À l'extrême, de tels pères sont des tyrans domestiques.

Même si certains se justifient parfois en s'appuyant sur des passages de la Bible, plutôt de l'Ancien Testament d'ailleurs – par exemple : *« Qui aime son fils lui procure le fouet »* (Si 30, 1) –, ils oublient les deux premiers mots pour ne retenir que les derniers. On peut alors leur opposer cette exhortation de saint Paul : *« Parents, n'exaspérez pas vos enfants, de peur qu'ils ne se découragent. »* (Col 3, 21)

En fait, les attitudes caricaturales de l'autorité paternelle sont souvent dues à des blessures, et toujours à des péchés. Ce que le Père demande en priorité au père, c'est d'aimer ses enfants, de leur faire confiance, de les aider à grandir humainement et chrétiennement. L'autoritarisme est le contraire de l'amour : il est dû à l'orgueil, à la volonté de puissance (qui est une concupiscence résultant du péché originel) ; il écrase l'enfant au lieu de favoriser sa croissance ; il suscite la révolte au lieu de la confiance et la haine au lieu de l'amour.

Ceux qui agissent ainsi ont souvent été eux-mêmes victimes de l'autoritarisme et de la violence de leur père, ce qui explique, mais ne justifie pas leur attitude. Si certains, par réaction, adoptent alors le comportement contraire vis-à-vis de leurs enfants, d'autres, ayant intériorisé le modèle paternel, prennent inconsciemment leur revanche en faisant subir à leurs enfants ce qu'ils ont eux-mêmes subi.

La première forme de violence paternelle est verbale. Il y a des paroles qui tuent la personnalité des enfants. B. Dubois donne cet exemple d'une fille dont l'identité féminine a été niée et qui a adopté un comportement mortifère :

> « Une jeune femme de 32 ans souffrit des paroles de malédiction de son père qui la traitait d'incapable. À sa naissance, celui-ci attendait un garçon, après la venue de trois filles. Il focalisa sur elle sa déception et l'éleva comme un garçon. Il lui disait que, dans la vie, "il faut se battre pour vaincre tous les obstacles". Elle

se battit, en effet, et gagna de nombreux combats pour mériter l'amour de son père ; mais, disait-elle, "j'ai perdu la guerre, j'ai fait de moi une prétentieuse qui écrase les autres et se repaît de leur défaite. Aujourd'hui, je vis seule avec mes ambitions qui me poussent vers la mort plutôt que vers la vie" [441]. »

La violence verbale est souvent accompagnée de violence physique. Autrefois, dans certains milieux, notamment à la campagne, on élevait les enfants à la dure et les coups étaient généreusement distribués. Je pense à cette fillette de six ans que son père avait envoyée garder les vaches, à une époque où les clôtures électriques n'existaient pas. En fin de journée, la petite, fatiguée, s'est endormie, si bien que les vaches se sont dispersées et ont fait des dégâts aux cultures. C'est son père qui l'a réveillée ; il lui a alors administré une telle correction qu'elle en a été traumatisée. En rentrant à la maison, elle s'est réfugiée sous ses couvertures, mais à son retour, son père a récidivé !

À cette époque, certains sujets étaient tabous. Un jour, une fillette de six ans a découvert la différence sexuelle avec un garçon de son âge. Son père l'a surprise et lui a administré une correction qu'elle n'a pu oublier.

Parfois, la violence paternelle est favorisée et accrue par l'alcoolisme. Michèle, ancienne prostituée, en a souffert dans son enfance.

« Mon père était plâtrier, gazé de la guerre 1914-1918 et, de plus, tuberculeux. Il était souvent malade et buvait. De plus en plus : la maison devenait chaque jour un vrai pugilat. Combien de fois nous nous sommes retrouvés avec maman en attendant qu'il termine sa crise ! Les cris, les coups, dans le quartier personne ne s'en inquiétait… C'est déjà toute petite que j'ai eu peur des hommes ! Des années de ténèbres… Le père, de plus en plus malade, ne travaillait jamais… Ma mère, hospitalisée à son tour, est morte… Je devais avoir quinze ans. Un choc terrible. Dans ma petite tête, je me disais : "C'est lui qui l'a tuée, c'est lui… Ce salaud-là…" C'était affreux ! »

441 . B. Dubois et D. Desbois, *La libération intérieure*, p. 209.

Par la suite, Michèle est devenue prostituée ; mais, ayant rencontré le Christ grâce à des chrétiens qui l'ont respectée, elle a réussi à se reconstruire, notamment en puisant la force dans les sacrements de réconciliation et de l'Eucharistie. Elle a voulu aider d'autres femmes à s'en sortir avec l'association « Le Nid ». Elle y a rencontré plus de deux mille femmes et constate : « Aucune n'a connu de famille stable où l'on s'aime. Aucune n'a connu un père digne de ce nom : ou il buvait, ou il était parti, ou, s'il était physiquement là, il était inexistant comme père [442]. »

Enfant, Michèle a subi les violences « ordinaires » d'un père alcoolique. Parfois, cette violence atteint un paroxysme révoltant. Tim Guénard en témoigne :

> « Mon père buvait beaucoup et lorsqu'il avait bu, il ne savait plus ce qu'il faisait. Il cognait. Le week-end, il m'enfermait des heures dans la cave. [...] Un voisin, alerté par les cris, a fini par le dénoncer.
>
> « Une assistante sociale est venue me voir en cachette, pendant qu'il travaillait, et m'a fait raconter ce que je subissais. Le soir, mon père a su qu'il y avait eu une enquête parce qu'il me battait. Il a voulu me faire parler, savoir ce que j'avais dit. Il a tapé plus que d'habitude. Le manche de bois qu'il avait à la main m'a broyé les jambes et la tête. Fou furieux, il m'a jeté dans l'escalier de la cave. J'ai perdu connaissance quelques instants. Au réveil, la violence a repris : nez et mâchoire cassés, oreille explosée. C'était le jour de mon anniversaire : je venais d'avoir cinq ans [443]. »

Avec les abus rituels sataniques, on gravit encore un degré dans l'horreur : des pères pratiquent alors les pires violences sadiques à l'encontre de leurs propres enfants [444] !

Ces témoignages sont-ils exceptionnels ? On le souhaiterait. Hélas, de par le monde, ce sont des millions d'enfants qui

---

442. Michèle, in *Panorama aujourd'hui*, juillet 1976, p. 18.
443. Tim Guénard (auteur de *Plus fort que la haine*) in Panorama, avril 2001, p. 24.
444. Cf. F. MacNutt, *La délivrance pour aujourd'hui*, ch. 17.

sont victimes de violences allant parfois jusqu'à la torture de la part de leur propre père. Selon le BICE (Bureau international catholique de l'enfance), 155 000 enfants de moins de quinze ans meurent de maltraitance chaque année dans le monde [445] !

Les dégâts de ces sévices sont terribles chez les enfants qui y survivent. Ils ne savent plus ce qu'est l'amour et connaissent la haine. Tim Guénard le reconnaît dans la suite de son témoignage : « Ma seule raison de vivre était de tuer mon père. Je ne pensais qu'à une chose : me venger. » Les enfants martyrisés perdent toute confiance en l'homme : Michèle, devenue prostituée, s'en prenait à ceux qui profitaient d'elle : « Plus j'allais, plus je m'enfonçais, plus grandissait en moi le désir de vengeance. Les hommes : tous des salauds ! » Jusqu'au jour où elle a rencontré des hommes différents parce que chrétiens et, grâce à eux, le Christ, l'homme parfait, qui l'a sauvée.

Le traumatisme subi provoque des dégâts psychologiques qui perdurent, et que l'on peut traîner toute sa vie si on ne se libère pas de cette emprise intériorisée du père violent. S. Pacot l'affirme :

> « Beaucoup ont connu une autorité abusive, tyrannique, légaliste, exercée hors de son véritable sens et obéissent, de façon infantile, dans la révolte ou la colère. Il arrive fréquemment de vivre encore à l'âge adulte dans la peur du pouvoir de l'autre sur soi, dans la menace de l'asservissement, dans la crainte d'affronter un conflit, dans la peur des représailles. Le moindre acte de liberté apparaît comme une désobéissance et il n'est pas rare de transposer cette crainte dans la relation à Dieu [446]. »

Il s'agit ici, non pas de la crainte de Dieu, fruit d'un don du Saint-Esprit, qui est le commencement de la sagesse (cf. Si 1, 11-14) ; mais de la peur chez l'être blessé par le péché, qui redoute un Dieu vengeur, comme Adam et Ève après leur faute originelle (cf. Gn 3, 10).

---

445. Lettre du BICE du 30 septembre 2010.
446. S. Pacot, *L'évangélisation des profondeurs*, p. 106.

Satan, après avoir dénaturé et perverti l'image de Dieu, et détourné l'homme du Père, se sert de la crainte pour maintenir les humains loin de Dieu. Les violences d'un père sur son enfant sont pour le Tentateur un moment idéal pour intervenir ; parfois, à l'occasion d'un tel traumatisme, la victime se révolte contre le Père et, à son insu, peut ouvrir la porte à une infestation maligne [447].

LES DÉFAILLANCES DANS LA TRANSMISSION DES VALEURS

Pour que le père soit crédible quand il cherche à transmettre des valeurs à ses enfants, il est préférable qu'il les vive. Évidemment, un père violent peut difficilement permettre à ses enfants de découvrir les valeurs essentielles de confiance, d'amour, de douceur, de paix, de respect… De même, un père qui vit de façon individualiste, égoïste, ne pensant qu'à son travail et à ses loisirs, ne peut conduire ses enfants à la solidarité et au partage. En fait, certains pères, même parmi ceux qui se disent chrétiens, sont terriblement imprégnés par les contre-valeurs de notre société consumériste et hédoniste, si bien qu'il leur est difficile de transmettre à leurs enfants les valeurs découlant de la Loi nouvelle évangélique, avec toute sa radicalité.

La révolte de mai 1968 a provoqué des dégâts considérables. L'un de ses slogans n'était-il pas : « Il est interdit d'interdire » ? T. Anatrella déplore que, par la suite, les adultes – la famille, l'école et la société – aient renoncé à leur mission éducative.

> « On est arrivé à la conclusion qu'il est inutile de transmettre le savoir, des valeurs, des modèles… que tout cela est inné. Que l'adulte, en tant qu'autorité, est inutile et même nuisible. “Il ne faut rien imposer aux enfants” ; “il ne faut pas les empêcher de faire ce qu'ils veulent, cela va les névroser” ; “il ne veut pas aller au catéchisme, à la messe… Il ira plus tard, quand il voudra”. À force de reporter à plus tard, on a fini par avoir un adolescent,

---

447. F. MacNutt, *ibid.* p. 94 s : L'esprit de traumatisme psychique.

pour ne pas dire un adulte, qui n'a été au contact d'aucune réalité, d'aucune exigence, d'aucune structure [448]. »

Le cardinal Danneels constate les conséquences de ce laisser-faire :

> « L'absence de norme a pour conséquence que le foyer – et l'ensemble de la société – se désagrège : elle entraîne confusion et chaos. Sans loi paternelle, l'enfant retourne à l'état d'indifférenciation du sein maternel ; ses notions du temps et de la patience, sa perception de l'autre s'obscurcissent. Dans les foyers sans pilote, toute joie est souvent absente ; il n'y a d'ailleurs plus d'esprit de famille ; il y fait froid et l'on s'y sent seul. Le foyer n'est plus qu'un hôtel et un restaurant [449]. »

Comme, dans notre société post-soixante-huitarde, la soi-disant « libération » sexuelle est promue, en particulier par les médias, et que la recherche du plaisir est un mot d'ordre généralisé, « quand, en famille, le *non* paternel fait défaut, ajoute le Cardinal, l'enfant perd le plus souvent la notion indispensable de limite ; s'il n'y a plus de *non*, tout est permis : dépendance vis-à-vis de la drogue, boulimie ou anorexie, déviations sexuelles diverses [450]… ».

Parfois, c'est le père lui-même qui donne le mauvais exemple. Une jeune fille, qui n'avait pas connu son père et qui l'avait idéalisé, a souhaité le connaître lorsqu'elle est devenue adulte. Déjà, le premier contact l'a déçue ; mais ensuite, ce fut l'horreur. Elle en témoigne :

> « La réalité s'est faite bien plus brutale et destructrice le jour où il m'a entraînée dans un bar fréquenté par des prostituées, m'a quittée pour aller passer un moment avec l'une d'elles et m'a invitée, de mon côté, à satisfaire mes désirs comme je l'entendais.

448. T. Anatrella, in *Gros plan sur l'adolescence*, p. 38.
449. Cardinal G. Danneels, *Le Père*, p. 39.
450. *Ibid.* p.11.

Venant de mon père, cet entraînement à la débauche a provoqué chez moi un immense désordre sexuel [451]. »

Cette attitude scandaleuse est dénoncée par Jésus (cf. Mt 18, 6) et par l'Église :

> « Le scandale est l'attitude ou le comportement qui portent autrui à faire le mal. Celui qui scandalise se fait le tentateur de son prochain. Il porte atteinte à la vertu et à la droiture. Il peut entraîner son frère dans la mort spirituelle. [...] Le scandale revêt une gravité particulière en vertu de l'autorité de ceux qui le causent ou de la faiblesse de ceux qui le subissent [452]. »

Le CEC dénonce aussi toutes les addictions comme l'alcool et la drogue [453].

Sans tomber dans ces excès, beaucoup de pères se laissent imprégner par les contre-valeurs abondamment promues par les émissions, films et feuilletons (comme *Plus belle la vie* !). Le père Bandelier le déplore : « La pollution érotique et pornographique de notre environnement est omniprésente [454]. » Au journal télévisé, les journalistes présentent comme des « progrès » les recherches sur l'embryon, la pilule du lendemain (qui provoque un avortement), la prolongation du délai autorisé pour se faire avorter, le « mariage » entre homosexuels autorisé dans certains pays, etc. À l'inverse, les propos de Benoît XVI rappelant le point de vue catholique sur ces questions suscite une virulente opposition et l'on tire sur lui à boulets rouges. Jean-Paul II était plus épargné ; pourtant, l'enseignement de ces deux Papes, enraciné dans la Parole de Dieu, est exactement le même.

Pour adhérer aux valeurs chrétiennes sur le mariage, la famille et la sexualité, les pères (et mères) d'aujourd'hui ont vraiment besoin de raviver en eux les dons du Saint-Esprit : le

---

451. B. Dubois, *Guérir en famille*, p. 222.
452. CEC § 2284 à 2285.
453. CEC § 2290 à 2291.
454. In *Famille chrétienne*, n° 1714 du 20 novembre 2010.

don de science pour qu'ils comprennent ces valeurs, le don de sagesse pour qu'ils les vivent et le don de force pour qu'ils osent en témoigner auprès de leurs enfants et adolescents, au risque d'être *« persécutés pour la justice »* (Mt 5, 10).

LES DÉFAILLANCES PAR RAPPORT À LA FORMATION SPIRITUELLE

À la messe, le dimanche, combien voit-on de pères de famille avec leur épouse et leurs enfants ? Dans certaines paroisses, on peut les compter sur les doigts d'une main. Et aux réunions organisées pour les parents d'enfants catéchisés ? C'est la même chose. Il serait intéressant de faire un sondage auprès des pères chrétiens pour savoir combien d'entre eux parlent du Père à leurs enfants, leur lisent l'Évangile, prient avec eux, bénissent les repas, etc. Aujourd'hui, la formation spirituelle des enfants est malheureusement délaissée par la majorité des pères chrétiens. En regard de la responsabilité que le Père leur a confiée, c'est un péché par omission.

Les conséquences sur les jeunes en sont désastreuses. « Comment se récupèrent les enfants lorsqu'il y a une défaillance de l'éducation religieuse ? demande T. Anatrella. Regardez les clubs de spiritisme, de sorcellerie, de jeux de rôles qui se développent ici et là. La religiosité sauvage est en pleine expansion [455]. » Que l'on pense aussi aux groupes de rock sataniques qui sont légion !

Par opposition au catholicisme, d'autres religions, même en France, s'affichent de façon plus affirmée, voire agressive. D'où le développement du dialogue interreligieux pour une meilleure compréhension entre religions et la recherche de points d'entente : défense de la vie, de la paix, de la justice, de la tolérance, etc. C'est excellent ; mais la manière dont est faite la présentation des religions dans les familles et les établissements scolaires présente, selon T. Anatrella, un autre péril, « parce que les adultes sont neutres et que la neutralité laisse entendre

455. Tony Anatrella, *Gros plan sur l'adolescence*, p. 53.

que rien n'a d'importance, que tout se vaut. Cette neutralité est profondément insécurisante, angoissante, pour des esprits sans aucune référence. Les jeunes iront donc chercher leur référence ailleurs, en choisissant la plus simple et la plus rassurante. D'où l'explosion des sectes [456] ».

Il y a un demi-siècle, même si l'éducation religieuse n'était pas parfaite, au moins elle donnait aux enfants des repères à partir desquels, devenus adultes, ils pouvaient choisir d'assumer la foi de leur baptême. Aujourd'hui, très peu de jeunes sont catéchisés, si bien qu'ils n'entendent plus parler de Dieu, et l'Église est présentée par les médias comme une institution rétrograde et déphasée par rapport au monde « moderne ».

Or, écrit Benoît XVI aux jeunes, « comme l'apôtre Paul l'écrivait aux chrétiens de la ville de Colosse, il est vital d'avoir des racines, des fondements solides ! Et cela est particulièrement vrai aujourd'hui, quand beaucoup de jeunes n'ont pas de repères stables pour construire leur vie, ce qui engendre en eux une grande insécurité. Le relativisme ambiant, qui consiste à dire que tout se vaut et qu'il n'y a aucune vérité ni aucun repère absolu, engendre non pas la vraie liberté, mais instabilité, déception, conformisme aux modes du moment. Vous, les jeunes, vous avez le droit de recevoir des générations qui vous précèdent des repères clairs pour faire vos choix et construire votre vie, comme une jeune plante a besoin d'un tuteur, durant le temps nécessaire pour pousser des racines, pour devenir un arbre solide, capable de donner du fruit ».

Le Saint Père invite les jeunes à être *« enracinés et fondés dans le Christ, affermis dans la foi »* (Col 2, 7). Et il les exhorte : « Ouvrez et cultivez un dialogue personnel avec Jésus-Christ, dans la foi. Connaissez-le par la lecture des Évangiles et du CEC. Entrez dans un dialogue avec lui par la prière, donnez-lui votre confiance : il ne la trahira jamais [457]. »

456. *Ibid.* p. 53.
457. Benoît XVI, Message aux jeunes pour les J.M.J. de Madrid du 3 septembre 2010.

Ces conseils sont tout aussi valables pour leurs pères. Si ceux-ci n'ont pas reçu de repères clairs pour étayer leur foi et pour la transmettre à leurs enfants, ou s'ils les ont oubliés, qu'ils cherchent à mieux connaître Jésus, le Père et l'Esprit Saint, par la méditation de la Bible et la lecture d'ouvrages comme le CEC !

Celui-ci, selon Mgr Fisichella, président du Conseil pontifical pour la nouvelle évangélisation, est « l'un des fruits majeurs de la ligne conciliaire, car il rassemble harmonieusement tout le patrimoine dogmatique et constitue le meilleur instrument de diffusion de la foi de toujours, face aux évolutions et aux nouvelles interrogations des croyants et du monde [458] ». Le CEC, et les autres documents de base comme l'exhortation apostolique de Jean-Paul II sur la famille chrétienne, pourraient servir d'instruments pour une « école des parents », et notamment des pères, pour que ceux-ci puissent bien remplir, auprès de leurs enfants, leur ministère évangélisateur.

4. Chemin de guérison : l'aide d'un père spirituel

Lorsque l'on a manqué de père, ou que l'on a connu un père défaillant, voire malfaisant, il est bien utile de rencontrer une figure paternelle qui peut apporter une compensation par rapport à la confiance, à l'écoute, à l'affection et à l'éducation qui ont manqué.

Ces figures paternelles, on peut les trouver dans sa famille : grands-pères, oncles, parrain, parfois frères bien plus âgés... Le grand-père peut apporter à l'enfant un amour gratuit, une écoute bienveillante, mais pas complice ; celle-ci libère la confiance chez le petit, ou chez l'adolescent qui est peut-être en conflit avec son père... Il témoigne aussi de l'importance

---

458. Mgr Fisichella, Déclaration à Rome le 12 octobre 2010.

de la généalogie et de la transmission de la vie, des valeurs. S'il est croyant, il peut donner à ses petits-enfants un témoignage de foi vécue et de pratique religieuse, alors que leurs parents ont peut-être abandonné celle-ci. Il doit cependant rester à sa place, sans chercher à se substituer aux parents.

Le rôle des parrains est d'abord spirituel : « Ils doivent être des croyants solides, capables et prêts à aider le nouveau baptisé, enfant ou adulte, sur son chemin dans la vie chrétienne [459]. » À l'heure actuelle, ce n'est pas toujours le cas malheureusement. Mais le parrain, si un lien assez fort l'unit à son (sa) filleul(le), peut aider grandement celui-ci (celle-ci), notamment dans les épreuves de la vie, et lorsque le père est défaillant.

En dehors de la famille, beaucoup d'autres personnes peuvent être des figures paternelles, notamment les enseignants ou les psychothérapeutes, sur lesquels les élèves ou patients projettent leur attente affective. Mais on ne parlera pas à leur sujet de paternité spirituelle, car leur champ d'action est limité pour les premiers à la relation éducative, et pour les seconds à la relation thérapeutique qui porte uniquement sur la vie psychique [460].

Lorsque l'on entend l'expression « père spirituel », on pense spontanément aux prêtres. De fait, Jean-Paul II souligne leur responsabilité :

> « Ils doivent soutenir la famille dans ses difficultés et ses souffrances, en se tenant aux côtés de ses membres, en les aidant à voir leur vie à la lumière de l'Évangile. [...] Préparés à cet apostolat en temps utile et de façon sérieuse, le prêtre et le diacre doivent se comporter constamment, au regard des familles, comme des pères, des frères, des pasteurs et des maîtres, en les aidant avec le secours de la grâce et en les éclairant avec la lumière de la vérité [461]. »

459. CEC § 1255.
460. Cf. B. Dubois et D. Desbois, *La libération intérieure*, Première partie : L'accompagnement psychothérapeutique.
461. Jean-Paul II, *La famille chrétienne*, 73.

Tous les prêtres sont invités à accompagner spirituellement les familles, et spécialement dans celles-ci les membres qui ont souffert dans la relation avec leur père de la terre. Ils ont pour mission de leur manifester la bonté et la miséricorde du Père. Au nom du Père, par le baptême, ils enfantent les humains à la vie de fils ou fille de Dieu ; par le sacrement de l'Eucharistie, ils les nourrissent du Pain de Vie qui fait croître en eux cette vie ; par le sacrement de la réconciliation, ils leur témoignent la miséricorde du Père et les font renaître après une rupture avec celui-ci ; grâce à l'enseignement et à l'accompagnement spirituel, ils les aident à grandir en sainteté par la pratique des commandements [462].

Tous les prêtres exercent cette paternité ; cependant, il en est qui sont davantage reconnus comme « pères spirituels » parce qu'ils ont joué un rôle essentiel dans le retour à la foi et la croissance spirituelle de ceux qui sont venus à eux. Ils les ont engendrés de nouveau à la Vie et ont joué spirituellement à leurs côtés le rôle que joue un père auprès de son enfant.

Tim Guénard, qui avait tant souffert à cause de son père, témoigne du rôle déterminant qu'a eu pour lui la rencontre d'un saint prêtre. Durant un stage de maçonnerie, il avait d'abord fait la connaissance de Jean-Marie : « Un drôle de type, un peu allumé, qui nous parlait tout le temps de Dieu le Père. Cela me faisait bien rigoler. Avec le père que j'avais eu, je ne voyais pas bien à quoi pouvait servir un Dieu père. Dieu était un inconnu pour moi. »

Un jour, Jean-Marie lui a proposé de rencontrer le père Thomas Philippe, cofondateur de l'Arche avec Jean Vanier. Tim témoigne :

> « Quand il est venu me saluer, j'ai eu un choc : il portait l'habit dominicain. Je n'avais jamais vu un homme habillé "en gonzesse", avec une robe blanche et des collants de laine en plein mois d'août ! J'ai voulu me tirer. Il m'a accompagné jusqu'à ma

462. Cf. B. Dubois et D. Desbois, *La libération intérieure*, Deuxième partie : L'accompagnement spirituel.

moto. Alors, je me suis dit que j'allais lui jouer un mauvais tour. Il devait avoir soixante-dix ans à l'époque ; je lui ai proposé de faire un tour de moto. Il n'a pas hésité une seconde et est monté derrière moi. Je lui en ai fait voir pendant une demi-heure : j'ai grillé les feux, les stops, j'ai foncé comme un cinglé. [...] Au retour, je m'attendais à ce qu'il m'engueule. Il m'a regardé de ses yeux malicieux et m'a lancé : "C'était bien agréable. Merci !" Je n'en revenais pas. Il m'a pris la main et il s'est mis à prier. Je lui ai dit que je n'étais pas de son bord. "Cela ne fait rien, m'a-t-il dit. Dieu connaît ton cœur, il t'aime et il te pardonne tout." Puis il m'a proposé de revenir quand je voudrais.

« Pendant un an, nous nous sommes vus régulièrement : j'étais devenu un boulimique, un assoiffé du pardon ! Je suis tombé en amour avec Dieu et avec les hommes. [...] J'ai plaqué ma bande de voyous et j'ai rejoint une autre bande, vieille de deux mille ans. [...] Moi, l'enfant battu par mon père, moi l'enfant rêvant de tuer mon père, j'ai découvert un Père qui m'aimait et qui, jamais, ne porterait la main sur moi. Un Père suffisamment rempli d'amour pour me pardonner toutes mes conneries. Je suis tombé en amour avec le Bon Dieu et je suis rentré dans sa bande, celle de Jésus [463]. »

Le père Thomas Philippe a été pour Tim Guénard un vrai père spirituel : il lui a manifesté la tendresse infinie de Dieu et lui a ainsi permis de revenir, malgré ses blessures, au Père des miséricordes, ce qui a complètement changé sa vie.

L'amitié profonde et fidèle d'un prêtre peut aider des enfants qui n'ont pas connu leur père à vivre une croissance relativement équilibrée. X. Lacroix en donne un témoignage :

« Durant son enfance, une femme avait été victime de maltraitance de divers ordres, y compris sexuels. Sa vie ultérieure avait été pour le moins instable, puisqu'elle avait eu quatre enfants de quatre pères différents. Et pourtant, elle pouvait attester, de manière crédible, que tous les quatre, parvenus à l'âge adulte, grandissaient avec bonheur. Je lui demandai alors

463. Tim Guénard in *Panorama*, avril 2001, p. 28.

ce qui l'avait le plus aidée dans l'éducation de ses enfants. [...] Sans hésiter, elle me donna une triple réponse : la foi de leur mère, une communauté spirituelle porteuse et la présence d'un prêtre ami. Il se trouve que ce prêtre, fréquemment reçu dans la famille, avait été pour chacun et chacune à la fois une référence et un confident, jouant manifestement un rôle paternel, en tant qu'homme, en tant que prêtre, en tant qu'ami [464]. »

S'ils n'avaient pas connu ce prêtre, peut-être que ces jeunes auraient cherché ailleurs une figure paternelle. C'est ainsi que certains se tournent vers des gourous de toute sorte, qui vont les aliéner au lieu de les aider à grandir. X. Lacroix distingue le « père-relais » du gourou :

> « Là où le premier saura, le cas échéant, dire : "Je ne suis pas votre père", le second affirmera : "Je suis votre père", exploitant le besoin de dépendance de celui qui s'en remet à lui. Une telle usurpation est généralement liée à un contexte sectaire, qui est celui d'une fermeture et d'une mise à part, alors que la paternité authentique est ouverte et "reliante". Le gourou séduit, il conduit à soi, tandis que celui qui remplit un moment l'office du père, souvent à son insu, s'efface ; il conduit au-delà de lui [465]. »

Parce que nous sommes des êtres incarnés, nous aimons voir notre père spirituel, lire l'amour dans son regard, entendre sa voix qui console, qui aide à discerner, qui instruit, qui conseille... Pourtant, dans le mystère de la communion des saints, on peut trouver en saint Joseph un père qui sait se rendre très proche de ceux qui se confient à lui. B. Dubois s'en est rendu compte en promouvant, avec l'équipe du Château Saint-Luc (communauté des Béatitudes dans le Tarn), la méthode qui consiste à « proposer la Sainte Famille comme lieu privilégié de guérison des blessures familiales à ceux qui souffrent de manques affectifs contractés dès l'enfance ».

---

464. Xavier Lacroix, *Passeurs de vie*, p. 244.
465. *Ibid.* p. 246.

« Nous les avons conduits, écrit-il, dans une expérience humaine et spirituelle au contact d'une mère, la Vierge Marie, et d'un père, saint Joseph. Les résultats obtenus étant très encourageants, nous avons intensifié et développé ce travail qui donne une réponse solide et durable à ceux qui ont manqué de père et/ou de mère. Que de personnes sont entrées dans la Sainte Famille et ont trouvé réponse à leur désarroi ! Vous pouvez à votre tour vous tourner vers la Vierge Marie et vers saint Joseph en leur demandant de répondre à votre attente affective. Le Christ vous offre ses parents : il sait qu'ils sont capables de suppléer aux manques d'amour maternel et paternel de votre enfance [466]. »

Après avoir, dans son livre, développé la méthode et consacré un chapitre à la paternité de saint Joseph, B. Dubois cite un long témoignage saisissant, celui de cette jeune femme qui, après avoir retrouvé son père et avoir été entraînée par lui dans un bar fréquenté par des prostituées, avait sombré dans la débauche. Elle a par la suite rencontré la communauté des Béatitudes et a commencé à vivre une libération intérieure dans le sacrement de réconciliation. Puis saint Joseph est entré dans sa vie. Voici quelques extraits de son témoignage.

« En 1993, je suis partie au Canada avec ma fille qui avait six ans. [...] La présence de saint Joseph est très forte dans la ville de Montréal dont il est le protecteur. Un jour, au cours d'une soirée de réconciliation, le prêtre est passé avec le Saint-Sacrement au milieu de la foule. Il s'est arrêté près de moi et m'a dit : “Le Seigneur te remercie d'avoir dit oui à la vie. Il te dit : Merci d'être maman ; c'est moi le Père de ton enfant.” Ce que j'ai ressenti alors est indicible ! Tout mon être en a été transformé. [...]

« Le 18 mars, dans l'adoration, j'ai entendu nettement ces paroles : “Prends saint Joseph comme père et ami.” Le 19 mars, je me suis consacrée à saint Joseph pour qu'il soit mon père et veille sur ma petite Nadège. Et chaque jour, je redisais cette prière. Ensuite, [...] je faisais oraison devant son icône, en silence, en sa présence. Quand je me sentais trop pécheresse et indigne de

466. Bernard Dubois, *Guérir en famille*, p. 10.

recevoir la communion, c'est lui qui m'accompagnait comme un ami bienveillant et un tendre père. J'ai vécu ainsi dans la présence de saint Joseph, je lui ai offert tout ce que j'étais. Et lui, au long des jours, m'a appris à redécouvrir mon corps, à le protéger, à le reconstruire après les violences de tout ordre qu'il avait subies. [...] Grâce à lui, j'ai fait tout un chemin pour m'aimer telle que Dieu m'aime, pleinement fille sous le regard de saint Joseph. [...]
« Saint Joseph m'a appris à découvrir mes parents, à leur pardonner, à redevenir fille de Dieu et à obéir au commandement : *"Honore ton père et ta mère"* (Ex 20, 12). Lui qui a tout reçu de Jésus et de Marie m'a même appris à donner ce que je n'avais pas reçu : la tendresse, la douceur, les paroles de bénédiction, etc.
« J'ai compris qu'il fallait que j'offre ma vie à Dieu présent à chaque instant de mon existence, même dans mes pires dérives. Là encore, c'est saint Joseph qui a remis mes plaies à vif pour les assainir et les panser. Le sacrement du pardon, chaque fois que je l'ai reçu, me guérissait aussi. Je peux dire qu'en me donnant saint Joseph, Dieu m'a offert ce qui m'avait le plus manqué et dont j'étais sans cesse en quête : un père qui pouvait me conduire au Père [467]. »

En définitive, le père spirituel, comme saint Joseph, n'a pas d'autre but que de conduire au Père ceux qui s'adressent à lui, pour qu'ils renaissent *« de l'eau et de l'Esprit »* (Jn 3, 5) dans le sacrement du pardon, pour qu'ils retrouvent toute leur dignité d'enfants de Dieu et vivent désormais, dans l'amour, comme des fils et filles bien-aimés du Père. C'est cela, la véritable guérison spirituelle, et elle est accordée à ceux qui croient.

467. *Ibid.* p. 223 à 225.

CHAPITRE 6

Le père fait miséricorde et pardonne

1. Dieu est riche en miséricorde (Ep 2, 4)
2. « Le père parfait est celui qui sait pardonner à ses enfants »
3. Les défaillances paternelles
4. Chemin de guérison : le difficile, mais nécessaire pardon au père agresseur
5. Prière pour exprimer mon pardon à mon père

Depuis le début de notre méditation sur la paternité de Dieu, nous avons souvent évoqué la miséricorde du Père. Dès avant la fondation du monde, nous a dit saint Paul, celui-ci, ayant su que les hommes allaient faire mauvais usage de leur liberté et se détourner de lui, a résolu de les sauver par le sang de son Fils (cf. Ep 1, 7). Il est allé jusque-là dans son amour fou pour nous, les hommes, qu'il veut combler de ses bénédictions [468].

Dans ce chapitre, nous allons approfondir notre méditation sur la miséricorde du Père qui, affirme Jean-Paul II, « est le plus grand des attributs de Dieu, la plus grande de ses perfections [469] ». Avec l'aide du Saint-Esprit, et en prenant appui sur l'encyclique *Dives in misericordia*, l'un des textes majeurs de Jean-Paul II, nous essayerons d'entrevoir le caractère inouï du pardon accordé par le Père aux pécheurs que nous sommes.

Cela compris et admis, le père, qui doit refléter la miséricorde du Père, est invité à pardonner lui aussi leurs fautes à ses enfants.

À l'inverse, les enfants qui ont été blessés par leur père, parfois très gravement, sont également appelés à pardonner à celui qui les a offensés. Nous avons commencé à le comprendre : c'est un passage difficile, mais obligatoire pour une guérison intérieure. Nous essayerons de voir comment nous pouvons y arriver, non par nos propres forces – nous en sommes incapables – mais avec la grâce de Dieu.

1. Dieu est riche en miséricorde (Ep 2, 4)

LA RÉVÉLATION DE LA MISÉRICORDE AU PEUPLE JUIF

Dès l'Ancien Testament, Dieu se révèle à son peuple comme riche en miséricorde [470].

---

468. Cf. ch. IV, 1 : Jésus nous révèle l'amour fou du Père en nous sauvant.
469. Jean-Paul II, Encyclique *Dives in misericordia*, *La miséricorde divine*, 1980, n° 13.
470. *Ibid*, ch. III : La miséricorde dans l'Ancien Testament.

Il a libéré les Hébreux esclaves en Égypte, leur a donné la loi, a fait alliance avec eux ; le peuple s'est engagé solennellement à *mettre en pratique toutes les paroles que le Seigneur a prononcées* (cf. Ex 24, 3) ; mais à peine Moïse s'est-il absenté quelques jours pour rencontrer Dieu sur la montagne, le peuple demande au prêtre Aaron de lui façonner un veau d'or – une idole – pour représenter Dieu (cf. Ex 32), contrevenant ainsi au premier commandement (cf. Ex 20, 3-6).

Après cet épisode, Dieu se met en colère et menace de détruire son peuple (cf. Ex 32, 7-10), mais Moïse intercède pour celui-ci ; alors le Père lui révèle – c'est un des textes majeurs de l'Ancien Testament – qu'il est fondamentalement miséricordieux : « *Le Seigneur passa devant lui et cria : le Seigneur, le Seigneur, Dieu de tendresse et de pitié, lent à la colère, riche en grâce et en fidélité ; qui garde sa grâce à des milliers, tolère faute, transgression et péché, mais ne laisse rien impuni.* » (Ex 34, 6-7) Dieu est juste, mais sa miséricorde est plus fondamentale : elle l'amène à pardonner ses fautes à son peuple quand celui-ci se repent et à renouveler l'alliance avec lui (cf. Ex 34, 10 s).

Jean-Paul II commente : « C'est dans cette révélation centrale que le peuple élu et chacun de ceux qui le constituent trouveront, après toute faute, la force et la raison de se tourner vers le Seigneur pour lui rappeler ce qu'il leur avait précisément révélé de lui-même, et implorer son pardon [471]. »

Entre l'alliance au Sinaï et la prédication d'Osée se sont déroulés environ cinq siècles. Ce fut une histoire d'infidélités du peuple et de retours à l'alliance ; à chaque fois, la miséricorde de Dieu l'emporta sur sa justice. Le Seigneur, par la bouche du prophète, s'exclame :

> « *Mon peuple est cramponné à son infidélité.* [...] *Comment t'abandonnerais-je, Ephraïm, te livrerais-je, Israël ?* [...] *Mon cœur en moi est bouleversé, toutes mes entrailles frémissent. Je ne donnerai pas cours à l'ardeur de ma colère, je ne détruirai pas à nouveau*

471 . *Ibid.* 4.

Ephraïm, car je suis Dieu et non pas homme, au milieu de toi je suis le saint, et je ne viendrai pas avec fureur. » (Os 11, 7-9)

Pour son infidélité à l'alliance et ses péchés, le peuple aurait mérité cent fois la condamnation. Mais dès qu'il se repent et fait pénitence, Dieu, écrit Jean-Paul II, le rétablit de nouveau dans sa grâce. « Dans la prédication des prophètes, la miséricorde signifie une puissance particulière de l'amour, qui est plus fort que le péché et l'infidélité du peuple élu [472]. »

JÉSUS INCARNE LA MISÉRICORDE DU PÈRE [473]

Après Osée, les infidélités du peuple n'ont pas cessé, au contraire. Certes, les Juifs avaient la loi, mais, souligne saint Paul, celle-ci ne leur donnait que la connaissance du péché, et ne pouvait les justifier (cf. Rm 3, 20). Quant aux païens, ils vivaient dans l'idolâtrie et le péché (cf. Rm 1, 18 s). La désobéissance à Dieu était donc universelle.

C'est pourquoi, à l'heure qu'il a choisie, le Père a envoyé son Fils pour nous révéler son infinie miséricorde et pour nous sauver.

> « Ainsi, affirme Jean-Paul II, dans le Christ et par le Christ, Dieu devient visible dans sa miséricorde. [...] Le Christ confère à toute la tradition vétéro-testamentaire de la miséricorde divine sa signification définitive. Non seulement il en parle et l'explique à l'aide d'images et de paraboles, mais surtout il l'incarne et la personnifie. Il est lui-même, en un certain sens, la miséricorde [474]. »

Jean-Paul II ajoute : « Révélée dans le Christ, la vérité au sujet de Dieu *"Père des miséricordes"* (2 Co 1, 3) nous permet de le voir particulièrement proche de l'homme surtout quand

472. *Ibid.*
473. Cf. *La miséricorde divine*, ch. I : *Qui me voit voit le Père* (Jn 14, 9) et ch. II : Message messianique.
474. *Ibid.* 2.

celui-ci souffre, quand il est menacé dans le fondement même de son existence et de sa dignité [475]. »

Quand on lit, dans l'Évangile, les débuts de la mission de Jésus, on l'entend d'abord proclamer clairement qu'il est venu annoncer *« la bonne nouvelle aux pauvres »* (Lc 4, 16-21), puis on le voit multiplier des œuvres de miséricorde : il chasse les démons (cf. Lc 4, 33-36 ; 4, 41), guérit les malades (cf. Lc 4, 38-40), pardonne les péchés (cf. Lc 5, 17-26 ; 7, 36-50) et va même jusqu'à réanimer des morts (cf. Lc 7, 11-17 ; 8, 49-56).

Jésus met en œuvre la miséricorde ; il en fait aussi un des principaux thèmes de sa prédication.

> « Il suffit, écrit Jean-Paul II, de rappeler la parabole de l'enfant prodigue [476], ou encore celle du bon samaritain (cf. Lc 10, 30-37), mais aussi – par contraste – la parabole du serviteur sans pitié (cf. Mt 18, 23-35). Nombreux sont les passages de l'enseignement du Christ qui manifestent l'amour-miséricorde sous un aspect toujours nouveau. Il suffit d'avoir devant les yeux le bon pasteur qui part à la recherche de la brebis perdue (cf. Lc 15, 3-7), ou encore la femme qui balaie la maison à la recherche de la drachme perdue (cf. Lc 15, 8-10). L'évangéliste qui traite particulièrement ces thèmes dans l'enseignement du Christ est saint Luc, dont l'évangile a mérité d'être appelé "l'Évangile de la Miséricorde [477]". »

Dans tous ces textes, « la miséricorde se manifeste dans son aspect propre et véritable quand elle revalorise, quand elle promeut et quand elle tire le bien de toutes les formes de mal qui existent dans le monde et dans l'homme [478] ».

Mais, pour vaincre définitivement le mal et pour l'extirper du cœur de l'homme, Jésus est allé plus loin encore : dans l'obéissance à son Père, il a accepté de prendre sur lui tous les péchés des hommes et, par amour, il a donné sa vie dans

475. *Ibid.*
476. Cf. *La miséricorde divine*, ch. IV : La parabole de l'enfant prodigue (Lc 15).
477. *Ibid.* 3.
478. *Ibid.*

d'atroces tortures pour nous obtenir le pardon du Père et la vie d'enfant de Dieu.

> « Le mystère pascal, souligne Jean-Paul II, constitue le sommet de cette révélation et de cette mise en œuvre de la miséricorde, qui est capable de justifier l'homme, de rétablir la justice comme réalisation de l'ordre salvifique que Dieu avait voulu dès le commencement dans l'homme et, par l'homme, dans le monde [479]. »

« *PÈRE, PARDONNE-LEUR CAR ILS NE SAVENT PAS CE QU'ILS FONT* » (LC 23, 34)

Il nous faut méditer longuement la passion de Jésus et supplier l'Esprit Saint de nous donner l'intelligence du cœur, pour entrevoir la portée inouïe de cette parole de Jésus en croix.

Il a été rejeté par son peuple, abandonné par ses disciples, renié par Pierre, trahi par Judas, condamné à mort pour blasphème par le Grand Prêtre et le Sanhédrin, maltraité par leurs gardes, torturé par les Romains ; il souffre atrocement physiquement, moralement, spirituellement… Lui, le Fils de Dieu, lui l'Innocent, il aurait toutes les raisons d'en vouloir à ceux qui ont provoqué ses souffrances – or, à cause de nos péchés, nous en sommes ! –, d'être en colère contre eux – contre nous –, de nous condamner !

Au lieu de cela, il prononce cette parole de miséricorde ! Sur la croix, Jésus a pris tous nos péchés (cf. 1 P 2, 22-24) ; c'est en notre nom qu'il implore le pardon du Père. Comme nous n'avons rien à offrir pour expier nos péchés, Jésus, à notre place, offre à son Père toutes ses souffrances pour la rédemption de nos fautes. Cette offrande a une valeur infinie parce que c'est le Fils-même de Dieu qui la fait, avec un amour total et parfait, un amour divin ; c'est pourquoi le Père peut l'agréer et l'exaucer.

479. *La miséricorde divine*, 7 ; cf. tout le chapitre V : Le mystère pascal.

C'est à son Père que Jésus s'adresse pour lui demander de nous pardonner nos péchés. Ce qui est en jeu, en effet, c'est la relation d'amour, la relation filiale entre le Père et les hommes qu'il a créés. Au paradis, il leur a tout donné, il les a comblés de ses bénédictions. Or, trompés par Satan, ils ont mis la main sur ses dons pour les accaparer, provoquant ainsi la rupture avec Dieu et leur mort spirituelle. Jésus a rejoint l'humanité dans cet état de péché – *« Dieu l'a fait péché pour nous »* (2 Co 5, 21) – et lui, qui est en même temps le Fils innocent, demande à son Père, par-delà le péché des hommes et par-delà la mort, de renouveler tous ses dons à ceux qu'il a créés. *Le « par-don », c'est le don par-delà l'offense et la rupture, c'est le sur-amour qui permet la réconciliation avec le Père et la restauration de la communion d'amour avec lui,* qui permet l'entrée dans l'Alliance nouvelle et éternelle entre Dieu et ses enfants, au sein de laquelle le Père peut les combler de toutes ses bénédictions.

Jésus demande à son Père de pardonner aux hommes car ils ne savent pas ce qu'ils font. Les hommes sont limités en intelligence et se laissent facilement tromper par le Tentateur. Seuls Satan et les démons sont des intelligences pures. Quand ils ont péché, ils savaient parfaitement ce qu'ils faisaient ; c'est pourquoi leur péché est impardonnable [480]. En tout pécheur, créé à l'image de Dieu, il y a une parcelle de lumière qui peut être ravivée : il peut comprendre son erreur et décider de revenir au Père (cf. Lc 15, 17-19). S'il croit en Jésus, le bon berger qui a donné sa vie pour lui (cf. Jn 10, 11), s'il se laisse conduire par lui au Père (cf. Lc 15, 4-7) et accueille son pardon, il peut retrouver sa dignité d'enfant de Dieu. Même Judas aurait pu recevoir le pardon du Père si, au lieu de se laisser écraser par un sentiment de culpabilité, il avait eu confiance en sa miséricorde ! Pierre, à l'inverse, après son triple reniement – si honteux au vu de la confiance que Jésus avait mise en lui en le choisissant comme chef de son Église (cf. Mt 16, 18) –, *« pleura amèrement »* (Mt 26, 75), mais ne désespéra pas de la miséricorde de Jésus. Celui-ci,

480. Cf. CEC § 392-393.

ressuscité, non seulement lui pardonna son triple péché, mais lui confirma sa vocation de pasteur de l'Église (cf. Jn 21, 15-19), alors qu'il aurait pu la confier à quelqu'un d'autre après la terrible défaillance de Pierre.

La miséricorde du Seigneur est infinie. Même si nous avons péché gravement, nous pouvons venir au pied de la croix de Jésus et recevoir le pardon du Père, gratuitement. *« Car Dieu est riche en miséricorde. À cause du grand amour dont il nous a aimés, alors que nous étions morts à cause de nos fautes, il nous a donné la vie avec le Christ – c'est par grâce que vous êtes sauvés »* (Ep 2, 4-5). Par grâce : gratuitement !

Si, au pied de la croix de Jésus, dans un humble acte de foi et d'amour, nous offrons au Père « le corps et le sang, l'âme et la divinité de son Fils en réparation de nos péchés [481] », nous sommes sûrs d'être exaucés, car alors Jésus, Grand Prêtre de l'Alliance nouvelle et éternelle, prend sur lui tous nos péchés, intercède pour nous : *Père, pardonne-leur…* et le Père ne peut rien lui refuser. Un jour, sainte Faustine a eu cette vision :

> « Je vis une grande clarté, et dans cette clarté, Dieu le Père. Entre cette clarté et la terre, je vis Jésus cloué sur la croix, placé de telle façon que lorsque Dieu voulait voir la terre, il devait la regarder à travers les plaies de Jésus. Je compris que c'est pour Jésus que Dieu bénit la terre [482]. »

La miséricorde du Père est infinie ; c'est nous, affirme Jean-Paul II, qui pouvons en limiter les effets :

> « La miséricorde, en tant que perfection du Dieu infini, est elle-même infinie. Infinie donc, et inépuisable, est la promptitude du Père à accueillir les fils prodigues qui reviennent à sa maison. Infinies sont aussi la promptitude et l'intensité du pardon qui jaillit continuellement de l'admirable valeur du sacrifice du Fils. Aucun péché de l'homme ne peut prévaloir sur cette force, ni la limiter. Du côté de l'homme, seul peut la limiter le manque de

481. Formule du chapelet de la miséricorde donné à sainte Faustine.
482. Sainte Faustine Kowalska, *Petit Journal*, 60.

bonne volonté, le manque de promptitude dans la conversion et la pénitence, c'est-à-dire l'obstination continuelle qui s'oppose à la grâce et à la vérité, spécialement face au témoignage de la croix et de la résurrection du Christ [483]. »

Sainte Thérèse de l'Enfant-Jésus et de la Sainte-Face avait bien compris qu'elle pouvait tout attendre de la miséricorde de Dieu : « Moi si j'avais commis tous les crimes possibles, je garderais toujours la même confiance, car je sais bien que cette multitude d'offenses n'est qu'une goutte d'eau dans un brasier ardent [484]. »

Si l'humanité veut échapper aux maux qui la minent, il lui faut revenir à la source de la miséricorde et apprendre à recevoir le pardon de Dieu pour pouvoir vivre le pardon dans les relations humaines.

> « Croire dans le Fils crucifié, explique Jean-Paul II, signifie voir le Père (cf. Jn 3, 16), signifie croire que l'amour est présent dans le monde et que cet amour est plus puissant que les maux de toutes sortes dans lesquels l'homme, l'humanité et le monde sont plongés. Croire en un tel amour signifie croire dans la miséricorde. Celle-ci en effet est la dimension indispensable de l'amour [485]. »

À l'instar du Saint-Père, l'Église ne cesse de témoigner de la miséricorde de Dieu [486] et de proposer aux hommes des démarches pour recevoir le pardon du Père : le baptême, le renouvellement des engagements du baptême, le sacrement de réconciliation, l'Eucharistie, le sacrement des malades, la prière de repentance sous toutes ses formes, la prière de libération ou de délivrance… En effet, pour trouver la paix du cœur, il n'y a

483. *La Miséricorde divine*, 13.

484. Sainte Thérèse, texte chanté par Sylvie Buisset ; CD *Rien que pour Aujourd'hui*, édité par la communauté des Béatitudes.

485. *La Miséricorde divine*, 7.

486. Cf. *La Miséricorde divine*, ch. VII : La miséricorde de Dieu dans la mission de l'Église.

pas d'autre chemin que d'accueillir le pardon du Père qui fait de nous ses enfants bien-aimés et qui nous comble alors de ses bénédictions dans la communion d'amour avec lui.

PÈRE, PARDONNE-NOUS NOS OFFENSES… (MT 6, 12)

Le pardon du Père est si vital pour nous que Jésus, dans la prière qu'il nous a apprise, inclut cette demande et nous invite à la redire tous les jours.

> « Dans une confiance audacieuse, nous avons commencé à prier notre Père. En le suppliant que son nom soit sanctifié, nous lui avons demandé d'être toujours plus sanctifiés. Mais, bien que revêtus de la robe baptismale, nous ne cessons de pécher, de nous détourner de Dieu. Maintenant, dans cette nouvelle demande, nous revenons à lui, comme l'enfant prodigue (cf. Lc 15, 11-32), et nous nous reconnaissons pécheurs devant lui, comme le publicain (cf. Lc 18, 13). Notre demande commence par une "confession" où nous confessons en même temps notre misère et sa Miséricorde. Notre espérance est ferme puisque, dans son Fils, nous avons la rédemption, la rémission de nos péchés (cf. Col 1, 14 ; Ep 1, 7). Le signe efficace et indubitable de son pardon, nous le trouvons dans les sacrements de son Église [487]. »

Pour nous aider à prendre conscience du besoin que nous avons du pardon du Père, Jésus a raconté un jour cette parabole :

> « *Il en va du Royaume des Cieux comme d'un roi qui voulut régler ses comptes avec ses serviteurs. L'opération commencée, on lui en amena un qui devait dix mille talents. Cet homme n'ayant pas de quoi rendre, le maître donna l'ordre de le vendre, avec sa femme, ses enfants et tous ses biens, et d'éteindre ainsi la dette. Alors le serviteur se jeta à ses pieds et il s'y tenait prosterné en disant : "Consens-moi un délai, et je te rendrai tout." Pris de pitié, le maître de ce serviteur le relâcha et lui fit remise de sa dette.* » (Mt 18, 23-27)

487. CEC § 2839.

Sans doute, à première lecture, ne nous sentons-nous pas concernés par ce serviteur dont la dette est si énorme. Pourtant, ce texte se trouve dans le chapitre 18 de saint Matthieu qui rassemble les instructions aux disciples sur la vraie fraternité, après le commandement du pardon à donner aux frères. Pour pouvoir vivre celui-ci *« jusqu'à soixante-dix fois sept fois »* (Mt 18, 22), nous devons d'abord prendre conscience de la dette que nous avons envers le Père.

Soit… mais une telle dette, comment est-ce possible ? En effet, dix mille talents, c'est une somme énorme. Dans l'Antiquité, un ouvrier gagnait environ un denier par jour. Il en faut six mille pour faire un talent. Multiplions par dix mille : cela donne soixante millions de deniers !

Comment comprendre que nous puissions avoir une telle dette envers le Père ? Saint Augustin proposait cette explication :

> « Les baptisés restent sujets à la fragilité humaine et commettent des fautes qui, sans exposer le navire à un naufrage immédiat, obligent cependant à vider la sentine (l'endroit de la cale où s'amassent les eaux). Sans cette précaution, le poids de ces péchés légers augmente peu à peu et fait couler le bateau. […] Mes fautes sont petites, dis-tu. Ne vois-tu pas qu'une infinité de petites gouttes remplissent les fleuves et font crouler les terres ? Les fautes sont petites ? Peu importe, si elles sont nombreuses [488]. »

Saint Augustin insiste sur la multiplicité des fautes que nous commettons jour après jour, petites peut-être, mais innombrables, car nous péchons non seulement en parole, mais même en pensée, non seulement par action, mais aussi par omission. C'est pourquoi, si nous n'en demandons pas pardon régulièrement au Père, nos fautes s'accumulent comme des grains de sable et finissent par nous ensevelir, par nous conduire à la mort spirituelle.

---

488. Saint Augustin, in *Le Pater expliqué par les Pères*, éd. Franciscaines 1962, p. 129. Pour mieux prendre conscience de la multitude de nos péchés, cf. par exemple : Pascal Ide, *Les 7 péchés capitaux*, éd. Mame Edifa, Paris, 2002.

En outre, ce n'est pas à nous de juger de la gravité de nos fautes. Celle-ci se mesure en référence à la Loi divine. Or, Jésus, en énonçant la Loi nouvelle dans son sermon sur la montagne, place au cœur de celui-ci cette affirmation, après le commandement de l'amour des ennemis : *« Vous donc vous serez parfaits comme votre Père céleste est parfait. »* (Mt 5, 48)

Un exégète propose ce commentaire :

> « Notre dette devant Dieu provient de ce que nous restons toujours en deçà de ses exigences. [...] La dette de l'homme vis-à-vis de Dieu prend une proportion abyssale dès l'instant où la perfection devient une obligation, l'amour total un commandement et non plus un simple conseil. La définition du péché comme transgression de la Loi n'est plus adéquate ; péché devient synonyme d'endettement, soit que nous ne nous empressions pas assez, soit que nous refusions ou omettions de faire ce que Dieu attend de nous [489]. »

Nous ne cessons de pécher (le plus grand saint pèche au moins sept fois par jour, dit-on) et nous sommes constamment en deçà de la perfection d'amour à laquelle nous sommes appelés par Jésus. C'est pour cela que nous sommes tous ce serviteur insolvable de la parabole, incapable de rembourser sa dette, qui ne peut que s'en remettre, jour après jour, à la miséricorde du Père.

Or, celle-ci, comme le rappelait Jean-Paul II, est infinie. Cette partie de la parabole le met en lumière de façon stupéfiante : dès que le serviteur supplie humblement le roi de prendre patience – faisant ainsi appel à sa miséricorde – et s'engage à rembourser, c'est-à-dire à vivre la loi du don, de l'amour, le roi lui remet toute sa dette ! Si tous les débiteurs insolvables de notre société bénéficiaient de la part des banques d'une telle mesure, nous imaginons quels seraient leur soulagement, leur joie, leur gratitude ! Or, c'est ce que nous vivons sur le plan

489. Heinz Schürmann, *La Prière du Seigneur*, Études théologiques, éd. De l'Orante 1965, p. 76-78.

spirituel, surtout au baptême et dans le sacrement de réconciliation. En sommes-nous conscients ? Et reconnaissants envers notre Père ?

Si oui, nous vivons notre pèlerinage sur la terre dans un état permanent de conversion. Le concile de Vatican II a affirmé que l'Église est sainte, mais toujours à réformer [490]. Jean-Paul II explicite cette affirmation en la faisant découler de la miséricorde du Père :

> « La conversion à Dieu consiste toujours dans la découverte de sa miséricorde, c'est-à-dire de cet amour patient et doux (cf. 1 Co 13, 4) comme l'est Dieu Créateur et Père : l'amour, auquel le *"Dieu et Père de Notre Seigneur Jésus Christ"* (2 Co 1, 3) est fidèle jusqu'à ses conséquences extrêmes dans l'histoire de l'alliance avec l'homme, jusqu'à la croix, à la mort et à la résurrection de son Fils. La conversion à Dieu est toujours le fruit du retour au Père riche en miséricorde [491]. »

Les pères qui ont offensé leurs enfants sont appelés à la conversion

Beaucoup de baptisés ont l'impression qu'ils ne commettent que des fautes légères, « vénielles ». D'autres ne peuvent ignorer la gravité des leurs, notamment les pères qui abandonnent leurs enfants, qui les violent ou qui les violentent – parfois jusqu'à la torture. Ils ne peuvent l'ignorer car la société dénonce ces crimes, et leur conscience leur montre leur culpabilité.

Certains, en réalisant leur faute, peuvent réagir comme Judas : écrasés par le poids du remords et poussés par le Tentateur implacable qui les accuse sans excuse (« Satan » signifie « l'accusateur »), ils peuvent se punir eux-mêmes et mettre fin à leurs jours, ajoutant, hélas, une nouvelle faute aux précédentes.

490. Cf. Vatican II, *Constitution sur l'Église*, 8.
491. *La Miséricorde divine*, 13 ; Cf. CEC § 1427 à 1429.

D'autres commencent à prendre conscience de leur crime lorsqu'ils sont confrontés au regard plus objectif de la Justice [492]. Celle-ci rappelle la loi et essaye d'apprécier le degré de responsabilité du justiciable en considérant son histoire personnelle (un violeur a souvent lui-même été violé quand il était enfant ; un violent a généralement lui-même subi des sévices étant petit...) et les circonstances dans lesquelles se sont déroulés les faits. En outre, après la condamnation, elle prescrit des soins ou un suivi psychologiques, et envisage la réinsertion sociale du prisonnier.

Si le père est chrétien, il peut se tourner vers Dieu pour implorer sa miséricorde. Élodie Tibo écrit : « Une personne ne se résume pas à ses actes. L'agresseur a fait un jour un mauvais pas et, même s'il récidive, il est bien plus que ce qu'il a fait. Il est bien plus dans le cœur de Dieu, qui ne cesse d'espérer en lui et d'attendre de lui qu'il accède à la sainteté [493]. » Elle cite alors le passage du retour de l'enfant prodigue chez son père (cf. Lc 15, 20-24).

Si un père reconnaît le mal qu'il a fait à son enfant, qu'il implore la miséricorde de Dieu et rencontre un prêtre pour lui demander le pardon du Père, l'Église l'affirme :

> « Il n'y a aucune faute, aussi grave soit-elle, que la Sainte Église ne puisse remettre. Il n'est personne, si méchant et si coupable qu'il soit, qui ne doive espérer son pardon, pourvu que son repentir soit sincère. Le Christ, qui est mort pour tous les hommes, veut que, dans son Église, les portes du pardon soient toujours ouvertes à quiconque revient du péché (cf. Mt 18, 21-22) [494]. »

Le Père pardonne, à condition que le repentir soit sincère et à condition que le pécheur pardonné répare, autant que possible, le mal qu'il a fait. « Beaucoup de péchés causent du

492. Élodie Tibo, victime d'inceste, affirme que le procès réintroduit la loi dans la famille ; in *L'inceste*, p. 148-149.
493. *Ibid.* p. 137.
494. CEC § 982.

tort au prochain. Il faut faire le possible pour le réparer (par exemple [...] compenser des blessures) [495]. » Cela commence par une démarche pour demander pardon à l'enfant qui a été blessé ; et continue par une attitude humble et aimante pour aider la victime à progresser dans sa propre guérison [496].

LES VICTIMES D'AGRESSION PATERNELLE DOIVENT RENONCER À LA RÉVOLTE CONTRE DIEU

Plusieurs des témoignages cités ont montré que l'agression d'un père sur son enfant entraîne chez celui-ci une grave perturbation de l'image de Dieu. Le Père apparaît alors soit comme un être faible et impuissant, puisqu'il n'a pas empêché ce crime, soit comme un être sadique, puisqu'il l'a permis ; l'enfant blessé ne peut imaginer qu'il soit un Dieu d'amour.

La révolte contre le Père d'un enfant agressé par son père est humainement compréhensible, mais elle n'est pas juste. Dieu est innocent du mal qui nous est fait : c'est à cause du péché des hommes, qui ont la liberté de refuser le Père et de désobéir à ses commandements, que le mal est présent dans le monde. Dieu ne peut supporter de voir ses enfants souffrir. Il entend leur cri, comme il a entendu jadis celui de son peuple esclave en Égypte, et il leur envoie un Sauveur, plus grand que Moïse.

Le Père a révélé son amour fou pour les hommes en envoyant son propre Fils, l'Innocent, prendre sur lui tout le mal et tous les péchés des hommes, subir à notre place les pires tortures, pour en triompher par son amour et par sa résurrection. C'est ainsi qu'il a révélé son vrai visage : dans son infinie miséricorde, il veut nous rejoindre dans nos épreuves, nous pardonner nos

495. CEC § 1459.

496. E. Tibo, dans *L'inceste,* détaille les démarches que peut faire un père qui a commis l'inceste sur sa fille ; p. 143 à 147. Il y a tout un art de demander pardon. Gary Chapman et Jennifer Thomas l'exposent dans *Les langages de la réconciliation – Apprendre à présenter ses excuses et à décoder celles des autres.* Ed. Farel 2008. Cf. *Famille chrétienne*, n° 1642.

péchés et guérir nos blessures, pour que nous puissions nous relever et être heureux.

La révolte contre Dieu est suscitée par Satan, le rebelle, qui cherche ainsi à nous couper de notre Père (le « diable » est le « diviseur »), et à nous priver de son secours dans nos épreuves, au moment où nous avons le plus besoin de lui. Ce n'est pas à Dieu que cette révolte fait mal, c'est à nous ! Et, comme elle contredit le premier commandement, c'est une faute grave. On peut même dire, puisqu'elle coupe généralement l'homme de Dieu, provoquant ainsi sa mort spirituelle, que c'est un péché « mortel ». C'est pourquoi l'enfant qui a été blessé par son père a intérêt à repousser le Diviseur et à renoncer à la révolte contre le Père pour trouver la paix et pour recevoir les grâces dont celui-ci veut le combler au cœur même de son épreuve.

C'est pour l'y aider qu'une démarche est proposée dans le Renouveau depuis quelques années : elle consiste à inviter les victimes à « pardonner à Dieu » pour ce qui leur est arrivé. Mais la formulation en est parfois choquante : « Accepterais-tu de pardonner à Dieu ces occasions où il t'a déçu(e) ou même trompé(e) ? » ! C'est Satan, *« le père du mensonge »* (Jn 8, 44), qui nous trompe, et non pas le Dieu de Vérité ! Et ce n'est pas nous qui avons à pardonner au Père un mal dont il n'est en rien responsable ; c'est à nous, fils d'Adam marqués par le péché originel, de lui demander pardon pour nos révoltes injustes contre lui. Dieu n'est qu'amour ; il veut nous sauver, nous guérir. Et c'est lorsque nous sommes le plus faible et le plus blessé que son amour pour nous est le plus fort : il prend alors la forme de sa miséricorde infinie.

Il est d'autant plus difficile, pour certains, de renoncer à la révolte contre Dieu qu'elle s'est endurcie et qu'elle a donné lieu à une infestation maligne. Nous en avons rencontré un exemple dans un témoignage [497]. Dans ce cas, une prière de délivrance est nécessaire pour que la personne puisse découvrir le vrai visage de son Père et s'ouvrir à sa miséricorde.

497. Cf. p. 80.

Ne cédons pas au « victimisme ». Nous pouvons être innocents du mal qui nous a été fait, mais nous sommes responsables de nos réactions. Dieu nous appelle, à l'exemple de Jésus et avec la force de l'Esprit Saint, à un amour plus fort que le mal, au pardon à nos ennemis. Si nous choisissons, plus ou moins consciemment, la rancune et la haine envers notre agresseur, ce sont non plus des blessures, mais des péchés. Alors, jetons-les avec humilité et confiance dans l'océan de miséricorde du Père, pour en être purifiés et, par là, guéris de nos blessures les plus profondes. C'est ce que Dieu désire pour nous tout au long de notre pèlerinage sur la terre et nous avons toute notre vie pour y parvenir, avec sa grâce.

Alors, si nous avons fait l'expérience du serviteur insolvable à qui le roi remet toute sa dette, nous deviendrons à notre tour des êtres qui pardonnent, des miséricordieux, et nous serons heureux (cf. Mt 5, 7). Car, à l'opposé, la rancune nous empêche d'accueillir le pardon du Père.

Commentant la demande : *Père, pardonne-nous nos offenses* de la prière du Seigneur, dont nous avons cité le premier point (§ 2839), le CEC ajoute :

> « Or, et c'est redoutable, ce flot de miséricorde ne peut pénétrer notre cœur tant que nous n'avons pas pardonné à ceux qui nous ont offensés. L'amour, comme le Corps du Christ, est indivisible : nous ne pouvons pas aimer le Dieu que nous ne voyons pas si nous n'aimons pas le frère, la sœur que nous voyons (cf. 1 Jn 4, 20). Dans le refus de pardonner à nos frères et sœurs, notre cœur se referme, sa dureté le rend imperméable à l'amour miséricordieux du Père ; dans la confession de notre péché, notre cœur est ouvert à sa grâce.
> Cette demande est si importante qu'elle est la seule sur laquelle le Seigneur revient et qu'il développe dans le sermon sur la montagne (cf. Mt 6, 14-15 ; 5, 23-24 ; Mc 11, 25). Cette exigence cruciale du mystère de l'alliance est impossible pour l'homme. Mais tout est possible à Dieu [498]. »

498. CEC § 2840-2841.

2. « Le père parfait est celui qui sait pardonner à ses enfants [499] »

UNE CONDITION : QU'IL SOIT HUMBLE

Tout père de famille est ce serviteur que Jésus met en scène dans la parabole du débiteur insolvable. Il l'est en tant que baptisé ; il l'est aussi en tant que père, car il a reçu de Dieu ce ministère et ne peut assumer sa responsabilité que de façon imparfaite : seul le Père est parfait (cf. Mt 5, 48) !

Nous avons évoqué les défaillances des pères. Heureusement, elles ne sont pas toujours aussi graves. Néanmoins, elles requièrent du père qu'il les reconnaisse pour qu'il remplisse bien sa mission. Jean-Paul II y insiste :

> « Seul un grand esprit de sacrifice permet de sauvegarder et de perfectionner la communion familiale. Elle exige en effet une ouverture généreuse et prompte de tous et de chacun à la compréhension, à la tolérance, au pardon, à la réconciliation. Aucune famille n'ignore combien l'égoïsme, les dissensions, les tensions, les conflits font violence à la communion familiale et peuvent même parfois l'anéantir : c'est là que trouvent leur origine les multiples et diverses formes de division dans la vie familiale. Mais, en même temps, chaque famille est toujours invitée par le Dieu de paix à faire l'expérience joyeuse et rénovatrice de la réconciliation, c'est-à-dire de la communion restaurée, de l'unité retrouvée [500]. »

Le CEC de même invite les parents à l'humilité : « C'est une grave responsabilité pour les parents de donner de bons exemples à leurs enfants. En sachant reconnaître devant eux leurs propres défauts, ils seront mieux à même de les guider et de les corriger [501]. »

499. Cardinal G. Danneels, *Le Père*, p. 43.
500. *La Famille chrétienne*, 21.
501. CEC § 2223.

Peut-être certains pensent-ils que le père doit donner à ses enfants l'apparence de tout savoir, de tout contrôler... Redisons-le : il n'est pas Dieu ! C'est un être limité, blessé et pécheur, et ses enfants s'en rendront compte, qu'il le veuille ou non. Alors, qu'il n'ait pas peur de se montrer tel à leurs yeux. Xavier Lacroix l'affirme : « L'autorité du père n'est pas amoindrie, elle est plutôt augmentée lorsqu'il sait avouer ses ignorances ou ses erreurs, lorsqu'il sait reconnaître ses torts [502]. »

LE PÈRE DOIT ÊTRE MISÉRICORDIEUX

Puisque la miséricorde est le principal attribut du Père, elle est pour le chrétien la plus grande de toutes les vertus et doit être, pour le père, l'attitude la plus fondamentale vis-à-vis de ses enfants.

Or, selon le père Marie-Dominique Philippe, « la miséricorde se réalise en premier lieu dans le pardon. Ce qu'il y a de plus grand dans la miséricorde, c'est le pardon [503]. » Voilà pourquoi le cardinal Danneels affirme : « Le père parfait est donc celui qui sait pardonner à ses enfants. Il peut avoir toutes les autres qualités, donner même tout ce qu'il possède ; pardonner est encore chose beaucoup plus grande [504]. » Car alors, le père ressemble à Dieu, au père de l'enfant prodigue de la parabole.

La difficulté pour lui est de concilier la justice et la miséricorde dans l'exercice de son autorité paternelle.

> « Le père de la terre, poursuit le père M.-D. Philippe, parce qu'il est responsable d'une communauté, la famille, doit à certains moments exercer son autorité en exerçant la justice. Mais il doit toujours faire en sorte que l'exercice de cette justice soit enveloppé de miséricorde, qu'elle soit en vue de la miséricorde [505]. »

Fondamentalement, le père aime ses enfants et doit leur faire découvrir l'amour infini du Père. Parce qu'il les aime, il

---

502. Xavier Lacroix, *Passeurs de vie*, p. 207.
503. P. M.-D. Philippe, Conférence sur le Père, à Paris, le 25 avril 1982.
504. Cardinal G. Danneels, *Le Père*, p. 43.
505. P. M.-D. Philippe, *ibid.*

leur rappelle la loi ; non pas sa loi (qui serait faussée par ses désirs mal situés), mais la loi naturelle mise en lumière par la raison et la Loi de Dieu transmise par l'Église. Lorsque ses enfants transgressent la loi, le père a la responsabilité de les reprendre, pour les éduquer et pour assurer le bon ordre et la justice au sein de la famille, faute de quoi, Jean-Paul II le rappelait, celle-ci volerait en éclats.

Mais le dernier mot n'est pas à la justice. L'exercice de l'autorité a pour but la sauvegarde de la communion familiale, qui repose sur les piliers de la confiance et de l'amour. Aussi, lorsque l'enfant a fauté, il doit apprendre à le reconnaître et à en demander pardon pour que la confiance et l'amour soient rétablis. Alors, le père, dépassant le plan de la justice, lui fait miséricorde en lui pardonnant ses transgressions, non pas sept fois, mais *« jusqu'à soixante-dix fois sept fois »* (Mt 18, 22). C'est la pédagogie de Dieu vis-à-vis des pécheurs que nous sommes !

Comprenons bien ce qu'est le véritable pardon, car il peut être mal compris et mal vécu. X. Lacroix précise en quoi :

> « Le pardon n'est pas le déni. Il ne consiste pas à occulter la faute [...]. Il n'est pas davantage l'excuse, qui exonère l'autre de sa responsabilité [...]. Le pardon enfin n'est pas l'indulgence ; il ne consiste pas à "fermer les yeux" ou à "passer l'éponge". Il se garde d'être interprété comme le cautionnement d'une conduite [506]. »

Le pardon véritable est une démarche de vérité dans l'amour. L'enfant doit comprendre en quoi il a transgressé la loi et reconnaître son tort. Mais il ne se réduit pas à l'acte négatif qu'il a commis. En lui pardonnant, son père lui rend sa confiance et le rétablit dans sa dignité de fils ou de fille, et dans la communion d'amour de la famille. « Au-delà du travail de vérité, écrit X. Lacroix, le pardon révèle les profondeurs insoupçonnées de l'amour. Sa source la plus intime est la miséricorde. [507] »

---

506. X. Lacroix, *Passeurs de vie*, p. 214.
507. *Ibid.* p. 217.

Si l'enfant, comme le prodigue, se révolte et s'en va...

Tant que l'enfant est petit, si le père est aimant, l'exercice de l'autorité se passe sans grandes difficultés ; surtout si, dans la famille, on vit les pardons mutuels qui préservent la confiance et l'amour.

Mais à l'adolescence, les choses se compliquent et il arrive parfois, même dans des familles chrétiennes assez équilibrées, que des jeunes « dérapent » et vivent l'expérience du prodigue de la parabole.

L'adolescent commence à revendiquer ses droits, à vouloir s'émanciper ; il peut même rentrer dans le conflit, voire la révolte. Alors, dit le père M.-D. Philippe, « il peut briser la confiance, briser le cœur de son père et de sa mère, en oubliant complètement tout ce qu'ils ont fait pour lui, toute cette miséricorde première, fondamentale, des parents à son égard. À ce moment-là, il ne regarde que lui, que son prétendu bien. Ce n'est pas la vérité qu'il cherche (s'il cherchait la vérité, il respecterait ses liens avec ses parents) ; ce n'est pas non plus l'amour ; il cherche à s'affirmer et à trouver son bien immédiat : la jouissance – c'est bien cela l'enfant prodigue – ou tout simplement la liberté. Il y a alors une brisure dans la confiance, une brisure qui quelquefois va très loin, quand l'enfant agit d'une manière particulièrement violente [508] ».

La Bible donne un exemple significatif de cette révolte d'un fils contre son père : celle d'Absalom contre David. Le jeune homme réussit à se faire bien voir du peuple et prit le pouvoir par la force (cf. 2 S 15, 16-12). David préféra alors s'enfuir et vécut son « chemin de croix » avec quelques fidèles. *Tout le monde pleurait à gros sanglots* (cf. 2 S 15, 23). Absalom usurpa le trône, mais peu après, son armée fut battue par celle de David. Celui-ci, avant la bataille, avait demandé que l'on épargne son fils (cf. 2 S 18, 15), mais son général, Joab, lui désobéit et tua Absalom (cf. 2 S 18, 14). Lorsque David apprit cette nouvelle, au lieu de se réjouir de la victoire et du châtiment du coupable,

508. P. M.-D. Philippe, *ibid.*

« il frémit et se mit à pleurer ; il disait en sanglotant : "Mon fils, Absalom ! Mon fils ! Mon fils Absalom ! Que ne suis-je mort à ta place ! Absalom, mon fils ! Mon fils !" » (2 S 19, 1.) Sa douleur était perçue comme une offense par ses soldats, au point que Joab lui reprocha : *« Tu aimes ceux qui te haïssent. »* (2 S 19, 7) David avait un vrai cœur de père : il considérait toujours Absalom comme son fils malgré sa révolte. Le cœur du roi était miséricordieux ; sur ce point, il était *« parfait comme le Père céleste est parfait »* (Mt 5, 48).

La révolte d'un enfant est, pour les pères, une épreuve qui vérifie la qualité de leur amour. Le cardinal Danneels l'assure :

> « Leur amour paternel ne ressort pas surtout auprès du berceau de leur enfant, ou lors d'une agréable fête de famille sans nuage. Peut-être est-il le plus manifeste lorsqu'un enfant s'enfuit et que son père doit traverser un désert d'impuissance, sinon de sentiments de culpabilité. Un amour authentique n'a pas besoin de vérification à tout instant. Il supporte l'obscurité d'un tunnel. Et n'est-il pas vrai qu'il faut parfois "livrer" son enfant pour devenir vraiment père [509] ? »

Le cardinal fait allusion à Abraham prêt à sacrifier son fils (cf. Gn 22) ; mais nous pouvons aussi penser au Père, qui a livré son Fils pour nous sauver et pour *« conduire à la gloire une multitude de fils »* (He 2, 10). Le père abandonné par son enfant révolté épouse ainsi la situation du Père que tant de ses enfants ignorent ou rejettent : sur sept milliards de Terriens, il n'y a que deux milliards d'entre eux qui se reconnaissent enfants de Dieu !

Nous ne cessons d'offenser notre Père de multiples manières ; or, toujours, à cause du sacrifice rédempteur de Jésus, il est prêt à nous pardonner. Si nous nous sommes éloignés de lui, il nous attend ; et quand nous revenons à lui, il nous comble de sa miséricorde. C'est ainsi que doit se comporter le père vis-à-vis de son enfant rebelle. Le père M.-D. Philippe l'affirme :

509. Cardinal G. Danneels, *Le Père*, p. 44.

> « Il faut pardonner à celui qui a voulu briser la confiance, pardonner en établissant un nouveau lien d'amour, en comprenant que c'est toujours possible. C'est quelquefois très difficile ; il faut quelquefois attendre longtemps. Il arrive qu'en voulant agir trop vite, par manque d'intelligence ou par faiblesse parce qu'on ne peut pas supporter la rupture, on empire la situation. Quand la colère demeure, l'enfant ne peut pas recevoir la miséricorde et le pardon. Il faut alors être patient, comme Dieu est patient [510]. »

Cette patience est un fruit de l'Esprit (Ga 5, 22) et elle relève de la force, qui est un autre don de l'Esprit (cf. Is 11, 2). C'est pourquoi le père ne peut la vivre qu'en étant profondément ancré en Dieu. Le père M.-D. Philippe dit encore :

> « L'autorité paternelle réclame la prière. On ne peut pas exercer la miséricorde d'une façon visible, extérieure, sans avoir d'abord exercé la miséricorde spirituelle. Celle-ci est en premier lieu la prière pour celui qui a besoin de nous et qui nous a blessés. C'est par là qu'il n'y a pas indifférence, qu'il n'y a pas oubli. On ne peut pas toujours faire un geste, mais on peut toujours prier [511]. »

Ainsi enraciné en Dieu, le père reçoit du Père la capacité d'attendre, parfois longtemps, dans l'espérance, le retour du prodigue. Le père vit alors une pâque : il accepte de mourir à son désir de justice, de réconciliation immédiate, et permet ainsi à Dieu d'agir dans le cœur de son enfant pour l'attirer à la conversion et lui donner le désir de revenir chez son père pour la résurrection de leur relation.

Alors, celui-ci sera prêt à l'accueillir avec miséricorde. Il faudra qu'ils puissent aussi faire la vérité sur ce qui s'est passé et que l'enfant reconnaisse le mal qu'il a fait ; mais ceci sera d'autant plus réalisable que l'enfant se sera senti accueilli, pardonné, rétabli dans sa dignité de fils ou de fille.

---

510. P. M.-D. Philippe, *ibid.*
511. *Ibid.*

> « La miséricorde, affirme le père M.-D. Philippe, c'est la surabondance de l'amour. Notre enfant reste notre enfant malgré tout ce qu'il a pu faire contre nous, malgré toutes ses bêtises. On sait qu'elles existent, mais on dépasse tout cela pour regarder celui qu'on aime et qui nous a blessés ; et on lui fait comprendre que toutes ces blessures ne détruisent pas le lien d'amour qui existe entre notre cœur et son cœur, que notre amour est suffisamment grand pour porter ces blessures et pour les transformer [512]. »

Le père ira-t-il, comme celui de la parabole, jusqu'à faire la fête au retour du prodigue ? Ce serait justifié, car alors, écrit X. Lacroix, « le père peut se réjouir non seulement de la renaissance de son fils, mais de l'accomplissement de sa paternité. Quoi de plus fort, en effet, qu'un lien passé au creux de l'épreuve, victorieux des forces de dissolution, où la vie se donne à nouveau après le voisinage de la mort ? » Et il cite cette magnifique phrase d'Eloi Leclerc :

> « L'homme qui a accepté à fond l'épreuve de la paternité et qui l'a traversée sans désespérer s'est approché du mystère créateur autant qu'il est permis à une créature. Il a désormais partie liée avec les origines du monde. Il est passé de l'autre côté des apparences [513]. »

Il participe en effet, par pure grâce, à la paternité de Dieu qui n'est qu'amour et miséricorde !

3. Les défaillances paternelles

Pour un père qui vit la miséricorde et le pardon comme le Père des cieux, combien n'y arrivent pas ? Les uns pèchent par excès, comme ce fut fréquemment le cas avant mai 1968, les autres par défaut, ce qui est plutôt la tendance aujourd'hui.

512. *Ibid.*
513. Xavier Lacroix, *Passeurs de vie*, p. 218.

LA JUSTICE SANS LA MISÉRICORDE

Avant mai 1968, et avant le concile de Vatican II, la religion était vécue plutôt comme une morale, et l'attitude paternelle était généralement légaliste. Au catéchisme, on apprenait les commandements de Dieu et de l'Église, et on les respectait tant bien que mal par peur d'un Dieu Juge qui pouvait, à leur mort, jeter les contrevenants et les rebelles en enfer.

La miséricorde du Père avait été pratiquement oubliée. La vie était dure et l'on ne faisait pas beaucoup de sentiment. La loi, dans toutes ses dimensions, était la loi, et il fallait la respecter, même si on n'en comprenait pas le fondement.

Du coup, l'éducation était une sorte de dressage ; la faute entraînait une punition : privation de dessert, mise au coin (ou dans le débarras), fessée ou coups de martinet... Dans les cas extrêmes, le père pouvait avoir une attitude intransigeante, rigide, distribuant les punitions de façon draconienne sans tenir compte des circonstances atténuantes. Deux enfants s'étaient-ils disputés ? Une « bonne » claque à tous deux, et chacun dans sa chambre, sans discussion.

La correction était souvent accompagnée de mots acerbes : « Tu es un vaurien ! » « On ne fera jamais rien de toi ! » « Qu'est-ce que j'ai fait au bon Dieu pour avoir un enfant comme toi ? » Ces paroles dépréciatives étaient enregistrées comme autant de paroles de malédiction, dont le venin agit toujours des années, des décennies plus tard.

Souvent, l'enfant était sommé de demander pardon. Il le faisait souvent hypocritement, par peur, mais sans vrai repentir. Parfois, on n'attendait même pas qu'il le fasse, car la punition satisfaisait la justice paternelle et on n'allait pas plus loin. Mais ensuite, on ne manquait pas de rappeler à l'enfant ses fautes ou manquements passés, parfois longtemps après.

Le père qui se comportait ainsi avait sans doute reçu le même type d'éducation et, s'étant identifié à un modèle autoritaire – dont il pouvait même vanter les mérites – il reproduisait ce qu'il avait connu. D'une certaine manière, il n'en était pas totalement responsable.

Mais cette attitude reposait souvent sur un fond d'orgueil : le père se considérait comme le chef chez lui et, inconsciemment, se mettait à la place du Père. Il ne lui venait pas à l'idée qu'il était un serviteur de Dieu insolvable qui avait besoin de miséricorde, ni qu'il était limité et plus ou moins blessé affectivement. Il exerçait son pouvoir avec rigueur, parfois même avec violence.

S'il ne supportait pas l'imperfection, il se montrait exigeant avec ses enfants, ne tolérant pas leurs écarts et, en cas de transgression, les accablant sous le poids de sa colère.

Ce comportement était très nuisible quant à l'image du Père qui était ainsi transmise aux enfants. Ceux-ci voyaient Dieu comme un juge sévère, prêt à les « coincer » et à les punir. En témoigne l'expression mille fois entendue : « C'est bien fait pour toi, le bon Dieu t'a puni ! » Il n'est pas étonnant que beaucoup de ceux qui avaient cette image de Dieu se soient par la suite détournés de ce père fouettard ! Il leur reste à découvrir le vrai visage du Père : Dieu juste, certes, mais surtout Dieu *« riche en miséricorde »* (Ep 2, 4), qui remet toute sa dette, aussi énorme soit-elle, au pécheur qui revient à lui avec confiance et amour.

La miséricorde sans la justice

Le concile de Vatican II s'est employé à redonner une image juste de Dieu ; mais beaucoup de chrétiens, tout heureux de redécouvrir sa miséricorde, ont oublié sa justice. Ils ont été en cela très marqués par la vague de fond de mai 1968, préparée par les philosophes des lumières et par les maîtres du soupçon de la fin du XIXe siècle.

C'est à juste titre que l'on a dénoncé l'autoritarisme du *pater familias* ; mais tout un courant libertaire a imprégné les esprits. On a eu raison de prôner la liberté de chacun, mais on a souvent confondu celle-ci avec l'anarchie. Les pères, bien intentionnés, ont renoncé à exercer toute autorité pour ne pas brider ou traumatiser leurs enfants, si bien que ceux-ci sont devenus des enfants-rois et, quelques décennies plus tard, des enfants-tyrans. On en voyait des exemples significatifs dans l'émission *Super Nanny* !

Les pères « modernes », devenus des papas-copains, ont adopté une attitude plus maternelle, plus protectrice, et n'ont plus su exercer leur responsabilité de poseurs de limites, de transmetteurs de valeurs.

Attitude miséricordieuse ? En un sens, oui, car une plus grande attention est maintenant accordée à l'enfant en tant que personne. Mais plutôt attitude laxiste, car la justice n'est pas respectée. Puisque la loi est devenue très floue – elle tend à s'adapter aux exigences des individus, et non l'inverse –, puisque le père ne l'énonce plus clairement, l'enfant fait ce qu'il veut et n'a plus conscience de transgresser des interdits. Dès lors, il ne lui vient même pas à l'idée qu'il doive en demander pardon.

En outre, le père « moderne », n'ayant pas acquis de repères clairs, imprégné de l'esprit du monde, conditionné par les médias, en arrive à accepter, voire à justifier des comportements autrefois jugés inacceptables. Il est souvent dans le déni et donne peut-être lui-même le mauvais exemple. Ou bien il excuse les bêtises de son enfant : si celui-ci fume à dix ans et goûte au haschich à treize ans, c'est parce que les grands l'y ont entraîné ! D'ailleurs, entendait-on de la bouche d'hommes politiques ou d'artistes à une certaine période, le haschich est une drogue douce et inoffensive dont il faudrait légaliser l'usage... Dès lors, beaucoup de pères fermaient les yeux sur certains comportements de leurs ados.

Cette attitude est accentuée chez les pères qui ont souffert de graves carences affectives dans leur prime enfance. Ayant vécu le rejet, l'abandon, la sévérité de leur mère, ils ont besoin de l'affection de leur enfant et craignent de la perdre s'ils se montrent trop exigeants envers lui. En outre, s'ils n'ont pas connu la juste fermeté d'un père, parce que celui-ci était absent ou inexistant, ils ne savent pas où se trouvent les limites et ne peuvent donc pas les imposer à leurs enfants.

Ce comportement démissionnaire induit aussi à une fausse image du Père. Celui-ci est imaginé comme un papa-gâteau qui laisse ses enfants faire ce qu'ils veulent ; et l'on chante en chœur : « Nous irons tous au paradis », comme si, au moment de leur mort, le bon père et celui qui a violenté ses enfants, le père juste et celui qui a commis l'inceste sur sa (ses) fille(s), le père fidèle et celui qui a abandonné ses enfants devaient être traités de la même manière et admis immédiatement à partager la même béatitude éternelle ! Certes, pour le pécheur qui se repent ici-bas, la miséricorde du Père est infinie. Mais, à notre mort, lorsque nous paraîtrons devant lui, nous serons jugés selon nos actes et sur la qualité de notre amour (cf. Mt 25, 31-46). Chez Dieu, *« amour et vérité se rencontrent »* (Ps 85 (84), 11). La miséricorde est première, mais elle implique la justice.

Ce rapide survol des défaillances paternelles suggère que beaucoup de pères ignorent ce que sont la vraie miséricorde et le vrai pardon. Il importe donc qu'ils prennent conscience de cette lacune et effectuent une double démarche. Sur le plan psychologique, qu'ils tâchent de comprendre ce qui les empêche de vivre vraiment la miséricorde et le pardon, afin d'y parvenir mieux et davantage. Sur le plan spirituel, qu'ils demandent pardon à Dieu et à leurs enfants de n'avoir pas su les vivre, alors qu'ils ont reçu, par la grâce du sacrement de mariage pour certains, un ministère qui les configure au Père *« riche en miséricorde »* (Ep 2, 4). En retour, celui-ci leur donnera la grâce de lui ressembler davantage, jusqu'à ce qu'ils deviennent eux aussi des pères parfaits (cf. Mt 5, 48).

4. Chemin de guérison : le difficile mais nécessaire pardon au père agresseur

Le pardon est nécessaire

Depuis le début de cet ouvrage, nous avons plusieurs fois évoqué l'importance du pardon comme étape incontournable sur le chemin de la guérison. Ce pardon est nécessaire : tous ceux qui accompagnent des personnes blessées l'affirment et ils témoignent des fruits de cette démarche. Mais il est difficile, surtout quand la blessure vient de quelqu'un dont on attendait tant : la confiance, l'amour, la tendresse, la force sécurisante, la miséricorde, etc. Or, nous nous adressons bien ici tout particulièrement à ces enfants (quel que soit leur âge aujourd'hui) qui, alors qu'ils étaient innocents, ont été blessés, brisés par les pires attitudes paternelles : l'abandon, la violence, l'inceste...

Peut-être cette invitation au pardon provoque-t-elle chez certains d'entre eux une vive protestation, voire une révolte. C'est parce que, comme le bistouri d'un chirurgien qui opère un abcès, elle touche une zone purulente de leur être intérieur. Mais, de même que le chirurgien opère pour assainir et guérir, de même l'appel au pardon nous est-il adressé pour nous purifier et nous restaurer intérieurement. Peut-on vivre jusqu'à la fin de ses jours avec un énorme et douloureux abcès dans son corps ? Ne cherchera-t-on pas à en être guéri ? De même, certains vivent avec dans leur cœur l'abcès de la rancune, de la haine vis-à-vis de leur agresseur. Ne vaut-il pas mieux en chercher la guérison ?

Si Jésus, médecin de nos âmes (cf. Mt 9, 12), nous commande de *pardonner à ceux qui nous ont offensés* (cf. Mt 6, 12), à *prier pour nos persécuteurs* et à *aimer nos ennemis* (cf. Mt 5, 44), c'est d'abord *pour notre bien* ! C'est à nous que le refus du pardon, la rancune, la haine, comme un énorme abcès, font le plus de mal. Nous retenons en nous ces sentiments négatifs, croyant peut-être culpabiliser ainsi notre agresseur ou exercer une sorte de justice personnelle – œil pour œil, haine pour haine – mais en réalité, ces sentiments négatifs nous rongent intérieurement comme un cancer. (D'ailleurs, il arrive que des maladies comme le cancer aient pour cause le ressentiment.) Nous voulons faire du tort à l'autre et c'est nous que nous rendons malades, que nous lions spirituellement avec des chaînes que seul le pardon peut briser.

Le refus du pardon nous fait du mal ; il peut aussi détruire une famille. André, jeune marié, vivait avec son épouse dans la ferme de son beau-père. Un jour, il a eu une altercation violente avec son beau-frère, si bien qu'il a dû aller s'installer précipitamment dans une autre ferme misérable. Sa femme en a été si choquée qu'elle est restée paralysée quelques mois. André n'a jamais pardonné à son beau-frère, bien qu'ils aient vécu dans le même village pendant cinquante ans. Il allait pourtant à la messe le dimanche et récitait le Notre Père… Il a eu quatre enfants. L'un de ses fils, nommé André lui aussi, jeune marié, a eu de gros problèmes avec un voisin. Ne se sentant ni compris, ni soutenu par sa famille, il s'est fâché et a coupé les relations avec elle. Cela a provoqué la zizanie dans la famille, si bien que tous se sont divisés et ont cessé toutes relations. Quant à André père, il est mort chez lui, seul, avec sa rancune. Comment ne pas voir, dans cette famille, l'œuvre du « diable », c'est-à-dire du diviseur ? Puissent les enfants découvrir le chemin du pardon mutuel et de la réconciliation !

Car le choix du pardon est source de grandes grâces. En 1978, mon couple était au bord de la rupture. Depuis quelques années, je m'étais éloigné de Dieu et avais abandonné la pratique religieuse. Dans l'épreuve, j'ai décidé d'aller faire le point à l'abbaye de Timadeuc (56). Là, j'ai été accueilli avec miséricorde par le père Fabien, et ai vécu l'expérience du prodigue qui revient au Père. Celui-ci m'a fait comprendre que, si mon couple en était là, j'avais ma part de responsabilité dans cet échec, à cause de mes blessures – dont je ne savais pas alors la profondeur – et de mes péchés. J'ai donc écrit à mon épouse pour lui en demander pardon ; elle ne m'a pas répondu. La réconciliation que j'espérais n'ayant pas eu lieu, nous nous sommes donc séparés peu après, mais j'ai gardé dans le cœur ce désir du pardon.

D'autres divorcés vivaient l'orientation du pardon et de la fidélité. Ensemble, nous avons fondé en 1983 la communion Notre-Dame de l'Alliance pour nous soutenir mutuellement. Nous avons approfondi notre réflexion sur le pardon pour mieux le vivre et cela a donné plus tard naissance à un livre [514]. Nous avons été les témoins émerveillés des fruits du

514. Paul Salaün, *Séparés, divorcés, le chemin du pardon*, Nouvelle Cité, 1992 (épuisé).

pardon en ceux qui acceptent de le vivre, et également dans leurs familles [515]. Nous avons même vu des couples – trop peu hélas ! – se réconcilier après une séparation !

Revenons en 1978. En même temps qu'il me faisait expérimenter sa miséricorde, le Père m'a fait comprendre que l'un de mes principaux blocages venait de ma rancune envers mon père. Celui-ci m'avait énormément déçu, si bien qu'à l'âge de quinze ans, estimant n'avoir plus rien à attendre de lui, je me suis enfermé dans le ressentiment. Plus tard, j'ai essayé de comprendre mon père et cela m'a conduit à un certain pardon, psychologique, mais mon cœur restait endurci.

Après mon premier passage à Timadeuc, j'ai découvert le Renouveau charismatique. Un ami m'a proposé le livre de M. Scanlan, *La Guérison intérieure* [516]. J'ai été percuté par ce passage :

> « Il peut y avoir pour la guérison de nombreux blocages contre la décision. Mais le plus fréquent dans la guérison intérieure, c'est que l'on ne veut pas pardonner. [...] Fréquemment, la personne n'est que vaguement consciente de cette situation. Elle a l'impression que ce pardon est impossible et qu'il dépasse ses moyens. Et elle a raison, c'est bien ce qu'elle ressent. Quant à se libérer de ces sentiments, elle ne peut le faire d'elle-même. Mais elle peut se décider à pardonner. [...] Ce pardon, quand il a été associé à la confession des péchés dans le sacrement de pénitence, s'est révélé être une source de guérisons glorieuses [517]. »

C'est exactement ce que le Seigneur m'a permis de vivre. De nouveau à Timadeuc, dans le sacrement de réconciliation, j'ai demandé pardon à Dieu pour ma rancune et j'ai pardonné à mon père du fond du cœur. J'ai alors vécu une grande grâce

---

515. Thierry Maucour, ancien modérateur de la communion Notre-Dame de l'Alliance, consacre un chapitre au pardon dans son livre : *J'ai choisi de lui rester fidèle*, Edifa Mame, 2006.
516. Michael Scanlan, *La Guérison intérieure*, Pneumathèque, 1975.
517. *Ibid.* p. 46.

de libération intérieure, comme si mon cœur de pierre avait volé en éclats ; j'ai été envahi par une grande lumière, et rempli de Joie. Le Seigneur m'a accordé une puissante effusion de son Esprit Saint : il savait que j'en aurais besoin pour vivre les temps difficiles qui allaient venir, pour me reconstruire intérieurement et pour témoigner, plus tard, de sa miséricorde.

Mon père n'a pas changé, mais j'ai pu entrer dans une relation renouvelée avec lui, pour autant que cela dépendait de moi. Il me restait à me reconstruire en tant que père : ce « travail » a été lent et ne sera jamais achevé, mais, avec la grâce de Dieu, il a connu des avancées significatives.

POURQUOI EST-CE SI DIFFICILE DE PARDONNER ?

La difficulté est à la mesure du traumatisme subi ; or, celui-ci atteint presque tout notre être.

Il peut atteindre la dimension physique. C'est évident en cas de violence : certains porteront toute leur vie les cicatrices consécutives aux coups reçus. Et en cas d'inceste ou de viol, c'est toute la vie sexuelle qui peut être déréglée.

Le traumatisme atteint la dimension psychique, à commencer par l'affectivité : alors que l'enfant attend de son père l'amour et la tendresse, il expérimente le contraire, ce qui engendre en lui un sentiment de trahison, d'abandon, de rejet ; une perte de confiance en soi et en l'homme ; de la révolte, de la rancune, de la haine, un désir de vengeance, etc. Tous ces sentiments empêchent d'être heureux et sont comme le pus dans une blessure physique infectée. C'est pour cela que la capacité de pardonner ne peut venir de notre psychisme blessé : le pardon n'est pas une démarche affective !

Notre mémoire est également atteinte par le traumatisme subi : nous avons enregistré celui-ci dans notre corps et, par une sorte « d'engrammage », dans notre esprit. Il y a des moments où nous n'y pensons plus ; mais, la nuit, nous pouvons faire d'horribles cauchemars et des circonstances, même anodines, de la vie quotidienne, viennent raviver la blessure. Par exemple, une personne qui, enfant, a été battue ou violée, sera bouleversée de voir, dans un film, une scène analogue. Ou bien une épouse sera déstabilisée par les attitudes de son mari qui lui rappellent celles de son père. Il en sera ainsi tant que la charge émotionnelle liée à nos souvenirs n'aura pas été évacuée. On ne peut oublier de tels traumatismes : le pardon n'est pas l'oubli !

Lorsque notre affectivité est polluée par les sentiments négatifs, et notre mémoire envahie par les souvenirs traumatisants, notre imagination va elle aussi être atteinte. Au lieu de nous proposer une perspective heureuse, elle nous maintiendra dans la crainte et l'angoisse pour l'avenir. Au lieu de nous faire envisager une conversion de notre père et une réconciliation éventuelle avec lui, elle nous suggérera des moyens pour nous venger de lui.

Deux facultés plus nobles devraient nous aider à surmonter notre traumatisme : l'intelligence et la volonté, car elles ont en quelque sorte deux faces : l'une tournée vers notre cœur profond, lieu de la rencontre avec Dieu, et l'autre tournée vers l'extérieur [518]. Chez quelqu'un qui n'a pas de vie spirituelle profonde, l'intelligence psychique est obscurcie. Au lieu d'être en quête de la vérité, elle va chercher des arguments pour accabler le père agresseur ; au lieu d'essayer de comprendre comment arriver à pardonner, elle va trouver de « bonnes » raisons de ne pas le faire, notamment ces idées fausses que nous allons rectifier tout à l'heure.

La volonté psychique est également détournée de son véritable but, qui est la communion d'amour. Au lieu de décider de prendre l'orientation du pardon, la personne blessée décide de poursuivre l'agresseur de sa haine et de chercher comment se venger. C'est ainsi que l'on voit parfois des enfants tuer leur père : les journaux en rapportent de tragiques exemples. D'autres s'en remettent à la justice humaine, mais avec, dans le cœur, un désir de vengeance. C'est pourquoi souvent, le verdict

518. C'est ce qu'explique le P. Marie-Eugène de l'Enfant-Jésus en commentant saint Jean de la Croix ; in Philippe Madre, *Guérison et exorcisme, comment discerner*, p. 99-100.

ne les satisfait pas. En effet, écrit B. Dubois, « la vengeance n'est jamais assouvie par la sanction pénale. Il reste toujours dans le cœur un reliquat de violence qui maintient la personne en esclavage tant qu'elle n'envisage pas d'entreprendre une démarche de pardon [519] ».

La blessure atteint donc le corps et tout le psychisme. Elle retentit aussi sur la dimension spirituelle de notre être, mais elle ne l'atteint pas profondément, car notre cœur profond est inviolable. Il est le siège de notre liberté, qui nous permet de choisir l'amour ou le refus d'aimer, le bien ou le mal, la vie ou la mort spirituelle. (C'est de là qu'il nous faudra repartir pour pouvoir pardonner, avec la grâce de Dieu.)

Pour y arriver, nous devons aussi être conscients du combat spirituel auquel nous sommes confrontés. Lorsque le père commet une faute aussi abominable que certaines de celles évoquées dans les témoignages, le « diable » joue sur du velours pour accomplir son œuvre de « division ». Il suggère une image horrible et fausse du Père pour amener l'enfant à se détourner de lui. Dès lors, la victime se retrouve seule devant son père agresseur et le tentateur instille en elle des sentiments de colère, de haine, de rancune, de désir de vengeance, qui vont également la couper de son père.

Or, aussi compréhensibles que soient ces sentiments, ils n'en sont pas moins objectivement des péchés, car ils contreviennent au premier commandement : *« Tu aimeras le Seigneur ton Dieu de tout ton cœur... »* (Mt 22, 37) ; au quatrième : *« Honore ton père et ta mère »* (Ex 20, 12) ; et à celui-ci : *« Aimez vos ennemis et priez pour vos persécuteurs. »* (Mt 5, 44) Certes, les enfants sont innocents du mal qui leur a été fait, mais ils ont la liberté de réagir, soit en écoutant les insinuations perverses du diviseur, soit en écoutant les commandements du Père qui veut les aider dans leur épreuve et, par-delà celle-ci, les conduire au bonheur.

Le témoignage que voici illustre cette capacité de choix de l'enfant :

519. In B. Dubois et D. Desbois, *La libération intérieure*, p. 246.

« J'avais six ans à peine. Je désirais d'un grand désir voir mon papa. Il partait sur son bateau de commerce des mois durant. Je l'attendais, je guettais son retour par la fenêtre. Un jour, ce fut la joie des retrouvailles, la découverte d'un papa dont je voulais tant être fier. Puis ce fut le drame. Quelle bêtise ai-je commise ? Je ne m'en souviens pas. Par contre, la violence de la correction que je reçus ce jour-là revient avec une terrible acuité. Cinq coups de martinet s'imprimèrent sur ma cuisse. Je ne comprenais pas une telle violence ! J'étais bouleversé ! Je ressentais l'injustice, et mon cœur se ferma.

« J'avais devant moi, comme en image, deux chemins, et pour chacun d'eux, les conséquences du choix que j'allais poser. Je ressentais la violence du combat intérieur, l'insistance de "mon bon ange" qui me suppliait de ne pas en garder grief et de pardonner. J'étais surpris par la vérité et la lucidité avec lesquelles remontaient les détails de ce combat spirituel. Il y avait, en face de moi, comme un champ de destruction, une ville immense complètement anéantie. Je comprenais qu'il ne fallait surtout pas me couper de papa. Si je le faisais, ce serait une catastrophe. Je le fis quand même ! Je pensais : "Je le déteste ! Il n'est pas mon papa ! Qu'il s'en aille le plus vite possible sur son bateau ! Et qu'il ne revienne jamais plus ! Je n'aime pas les papas. Maman, elle, est gentille." Je choisis lucidement de me saborder et de l'entraîner intérieurement avec moi dans ma chute. Je fermai mon cœur.

« Je réalise maintenant quelles ont été les conséquences de ce choix sur ma vie ultérieure et ma relation à Dieu. Fort de ces lumières, j'ai pu rechoisir mon père trente-deux ans plus tard. J'ai prié Dieu en disant : "Pardonne-moi, Seigneur, j'ai péché contre toi. Aujourd'hui, je ne veux pas d'autre père que mon papa. Je l'accueille de tout mon cœur." Puis je me suis adressé à papa qui était décédé quelques années auparavant. Je sais que maintenant, il m'offre, auprès de Dieu, la paternité que j'avais tant désirée, mais que je ne lui avais pas laissé le droit d'exercer [520]. »

Au point de départ, le diviseur agit par la tentation. Si l'on écoute ses insinuations trompeuses, et que l'on choisit la révolte, la haine, la rancune, on risque alors, avec le temps,

520. *Ibid.* p. 229.

de favoriser le premier degré d'infestation maligne, que l'on appelle communément dans le Renouveau un lien (négatif) spirituel, ou que l'on peut appeler une dépendance spirituelle négative [521]. Au départ, il y a une mauvaise tendance, par exemple à la haine ou à la rancune. En cas de dépendance spirituelle négative (DSN), « cette tendance prend des proportions inhabituelles, voire inquiétantes, dans son horizon psychique et relationnel. La personne ressent fréquemment, et parfois de façon angoissée, "l'impact DSN " comme un fardeau dont elle devient esclave [522] ». Cette personne ne pourra pas entendre l'appel au pardon sans avoir une violente réaction négative et aura besoin d'une prière de délivrance.

Cette réaction sera d'autant plus violente que l'infestation maligne est plus grave. En voici un exemple : « Nous nous sommes occupés du cas d'un homme de trente-cinq ans, hospitalisé à moult reprises pour pulsion suicidaire et comportement très destructeur. [...] Nous avons été frappés d'emblée par la haine qui le rongeait, en même temps que par son grand désarroi intérieur. » Dans l'entretien, l'homme eut des réactions extrêmement violentes qui amenèrent l'équipe à suspecter une possession démoniaque. Elle fit appel à un exorciste et il fallut plusieurs séances pour libérer cet homme.

> « Entre deux séances, il a enfin pu nous dire qu'à l'âge de seize ans, son père l'avait un jour brutalisé sans raison (il l'aimait beaucoup auparavant). Il en avait conçu tellement de haine qu'il avait, sur le conseil d'un camarade, fait un pacte avec le diable, signé de son sang, lui demandant la vengeance en échange de sa vie. Son père était plus tard tombé très malade, mais lui-même n'en était pas devenu joyeux, bien au contraire. [...] Il fallut une démarche de réconciliation sacramentelle, et une renonciation "officielle" pour effacer ce pacte [523]. »

---

521. Philippe Madre, *Guérison et exorcisme, comment discerner*, p. 187 s.
522. *Ibid.* p. 191 ; Francis MacNutt, en évoquant la même réalité, parle « d'esprit de péché ». Cf. *La délivrance pour aujourd'hui*, p. 92 et 218 s.
523. Philippe Madre, *Mystère d'amour et ministère de guérison*, p. 115.

Satan et les démons existent, et ils font des ravages quand on leur ouvre la porte. C'est pourquoi Jésus nous a invités à prier le Père de nous en délivrer. C'est ainsi que s'achève le Notre Père. Le cardinal Danneels prie ainsi cette demande :

> « Père, un mal aux multiples visages nous assiège :
> L'égoïsme forcené qui s'installe au cœur de l'homme ou se niche dans les structures de notre société, la violence et la haine…
> Mais ce mal, dans un monde qui semble à la dérive, habite aussi nos cœurs : c'est là qu'il prend naissance.
> Père, le mal n'est pas simple force aveugle, il est puissance intelligente, calculatrice et raffinée. Il est Quelqu'un : le Mauvais, prince du mensonge, le *diabolos* : celui qui, depuis le début, sème la discorde dans les cœurs, dans les familles, entre les peuples, entre les grandes puissances. Père, délivre-nous du Malin. Amen [524]. »

LA CAPACITÉ DE PARDONNER EST UNE GRÂCE

L'enfant gravement blessé par son père ne peut pas trouver en lui-même la capacité de pardonner : il est trop démoli intérieurement pour cela, et trop faible pour déjouer les pièges du diable. Qu'il se tourne donc vers Dieu dont la miséricorde et la capacité à pardonner sont infinies : c'est au moment où Jésus en croix affrontait le déchaînement des forces du mal, et subissait les pires tortures physiques, morales et spirituelles, qu'il nous a obtenu le pardon du Père, pour nous et pour notre père.

Quand nous disons : « Après tout le mal que mon père m'a fait, je ne peux pas lui pardonner ! », nous avons raison : cela nous est impossible ; mais *« rien n'est impossible à Dieu »* (Lc 1, 27). Lui qui pardonne tous les péchés du monde nous rendra capables de *pardonner à ceux qui nous ont offensés*, comme lui nous a remis notre dette alors que nous étions insolvables (cf. Mt 18, 27). C'est donc vers le Père qu'il nous faut nous tourner

524. Cardinal G. Danneels, *Notre Père qui es aux cieux*, p. 49 ; cf. CEC § 2850 à 2854.

pour recevoir de lui cette grâce de pouvoir pardonner à notre père tout le mal qu'il nous a fait. Cette grâce, jaillie du cœur miséricordieux du Père et déposée dans notre cœur profond, fera le chemin inverse de celui que nous avons fait tout à l'heure pour prendre la mesure des dégâts provoqués en tout notre être : partie du cœur, elle va réordonner notre intelligence et notre volonté, puis viendra guérir notre psychisme si blessé, et peut-être même notre corps.

Première étape : accueillons la miséricorde du Père pour nous

Quelqu'un qui n'a pas expérimenté la miséricorde de Dieu ne peut pas être miséricordieux vis-à-vis de son prochain. C'était le problème des pharisiens au temps de Jésus (et ce l'est encore aujourd'hui !). Comme ils estimaient qu'ils étaient justes, eux qui s'efforçaient d'appliquer la loi à la lettre, ils étaient incapables d'admettre que Jésus fréquente les pécheurs et leur fasse miséricorde. L'épisode de la pécheresse chez Simon est à ce propos très révélateur (cf. Lc 7, 36-50). Il amène Jésus à conclure : *« Celui à qui on pardonne peu* – c'est-à-dire qui ne se reconnaît pas pécheur et n'implore pas la miséricorde de Dieu – *montre peu d'amour »* (Lc 7, 47), de miséricorde.

Lorsque l'on a été la victime innocente d'un père agresseur, on peut, comme le pharisien, en rester au plan de la justice et condamner celui qui a enfreint celle-ci de façon si évidente. On peut aussi excuser tous les sentiments négatifs que l'on ressent : colère, révolte contre le père et contre Dieu, haine, rancune, etc. Pour passer au plan de la miséricorde, il nous faut d'abord prendre conscience de notre misère, de nos péchés, de la dette insolvable que nous avons envers le Père qui nous commande la perfection de l'amour. Si, alors, nous nous jetons à ses pieds et l'en supplions, dans son infinie miséricorde, *il nous remet toute notre dette* (cf. Mt 18, 27). C'est ce qui se réalise pour nous au baptême et chaque fois que nous recevons le sacrement de réconciliation.

Alors, ayant expérimenté la générosité du Père, nous ne pouvons pas refuser de faire miséricorde à ceux qui nous ont offensés, même gravement. Sinon, nous devenons comme ce débiteur insolvable de la parabole à qui le roi a remis toute sa dette de dix mille talents et qui, aussitôt après, se montre intraitable envers un compagnon qui lui devait cent pièces d'argent (600 000 fois moins) : il exige son dû et fait mettre en prison son débiteur en attendant qu'il ait remboursé sa dette (cf. Mt 18, 28- 30).

Certes, dans le cas d'un père qui a gravement blessé son enfant, la dette est beaucoup plus importante que celle du second débiteur de la parabole. Mais ce que Jésus veut nous faire comprendre, c'est que même la dette d'un criminel reste, aux yeux de Dieu, inférieure à celle que nous avons tous envers lui, pour les raisons que nous avons évoquées plus haut.

Entrons donc dans une démarche d'humilité. Demandons à l'Esprit Saint, grâce au don de science, de nous aider à reconnaître notre misère de pécheur et venons, comme le fils prodigue ou le débiteur insolvable, au devant de notre Père qui, dans sa miséricorde, nous ouvre tout grand les bras. Renonçons à nos révoltes contre lui ; à la colère, à la haine, à la rancune, au désir de vengeance vis-à-vis de notre père, car ce sont des péchés contraires à l'amour. Plongeons tous nos péchés dans l'océan de sa miséricorde.

Si nous le souhaitons, nous pouvons passer par Marie. C'est à la croix que Jésus nous l'a donnée pour maman. Elle venait de l'entendre dire : *« Père, pardonne-leur, ils ne savent pas ce qu'ils font. »* (Lc 23, 34) Alors, du fond de son cœur uni à celui de son Fils, la première, elle a pardonné à tous ceux qui avaient transpercé son cœur maternel en torturant son fils bien-aimé ; et, en recevant Jean comme son fils (cf. Jn 19, 26), c'est nous tous, pécheurs pardonnés, qu'elle a accueillis comme ses enfants. Elle est la Mère de miséricorde, la Consolatrice des affligés, le Refuge des pécheurs… Elle, l'Immaculée, nous aide à nous ouvrir au pardon du Père et nous apprend, par son exemple, à pardonner à ceux qui nous ont déchiré le cœur.

Dans un message donné à Medjugorje, elle nous y invite :

> « Chers enfants, avec mon cœur maternel, je vous invite à apprendre à pardonner, totalement et inconditionnellement. Vous souffrez d'injustices, de trahisons, de persécutions ; mais par cela, vous êtes plus proches et plus chéris de Dieu. Mes enfants, priez pour le don de l'amour. L'amour seul pardonne tout, comme mon Fils pardonne : suivez-le. Je suis au milieu de vous et je prie afin que, lorsque vous arriverez devant votre Père, vous puissiez dire : "Me voici, Père ! J'ai suivi ton Fils, j'ai eu de l'amour et j'ai pardonné avec le cœur parce que j'ai cru en ton jugement ; j'ai eu confiance en toi." Je vous remercie [525]. »

DEUXIÈME ÉTAPE : MOBILISONS NOTRE INTELLIGENCE...

À partir du moment où nous avons retrouvé le vrai visage de notre Père et où nous avons fait l'expérience de son infinie miséricorde, nous pouvons redresser ce qui a été falsifié par les insinuations perverses de l'ennemi : les fausses images de Dieu et du pardon.

Dieu nous a donné notre intelligence pour que nous puissions connaître la vérité, déjà grâce aux lumières de la raison, et bien davantage avec le secours de l'Esprit de Vérité qui nous *« conduira dans la vérité tout entière »* (Jn 16, 13). Nous avons reçu ses sept dons au baptême et ils nous ont été renouvelés en plénitude au moment de notre confirmation [526]. Par le don de crainte, il brise notre orgueil et nous permet de reconnaître notre misère devant le Père pour mieux nous abandonner à son incommensurable miséricorde ; par le don de piété, il nous aide à surmonter notre égoïsme pour vivre notre affection filiale envers le Père et pour devenir miséricordieux vis-à-vis de nos frères ; par le don de science, il nous fait discerner la voie du salut – l'amour jusqu'au pardon aux ennemis – et la voie de la perdition – la rancune jusqu'à la mort de la relation ; par le don de force, il nous rend capables de vaincre le diviseur et de

525. Message du 2 septembre 2009 à Mirjana.
526. Cf. ch. III, 4 : Le don du Saint-Esprit au baptême, p. 117.

vivre ce qui est humainement impossible, comme le pardon au père agresseur [527].

Supplions donc le Saint-Esprit de nous aider à changer notre regard sur notre père. Certes, celui-ci a péché gravement ; mais, étant lui aussi créé à l'image de Dieu et baptisé peut-être, il peut être touché par le Seigneur, se convertir et se repentir du mal qu'il a commis. Quand on est terriblement blessé et révolté, on a tendance à diaboliser l'agresseur. Il faut donc demander la grâce de le regarder avec le regard de Dieu, avec ce regard que Jésus a eu sur Judas qui le trahissait, sur ses disciples qui l'abandonnaient, sur Pierre qui l'avait renié, sur le Grand Prêtre qui le condamnait à mort, sur les Juifs qui l'insultaient, sur les Romains qui le torturaient, sur tous les hommes qui, par leurs péchés, lui valaient les horribles souffrances de sa passion. Jésus les a tous regardés dans le regard de son Père, qui les avait créés par amour et qui voulait restaurer en eux, grâce au pardon, la ressemblance avec son Bien-Aimé !

Certes, le père agresseur a péché gravement. Dans le Nouveau Testament, l'un des mots qui désignent le péché (en grec *hamartia)* comporte l'idée d'erreur, de but manqué. Un père qui a abandonné ses enfants a commis une grave erreur en pensant qu'ils pouvaient se passer de lui ; un père qui a commis l'inceste sur sa fille a commis une grave erreur en croyant qu'il pouvait se servir d'elle pour satisfaire son plaisir ; un père qui a violenté son enfant en le frappant, parfois au point de lui briser un membre, s'est trompé en pensant qu'il en avait le droit, sous prétexte qu'il était son père. Mais s'ils écoutent leur conscience, et surtout s'ils rencontrent Dieu et écoutent sa Loi, éclairés par l'Esprit Saint, ils peuvent réaliser l'énormité de leur crime, comprendre leur erreur et la regretter. Le père de Tim Guénard, après avoir brutalisé son fils de manière effroyable, a fini par reconnaître son tort : « J'ai maltraité mon fils et je le

---

527. Cf. ce petit joyau de Dom Prosper Guéranger : *Les dons du Saint-Esprit*, Ed. de Solesmes, 1950, 37 p.

regrette [528] ». Sur la croix, Jésus a prié : *« Père, pardonne-leur, ils ne savent pas ce qu'ils font. »* (Lc 23, 34) Ils ne le savent pas… sur le coup. Mais ils peuvent venir à la vérité, s'ouvrir alors au pardon du Père et demander pardon à ceux qu'ils ont offensés.

Certes, le père agresseur a péché gravement. Un autre des mots désignant le péché (en grec *paraptôma,* en latin *peccatum)* comporte l'idée de faux pas, de chute. Pour désigner le péché d'Adam et Ève, on parle aussi de chute. Celle-ci a été gravissime, car elle a entraîné, pour eux et pour nous, la mort spirituelle et la perte de la dignité d'enfants de Dieu. C'est aussi ce qui se passe pour un père qui a gravement offensé son enfant : il perd sa dignité d'enfant de Dieu et sa dignité de père. Mais le Père veut que lui aussi soit sauvé ; il veut lui rendre sa dignité de fils (cf. Lc 15, 11-24) comme à tout pécheur, aussi bas qu'il soit tombé. Il veut même lui rendre sa dignité de père, à condition bien sûr que le pécheur se convertisse, reconnaisse sa faute et veuille désormais, autant que possible, assumer sa responsabilité.

Or, ceci peut arriver, B. Dubois en donne un témoignage. Pascale a été abandonnée par son père dès sa naissance, parce que la famille de sa mère n'avait pas voulu de lui. Terriblement blessée, la jeune femme a vécu un long chemin de guérison intérieure. Au bout de plusieurs années, elle a retrouvé sa mère, puis, à l'âge de trente-cinq ans, son père. Celui-ci l'a accueillie avec amour, elle en témoigne :

> « Je n'aurais pas assez d'un livre pour raconter les retrouvailles avec mon père ! Mon père a continué à guérir en moi cette blessure d'abandon. Pendant les semaines et les mois qui ont suivi nos retrouvailles, mon père n'a cessé de me dire qu'il m'aimait, qu'il était là et qu'il ne m'abandonnerait plus jamais. Cette angoisse-là n'avait pas le temps de ressurgir que mon père déjà l'avait apaisée par ses mots [529]. »

---

528. In *Chemins d'Éternité* (revue du sanctuaire de Montligeon), n° 235, p. 20.

529. In B. Dubois, *Guérir en famille*, p. 240.

Certes, le père agresseur a péché gravement. Un troisième mot désignant le péché dans les Évangiles est celui de dette (en grec *opheilêma*, en latin *debitum).* C'est le terme employé dans le Notre Père : *« Père, remets-nous nos dettes comme nous avons remis à ceux qui nous devaient. »* (Mt 6, 12) [530], et dans la parabole du débiteur insolvable (cf. Mt 18, 23-35). La dette du père agresseur est immense : s'il a été absent, il n'a pas apporté à son enfant l'affection sécurisante dont celui-ci avait besoin ; il n'a pas exercé sa responsabilité qui était de l'aimer (ch. IV), de le nourrir, de lui transmettre les valeurs et la loi (ch. V), de lui faire miséricorde (ch. VI). S'il a commis un inceste, il a profondément souillé sa fille et gâché sa vie : elle a sans doute connu la peur ou la haine des hommes, peut-être les désordres sexuels, les addictions, les envies suicidaires… S'il a été très violent envers son enfant, celui-ci a pu connaître la haine, la violence, la délinquance, la prison… Comment Dieu peut-il nous demander de lui remettre une telle dette ?

Il le peut pour au moins deux raisons. La première est qu'à la prière de Jésus en croix, il a remis toute sa dette à l'humanité pécheresse : tous les péchés du monde ! Donc les nôtres et ceux de notre père agresseur. Si nous avons expérimenté l'infinie miséricorde du Père, qui nous a remis toute notre dette, nous devons faire comme lui et, avec sa grâce, remettre sa dette à notre père, aussi grande soit-elle.

La deuxième raison pour laquelle le Père nous demande de remettre leur dette à nos débiteurs, c'est que, si nous ne le faisons pas, nous nous rendons malheureux nous-mêmes. En effet, la dette du père agresseur est si énorme qu'il ne pourra jamais la rembourser. Si nous attendons qu'il le fasse, nous serons nécessairement déçus et nous risquons de nous aigrir en attendant réparation.

En outre, si nous nous situons au plan de la justice, comme les pharisiens, jugeant et condamnant notre père, refusant de lui remettre sa dette, nous resterons fermés à l'amour. Et

530. C'est la traduction littérale.

quand, à notre mort, nous comparaîtrons devant notre Père, il nous traitera comme nous aurons traité notre père ici-bas, exigeant de nous que nous remboursions toute notre dette ; c'est Jésus qui l'affirme à la fin de la parabole du débiteur impitoyable : *« C'est ainsi que mon Père céleste vous traitera si chacun de vous ne pardonne pas à son frère* (ou à son père !) *du fond du cœur. »* (Mt 18, 35) Si donc nous désirons la paix dès ici-bas, et la béatitude dans la vie éternelle, accueillons l'invitation de Jésus et pardonnons, avec la grâce de Dieu, à celui qui nous a le plus offensés.

Corrigeons nos idées fausses sur le pardon

Avant d'envisager comment pardonner, utilisons encore notre intelligence, éclairée par l'Esprit, pour écarter quelques idées fausses qui peuvent nous empêcher d'y arriver.

Le pardon n'est pas l'oubli, nous l'avons dit. On ne peut oublier de tels traumatismes. Parfois, nous les refoulons, mais notre corps crie notre souffrance par des somatisations diverses, ou notre psychisme par des dysfonctionnements qui peuvent être graves. Avant de pouvoir pardonner, nous devons reconnaître notre blessure dans toute sa gravité, notre souffrance, les nommer et les dire. C'est particulièrement vrai pour l'inceste, tellement ce drame est tabou. Élodie Tibo, parmi d'autres, a écrit ses livres pour briser ce tabou ; et quand elle envisage comment la victime peut s'en sortir, elle commence par ce chapitre : « D'abord le dire [531] ».

Seconde idée fausse : *pardonner reviendrait à accepter le mal, à excuser l'agresseur*. Ce serait une faiblesse ! On ne peut avoir cette impression que si on reste au niveau de la justice : alors, certes, il sera impossible de récupérer la dette et, pour le monde, c'est une folie incompréhensible. Pardonner implique un changement de plan radical, un passage de la justice à la miséricorde. Celui qui a connu la plus extrême faiblesse, Jésus

531 . Élodie Tibo, *L'inceste*, p.81 s.

sur la croix, nous a obtenu ainsi le pardon du Père pour tous nos péchés et nous a justifiés, alors qu'il était objet de *scandale pour les Juifs et de folie pour les païens* (cf. 1 Co 1, 23). En faisant comme lui, nous gagnons un trésor : celui de la miséricorde infinie du Père.

Mais la miséricorde n'oublie pas la justice, elle l'exige même. Jean-Paul II le dit clairement. Jésus, rappelle-t-il, nous demande de pardonner *« soixante-dix fois sept fois »* (Mt 18, 22), c'est-à-dire « à tous et toujours. Il est évident qu'une exigence aussi généreuse de pardon n'annule pas les exigences objectives de la justice. La justice bien comprise constitue pour ainsi dire le but du pardon. Dans aucun passage du message évangélique, le pardon, ni même la miséricorde qui en est la source, ne signifient indulgence envers le mal, envers le scandale, envers le tort causé ou les offenses. En chaque cas, la réparation du mal et du scandale, le dédommagement du tort causé, la satisfaction de l'offense sont conditions du pardon [532]. »

Troisième idée fausse : « Je ne peux pas pardonner parce que mon père ne s'est pas repenti et ne m'a pas demandé pardon. » Il n'est pas nécessaire que l'autre demande pardon pour qu'on lui pardonne. Heureusement ! Car si Jésus en croix avait attendu que les hommes se repentent et lui demandent pardon, il n'aurait jamais pu leur obtenir le pardon du Père ! Saint Paul l'affirme : *« En ceci Dieu prouve son amour envers nous : Christ est mort pour nous alors que nous étions pécheurs. »* (Rm 8, 8) L'amour fait le premier pas. Il ne se laisse pas arrêter par l'offense, aussi grave soit-elle, et grandit même par-delà celle-ci, en se faisant miséricorde.

Élodie Tibo, qui a eu la grâce d'arriver au pardon à son père, consacre, dans son livre, un chapitre au pardon. Elle y écrit notamment : « Il n'est pas nécessaire que l'agresseur demande le pardon pour qu'on le lui donne. [...] Pardonner c'est ouvrir

532. Jean-Paul II, *La miséricorde divine*, 14 ; dans son livre, E. Tibo énumère toutes les démarches qu'un père peut faire pour réparer, autant que possible, sa faute : p. 143 s.

son cœur et déverser de l'amour par un cœur crucifié. C'est vivre de l'amour du Christ [533]. »

L'enfant (quel que soit son âge maintenant) qui, uni à Jésus dans le mystère de sa Pâque, pardonne à son père agresseur, devient ainsi un « martyr », c'est-à-dire un « témoin » que l'amour est plus fort que le mal, le péché et la souffrance. C'est l'Église qui l'affirme :

> « La prière chrétienne va jusqu'au pardon des ennemis (cf. Mt 5, 43-44). Elle transfigure le disciple en le configurant à son Maître. Le pardon est un sommet de la prière chrétienne ; le don de la prière ne peut être reçu que dans un cœur accordé à la compassion divine. Le pardon témoigne aussi que, dans notre monde, l'amour est plus fort que le péché. Les martyrs, d'hier et d'aujourd'hui, portent ce témoignage de Jésus. »

Et cet article s'achève par cette phrase essentielle : « Le pardon est la condition fondamentale de la réconciliation des enfants de Dieu avec leur Père et des hommes entre eux [534]. » Il ne faut pas confondre le pardon et la réconciliation : le premier est la condition de la seconde. Sur la croix, Jésus nous a obtenu le pardon du Père pour tous nos péchés. Ce pardon nous a permis de vivre la réconciliation avec lui (cf. Rm 8, 10 ; 2 Co 5, 18-21). Étymologiquement, la réconciliation est un appel (« -cil » vient de *calo*, « appeler ») à revenir (« re- ») à la communion (« -con » vient de *cum*, « avec »). Le Père nous pardonne nos péchés en vue de nous réconcilier avec lui et de nous (ré)introduire dans l'Alliance avec lui. De même, l'enfant blessé par son père pardonne en vue de la réconciliation et de la restauration de la communion avec lui. Celle-ci devra se faire – c'est le désir de Dieu – de préférence ici-bas, sinon dans la vie éternelle !

Quatrième idée fausse : « Mon père est mort ; je ne peux plus lui pardonner. » Ce que nous venons de dire sur la différence

---

533. Élodie Tibo, *L'inceste*, p. 109.
534. CEC § 2844.

entre le pardon et la réconciliation s'applique également dans ce cas. En outre, la relation entre l'enfant et son père ne s'interrompt pas avec la mort de celui-ci. Nous l'avons entrevu dans certains témoignages ; voici celui de l'acteur Michaël Lonsdale :

> « Prière pour ceux de ma famille dont l'absence m'est parfois si pénible. Sauf pour mon père. Pourquoi ? Vient la grande envie de lui pardonner. Tout. La meilleure façon serait de comprendre pourquoi, pourquoi les êtres agissent mal. Leurs blessures profondes. Prier, pardonner, encore et encore.
> Mon cœur, lourd de cet oubli, s'apaise et la guérison se fait lentement. Délivrance. Et ceci de fabuleux : la nuit suivante, j'ai rêvé de lui. Il venait vers moi, doucement, vêtu d'un imperméable très british, et avec un bon sourire. Je n'avais pas rêvé de lui depuis sa mort, dans les années cinquante [535]. »

Cinquième idée fausse : quand nous entendons l'appel au pardon, *nous pensons à un pardon parfait*, total et définitif, comme celui de Jésus en croix, si bien que, dans nos cœurs trop blessés, cela paraît impossible. Nous désespérons de pouvoir y arriver, si bien que nous ne faisons même pas le premier pas. Certes, il faudra que nous arrivions à donner notre pardon *du fond du cœur* (cf. Mt 18, 35), c'est-à-dire en partant de notre cœur profond pour traverser et restaurer tout notre psychisme blessé. Mais nous ne sommes pas obligés d'y arriver du premier coup : le pardon est un chemin et, avec la grâce de Dieu, nous en franchirons toutes les étapes si nous décidons de nous y engager. Le père Michaël Scanlan l'affirmait (cf. p. 269) : nous avons le sentiment de ne pas pouvoir y arriver ; mais le pardon n'est pas une démarche affective ; il implique de notre part une décision qui mobilise notre volonté.

535. Texte trouvé au fond d'une église.

TROISIÈME ÉTAPE : MOBILISONS NOTRE VOLONTÉ. ÉTAPES SUR LE CHEMIN DU PARDON

Écartons tout de suite une objection : il ne s'agit pas ici de volontarisme. Celui-ci est « l'attitude de quelqu'un qui croit pouvoir soumettre le réel à ses volontés » (Petit Robert). Une telle attitude est vouée à l'échec dans le cas du pardon qu'un enfant hyper blessé doit donner à son père agresseur. Mobiliser notre volonté consiste à prendre la décision, en union avec Jésus crucifié et ressuscité, avec l'aide du Saint-Esprit, de faire la volonté du Père et de vivre son appel au pardon des ennemis (cf. Mt 5, 44).

Nous repartons du cœur de notre être, qui a renoncé à la révolte contre le Père, qui a expérimenté son infinie miséricorde et qui a compris le sens profond de l'appel au pardon. Après avoir sollicité notre intelligence, nous mobilisons maintenant notre volonté : « La volonté spirituelle ne peut que désirer aimer et se donner [536]. » Donner jusqu'au pardon, jusqu'au don par-delà l'offense.

Elle va se heurter à toutes les résistances de notre psychisme blessé et contaminé par le péché. Mais c'est précisément là que se joue notre combat spirituel et c'est en décidant d'avancer sur le chemin du pardon que nous allons progresser dans notre guérison intérieure. Nous pouvons compter pour cela sur l'aide du Saint-Esprit qui brise notre orgueil et notre égoïsme grâce aux dons de crainte et de piété, qui nous trace le chemin grâce au don de conseil et qui nous donne la capacité d'y avancer par le don de force.

On peut envisager *sept pas* à faire pour avancer sur le chemin du pardon.

Le premier consiste à *renoncer au désir de vengeance*. La réaction naturelle de l'homme blessé et pécheur, quand il est agressé, est de se défendre et de riposter. Souvent sans limite ; les faits divers en rapportent de tragiques exemples. C'est la loi

536. Philippe Madre, *Guérison et exorcisme, comment discerner ?* p. 101.

de la jungle, la loi du plus fort. Pour limiter ces excès, Moïse a édicté la loi du talion : *« œil pour œil, dent pour dent »* (Ex 21, 24 ; Mt 5, 38). Jésus, dans sa Loi nouvelle, va beaucoup plus loin : *« Eh bien moi je vous dis de ne pas tenir tête au méchant : au contraire, quelqu'un te donne-t-il un soufflet sur la joue droite, tends-lui encore l'autre »* (Mt 5, 39) ; autrement dit, refuse le cycle de la violence, passe de la justice à la miséricorde, refuse la vengeance et pardonne à ton agresseur.

Le deuxième pas consiste à *demander le désir de pardonner.* Tous ceux qui accueillent des gens extrêmement blessés constatent chez eux une quasi-impossibilité de pardonner. Aussi procèdent-ils comme F. MacNutt :

> « Nous leur demandons alors s'ils sont d'accord pour qu'on demande à Dieu de les aider à vouloir pardonner. S'ils disent oui, nous pouvons prier ainsi :
> "Seigneur Jésus, par la puissance du pardon qui est au-delà de notre pouvoir, mais que tu as obtenu sur la croix quand tu as dit : *Père, pardonne-leur, ils ne savent pas ce qu'ils font,* viens déverser ton pardon et ton amour dans le cœur de N., pour qu'il (elle) puisse être capable de pardonner à celui qui l'a si profondément offensé(e)" [537]. »

Cette prière peut suffire pour débloquer la personne et lui permettre un nouveau pas.

Le troisième consiste à *prier pour son agresseur.* Au début, cette prière peut être très orientée : « Seigneur, fais-lui prendre conscience de tout le mal qu'il m'a fait. Inspire-lui de m'en demander pardon. » C'est un début, et le Seigneur nous aidera à aller plus loin. En tout cas, selon le Curé d'Ars, cette prière met en fuite le diviseur : « Le moyen de renverser le démon, quand il nous suscite des pensées de haine contre ceux qui nous font du mal, c'est de prier aussitôt pour eux. Voilà comment on arrive à vaincre le mal par le bien [538]. »

537. Francis MacNutt, *La délivrance pour aujourd'hui*, p. 222.
538. In *Feu et Lumière*, n° 167, dossier sur le pardon, p. 52.

Le pas suivant consistera justement à *prier Dieu de bénir notre père*. « Comment ! Après tout le mal qu'il m'a fait ? » Mais oui : on ne peut vaincre le mal que par le bien. À la malédiction répond la bénédiction. En demandant au Père de bénir notre père, nous ne le prions pas de bénir la situation peccamineuse dans laquelle il se trouve, ni de fermer les yeux sur toutes les souffrances qu'il nous a causées ! Le bien que nous souhaitons pour notre père, c'est qu'il se convertisse, reconnaisse ses fautes, reçoive le pardon du Père, retrouve sa dignité de fils de Dieu et de père, se réconcilie avec nous et répare, autant que possible, tout le mal qu'il nous a fait. Ce n'est qu'ainsi, d'ailleurs, qu'il trouvera la paix du cœur et sauvera son âme.

Le cinquième pas consiste à *remettre à notre père toute sa dette*. Cette dette est énorme, certes. Mais en la remettant à notre père, c'est nous que nous libérons d'une attente qui ne peut être comblée, d'un lien négatif qui nous empêche d'aimer en vérité. Pour l'avoir vécu, j'atteste combien cette démarche soulage ! Dieu nous appelle à aimer comme lui, gratuitement, en faisant le premier pas ; à remettre tout le passé à sa miséricorde pour vivre l'aujourd'hui de son amour et de l'amour du prochain.

Alors, on est prêt pour le sixième pas : *le pardon du fond du cœur* (Mt 18, 35).

> « Il s'agit d'une participation vitale [...] à la Sainteté, à la Miséricorde, à l'Amour de notre Dieu. Seul l'Esprit, qui est *notre Vie* (cf. Ga 5, 25) peut faire "nôtres" *les mêmes sentiments qui furent dans le Christ Jésus* (cf. Ph 2, 1-5). Alors, l'unité du pardon devient possible, *nous pardonnant mutuellement comme Dieu nous a pardonné dans le Christ* (cf. Ep 4, 22) [539]. »

Alors, nous pouvons dire, parodiant saint Paul : « Ce n'est plus moi qui pardonne, c'est le Christ qui pardonne en moi » (cf. Ga 2, 20). Et c'est pour cela que le lieu idéal pour pardonner du fond du cœur est le sacrement de réconciliation.

539. CEC § 2842.

Voilà ce qu'a vécu Anna, victime d'inceste, qui nous donne ce bouleversant témoignage :

> « J'ai recherché le pardon et le Christ. "Mon Fils se laisse toucher" (message de la Vierge à Pontmain). Dieu, à travers l'Église, a guéri en moi ce qui était le plus blessé, mon être profond, ma sexualité, ma féminité. Transfiguration de la souffrance, Dieu me ressuscite dès ici-bas. J'ai vu l'enfer, mais j'ai goûté aussi des moments de joie, de paix. Pour pardonner, il faut d'abord prendre conscience du mal qui a été fait et ensuite, pouvoir guérir en Dieu toute haine. En restant toujours dans la miséricorde du Christ. À travers les sacrements, Dieu accueille mes peurs et il me guérit. C'est certain, il faut faire le ménage du passé ; délier les langues, cela fait du bien et c'est nécessaire pour guérir. Mais je me méfie des dérapages psychologiques. Mettre toute ma famille au tribunal ne m'intéresse pas. Je veux uniquement pardonner. Pardonner dans la communion des saints, et dans le cœur de Dieu, c'est peut-être le plus facile : petit à petit, tout se passe dans la délicatesse de Dieu. Il voit tout. Guérir en Dieu le Père, c'est pouvoir pardonner, en vérité, tout le mal que mon père m'a fait [540]. »

Le pas suivant dépend de la situation. Si le père n'est pas encore converti, et incapable de s'ouvrir au pardon, on peut aller avec Jésus jusqu'au bout de l'amour *en offrant sa souffrance*, en union avec celle du Christ, pour le salut de son père [541].

Si, par contre, il a pris conscience du mal qu'il a fait, s'en est repenti et en demande pardon à son enfant, *une réconciliation est possible*. La patience et la prudence sont nécessaires, mais rien n'est impossible à Dieu et c'est cela qu'il désire ! Qu'on se laisse conduire par l'Esprit Saint. Cette réconciliation ne pourra que faire un bien immense à l'enfant et à son père, et elle réjouira le cœur de Dieu. Jésus n'a-t-il pas déclaré : *« Il y aura de la joie dans le ciel pour un seul pécheur qui se convertit,*

540. In *Famille Chrétienne*, n°1690 du 5 juin 2010.
541. Cf. ch. IV, 4 : Un sens à la souffrance, p. 187 s.

plus que pour quatre-vingt-dix-neuf justes qui n'ont pas besoin de conversion. » (Lc 15, 7)

Cette paix, cette joie retrouvées sont les meilleurs signes que l'on a pardonné du fond du cœur. On peut vivre désormais paisiblement la situation, quelle qu'elle soit, que le père ait accueilli le pardon ou pas. Si oui, la relation s'en trouve renouvelée et, dans le meilleur des cas, l'amour est revenu dans la famille, cet amour purifié par l'épreuve qui est une participation à l'amour de Dieu.

LA GUÉRISON PSYCHOAFFECTIVE

Pour arriver au pardon, nous sommes repartis de notre cœur, nous avons mobilisé notre intelligence et notre volonté. Le pardon donné va maintenant étendre ses ondes de choc positives dans les zones les plus blessées de notre psychisme : l'affectivité et la mémoire. Comme nos blessures ont été provoquées par notre père, si notre attitude par rapport à celui-ci a été assainie par le pardon, il est possible d'envisager désormais la cicatrisation de ces blessures.

Ce qui a rendu celles-ci purulentes, ce sont tous les sentiments négatifs : perte de confiance en soi et en l'autre, colère, rancune, haine, désir de vengeance, etc. dans lesquels entre une part de péché. Dans la mesure où nous avons reconnu ces sentiments et ces péchés, où nous les avons exprimés devant un groupe d'intercesseurs ou devant un prêtre, où nous les avons remis à la miséricorde du Père, nous en voilà libérés. Restent les faits bruts. Ils font partie de notre histoire et leurs conséquences pèsent encore sur notre vie, mais nous pouvons y repenser sans colère et sans haine ; nous pouvons en parler sans trouble et sans pleurs : ce sont les signes qu'une cicatrisation s'est opérée.

Restent aussi une fragilité, une sensibilité plus grande, notamment par rapport aux paroles et aux situations qui reproduisent ce que nous avons vécu. Nous pouvons en être troublés, mais nous sentons bien qu'en remettant tout à la miséricorde de Dieu, nous retrouvons plus rapidement la paix.

En outre, ce trouble passager est de moins en moins important au fil du temps, parce que *« l'Esprit nous arme de puissance, et que se fortifie en nous l'homme intérieur »* (Ep 3, 16).

Si, à la suite du traumatisme affectif vécu par rapport au père, un comportement déviant a été adopté, le pardon va entraîner une rectification de celui-ci. À titre d'exemple, voici « le cas d'une jeune fille de dix-neuf ans devenue homosexuelle quatre ans plus tôt. Nous dégageâmes progressivement avec elle une haine insoupçonnée et gigantesque à l'égard de celui qui n'avait pu être vraiment et efficacement un père. Lorsqu'elle prit vraiment conscience de cette réalité et entra à l'égard de son père dans une démarche de pardon, ses troubles affectifs et sexuels se résorbèrent en quelques semaines [542] ».

Parfois, le comportement négatif adopté après un traumatisme rejaillit sur la famille, les enfants. Le pardon, dès lors, aura des effets bénéfiques, non seulement pour la personne qui le vit, mais aussi pour ses proches. B. Dubois en donne un exemple :

> « Une femme battait ses enfants et se sentait alors soulagée. Or, à sept ans, son père et sa mère la rouaient de coups avec un morceau de bois. Elle disait : "Je me tenais debout, là, et ne pleurais pas." Une fois, quand son père la lâcha, elle se retrouva presque sans connaissance, avec des membres brisés.
>
> « Tant de rage accumulée pendant des années déclenchait une violence terrible dès qu'un plus faible la provoquait. C'était le cas avec ses enfants. Après une "retraite de guérison intérieure" au cours de laquelle elle fit l'expérience de la rencontre avec le Christ, qui vint la consoler et lui pardonner sa violence, à son tour elle demanda pardon à ses enfants ; ses enfants lui pardonnèrent. Elle est maintenant très maternelle [543]. »

Le pardon est le meilleur remède à nos blessures. Cependant, il ne nous dispense pas de tout un travail psychologique sur

542. Philippe Madre, *Mystère d'amour et ministère de guérison*, p. 46.
543. Bernard Dubois et Daniel Desbois, *La libération intérieure*, p. 241.

nous-mêmes pour rectifier les fausses croyances et les comportements inadaptés que nous avons pu adopter.

Engageons-nous donc résolument sur le chemin du pardon : c'est le chemin du bonheur. À travers les pardons donnés et reçus, nous nous reconstruisons progressivement, renouvelant ces pardons aussi souvent que nécessaire. Le plus difficile à donner, c'est le premier : dans l'optique de ce livre, le pardon à notre père qui nous a tant fait souffrir. Ensuite, avec la grâce de Dieu, le sacrement de réconciliation, la prière des frères, cela devient de moins en moins difficile. Et peu à peu, nous devenons des artisans de paix dans notre famille, dans notre milieu de vie, à notre travail, dans l'Église, ce qui réjouit le cœur de Dieu : *« Heureux les miséricordieux : il leur sera fait miséricorde. »* (Mt 5, 7)

5. Prière pour exprimer mon pardon à mon père

Seigneur Jésus-Christ, Fils du Dieu Vivant, mon Rédempteur et mon Sauveur, me voici au pied de ta sainte Croix, avec Marie, ta mère, que tu m'as donnée comme maman.

Dans ton immense amour pour moi, tu as pris sur toi tous mes péchés et tu as subi les pires tortures à ma place pour les expier. Béni sois-tu !

Au cœur de ton indicible souffrance, tu as prié : *Père, pardonne-leur car ils ne savent pas ce qu'ils font.* Tu as présenté à ton Père tous mes péchés et lui, dans son infinie miséricorde, les a tous pardonnés, gratuitement ! Béni sois-tu !

Le jour de mon baptême, Jésus, j'ai été plongé dans le mystère de ta mort et de ta résurrection. Le Père a effacé pour moi le péché originel, m'a adopté(e) comme son fils (sa fille) bien-aimé(e) et m'a donné l'Esprit-Saint. Trinité d'amour, bénie sois-tu !

Chaque fois que je reconnais mes péchés et que je reviens à toi dans le sacrement de réconciliation, Père infiniment bon, tu me remets toute ma dette, à moi, serviteur (servante) insolvable. Béni sois-tu !

Seigneur Jésus, tu sais combien j'ai souffert de la part de mon père…
Tu connais aussi tous les sentiments négatifs que j'éprouve encore vis-à-vis de lui : manque de confiance, colère, ressentiment, rancune, haine, désir de vengeance, envie de le tuer parfois… Je reconnais aujourd'hui tous ces péchés et je les plonge dans ton cœur afin que tu les brûles au feu de ta miséricorde.
Ô Jésus, fais couler sur moi ton Précieux Sang afin qu'il me purifie de tous mes péchés et me libère de tout lien négatif avec l'un ou l'autre d'entre eux. Manifeste ta puissance et ta victoire, Seigneur !
Esprit Saint, renouvelle mon cœur, afin que je puisse entrer dans les sentiments qui sont les tiens vis-à-vis de mon père. Accorde-moi la grâce de le regarder désormais comme toi tu le regardes : comme un enfant du Père appelé à retrouver toute sa dignité de fils et toute sa dignité de père. Merci d'exaucer ma prière maintenant !

1. Seigneur Jésus, lorsque tu as été trahi par Judas, abandonné par tes apôtres, renié par Pierre, insulté par les Juifs, flagellé par les Romains et, pour finir, horriblement crucifié, tu es resté silencieux. À aucun moment, tu n'as éprouvé de haine pour tes bourreaux. À aucun moment, tu n'as crié vengeance. Au contraire, tu as demandé à ton Père de leur pardonner leurs péchés !
À ton exemple, Jésus, aujourd'hui, *je renonce à tout désir de vengeance contre mon père*, malgré tout le mal qu'il m'a fait. Je renonce à lui jeter la pierre, parce que je suis moi-même pécheur (pécheresse). Je te laisse le soin de juger ce qu'il a fait, car toi seul es Saint. Et j'implore la miséricorde du Père, pour moi ; pour lui…

2. Seigneur Jésus, j'ai vraiment du mal à pardonner à mon père. Mais j'ai compris que c'est à moi que la rancune fait le plus de mal ; que toi tu veux m'en libérer et me donner ta paix. Alors, puisque tu m'as montré le chemin, fais grandir

en moi, par la force de ton Esprit, *le désir de pardonner à mon père*. Accorde-moi la grâce de me décider vraiment à donner ce pardon qui me libérera. Par moi-même, je ne peux y arriver, mais je crois que rien ne t'est impossible, à toi qui, sur la croix, as pardonné à tous ceux qui te torturaient.

3. Seigneur Jésus, sur la croix, tu as prié pour tes bourreaux : *« Père, pardonne-leur, car ils ne savent pas ce qu'ils font ! »* Par toi, avec toi et en toi, *je veux prier désormais pour mon père*. Et puisque je ne sais pas prier comme il faut, je reprends tes propres mots :
Père ! Avec Jésus, je me tourne vers toi ; tu es la source de l'amour ; tu es riche en miséricorde. C'est à toi que je présente mon père.
Pardonne-lui ! Moi je n'y arrive pas. Mais toi, Père tout-puissant, toi qui l'as créé et qui veux le sauver, tu peux lui pardonner.
Il ne sait pas ce qu'il a fait ! Père, par ton Esprit saint, éclaire mon père pour qu'il comprenne le mal qu'il a fait et que tu es prêt à l'accueillir avec miséricorde si, comme le fils prodigue, il revient à toi.

4. Père infiniment bon, je te bénis, parce que tu m'aimes de toute éternité. Tu m'as choisi(e) comme un être unique à tes yeux et tu as fait de moi ton enfant bien-aimé(e). Tu me promets un bonheur éternel auprès de toi après ma mort. Oh ! Béni sois-tu, Père, ton amour est merveilleux !
Père, tu as le même dessein d'amour pour mon père. Avant sa faute, tu l'as aimé, choisi, prédestiné à être ton fils, racheté par le sang de Jésus… Tu veux le restaurer dans sa dignité de fils et dans sa dignité de père. Tu veux qu'il soit sauvé pour l'éternité. Tes bénédictions sont aussi pour lui.
Alors, à mon tour, par Jésus et dans l'Esprit, *je te prie de bénir mon père*, afin que ton dessein d'amour se réalise pour lui.

5. Père très bon, dans ton infinie miséricorde, tu m'as remis toute ma dette, à moi qui étais un serviteur (une servante)

insolvable. À présent, tu me demandes de *remettre sa dette à mon père*, aussi énorme qu'elle me paraisse… Tu es bien exigeant, Père !
Mais j'ai compris que mon père ne pourra jamais s'acquitter de sa dette envers moi et que, si je continue à l'exiger, je serai malheureux(se) toute ma vie. J'ai compris aussi qu'en remettant sa dette à mon père, je vide mon cœur pour accueillir le trésor de ta miséricorde et de tes bénédictions, Père. Alors, je veux t'obéir.
Oui, papa, elle est énorme, la dette que tu as contractée envers moi… Mais aujourd'hui, avec la grâce de Dieu, je te la remets entièrement, sans condition et pour toujours.

6. Seigneur Jésus, je me tiens debout au pied de ta croix, avec Marie, ta mère et ma mère miséricordieuse. De ton cœur ouvert coulent l'eau et le sang qui jaillissent des profondeurs de ta miséricorde. Celle-ci trouve sa source ultime dans le cœur du Père, et le Saint Esprit la déverse maintenant sur moi en surabondance.
Trinité Sainte, je te présente mon pauvre cœur : purifie-le ; guéris-le ; viens y faire ta demeure. Je laisse tomber toute résistance et je m'abandonne à ton amour. Remplis-moi de paix, d'amour, de bonté, de bienveillance… pour mon père. Comme toi, Père, je veux faire miséricorde. Comme toi, Jésus, je veux aller jusqu'au bout de l'amour, jusqu'au pardon. Aussi, dans la puissance de l'Esprit Saint, maintenant, *du fond du cœur, je pardonne à mon père tout le mal qu'il m'a fait* Je pardonne sans condition… Je pardonne tout… et pour toujours…
Je te prie, Seigneur Jésus, de sceller, par ton précieux Sang, la démarche que je viens d'effectuer.

7. Seigneur Jésus, crucifié et glorifié, je t'offre toutes mes souffrances passées et présentes. *Je les unis à celles que tu as endurées sur la Croix, pour le salut de mon père* et de tous les pères qui ont fait ou font souffrir leurs enfants. Je les offre aussi pour ces millions d'enfants, victimes innocentes, qui

souffrent dans le monde. Par les mérites de la passion de Jésus, que ta miséricorde, Père, descende abondamment sur eux tous.

Maintenant, je désire *me réconcilier avec mon père.* Avec ta grâce, Père, je l'honore et je désire qu'il retrouve sa dignité et sa responsabilité de père.

(Si mon père est décédé) : Papa, lorsque tu es mort, tu as rencontré le Christ Seigneur. Tu as découvert l'immensité de son amour et réalisé l'horreur de tes péchés. L'amour de Jésus te purifie de ceux-ci. Je crois que maintenant, tu n'es plus qu'amour pour moi et que tu veux mon bonheur. Prie pour moi, afin que guérissent les blessures que tu m'as infligées, et que je grandisse dans l'amour, jusqu'au jour où je te retrouverai au ciel pour un bonheur éternel.

Père infiniment bon, que ton amour, plus fort que la haine et la division, renouvelle notre famille. Que jusqu'à la fin de nos jours, le Saint-Esprit nous fasse grandir dans l'amour et la reconnaissance pour toi, Père bien-aimé, et pour toi, Jésus, notre Rédempteur et notre Sauveur. Qu'il nous fasse grandir aussi dans l'amour entre nous, à travers le don et le pardon.

Nous deviendrons ainsi les témoins de ta miséricorde, Père, et de la réconciliation que tu veux pour nous, pour nos familles, pour l'Église et pour notre monde.

Que les saints anges et archanges nous protègent !

Que la Vierge Marie et saint Joseph prient pour nous !

Que nos saints patrons et les saints de notre famille intercèdent pour nous !

Aujourd'hui et tous les jours de notre vie. Amen.

Exodos

Je n'ai pas voulu appeler « Conclusion » ces dernières pages, car ce mot comporte l'idée de « finir » l'ouvrage. Or, ces lignes se veulent au contraire une invitation à poursuivre la route (*odos*) vers le Père !

Il est possible de méditer encore bien des aspects de l'amour infini de notre Père : il nous nourrit ; il est fidèle ; il veut, par-delà notre mort, nous conduire à la béatitude éternelle... Et nous pouvons en tirer bien des enseignements pour nous, pères de la terre [544].

Pourquoi ce titre « Exodos » ? Dans un de ses sens, ce mot grec signifie la sortie du chœur à la fin d'une tragédie. Dans ce livre, nous nous sommes penchés avec compassion sur la tragédie de tant d'hommes qui ignorent combien ils sont aimés par leur Père, et sur la tragédie de tant d'enfants abandonnés ou blessés, parfois terriblement, par leur père. J'ai alors mobilisé un chœur de théologiens et de témoins – que je remercie pour leur inestimable concours – afin de proposer à ces fils et filles prodigues, et à ces enfants, victimes innocentes, un chemin de guérison et d'espérance. À présent, comme le chœur antique, nous nous retirons pour laisser l'Esprit Saint œuvrer dans les cœurs et les restaurer.

Le livre refermé, nous allons poursuivre notre « exodos », la « sortie » (c'est un deuxième sens du mot) de nos esclavages intérieurs, pour continuer notre pèlerinage vers le Père.

544. J'ai d'ailleurs rédigé sur ces thèmes trois chapitres qui n'ont pas été retenus dans ce livre déjà fort long.

Nous sommes nés dans le désir du Père qui veut nous combler de ses bénédictions, et c'est en revenant à lui que nous trouvons notre identité et notre bonheur. Le père Jean-Claude Sagne l'exprime parfaitement :

> « L'amour de Dieu le Père est l'unique mystère, l'unique réalité, la référence première et dernière de notre vie. Dieu est notre vie, il est davantage nous-mêmes que nous-mêmes, car il est notre source. [...] Le Père est celui qui donne. La pureté de l'amour du Père est sa générosité ; il ne garde rien pour lui et sa toute-puissance consiste justement à pouvoir se donner entièrement.
>
> « Le Père a pour vie personnelle de donner sans cesse tout son Être, sa propre vie divine à son Fils ; le Père nous voit en son Fils unique, Jésus, le Fils de sa tendresse (cf. Col 1, 13), il nous aime en lui et nous appelle à lui. Le mouvement de fond de notre vie est notre *retour vers le Père*. Le dynamisme de notre vie [...] est donc notre union à Jésus en son abandon filial au Père. [...] Notre vie filiale consiste à naître à la vérité qui est la vie de Dieu se donnant à nous ; c'est la longue histoire d'un travail de délivrance, au double sens de la libération des liens et de l'accès à une vie nouvelle [545]. »

Cette délivrance, Israël l'a vécue au moment de son exode, de sa sortie du pays d'esclavage pour se rendre dans la terre promise par Dieu. Mais, peu à peu, il a compris qu'il avait besoin d'une libération plus profonde : celle du péché. À cause du péché originel, tous les hommes sont plongés dans le péché qui les coupe de Dieu et, souvent, ils se détournent de leur Père.

J.-C. Sagne poursuit :

> « Blessé dans sa filiation au plus profond de son origine, l'homme pécheur a peur de Dieu le Père et, par suite, peur du don de la vie sous toutes ses formes. [...] Dès lors, tout symptôme, toute blessure psychique peuvent se relire comme provenant d'un

545. Jean-Claude Sagne, op, *Accompagnement spirituel et vie d'oraison*, éd. des Béatitudes, 2007, p. 127.

trouble de la filiation ; et cela, bien sûr, déjà au plan humain, familial et social [546]. »

Au baptême, plongés dans la mort et la résurrection de Jésus, et remplis de l'Esprit-Saint, nous retrouvons notre identité de fils et filles bien-aimés ; nous sommes guéris de la peur de Dieu par l'amour et nous recevons les arrhes de la vie éternelle. C'est à partir de là que le Père va nous restaurer tout au long de notre vie, si nous lui faisons confiance.

> « Pour accéder à la vérité de notre vie filiale, écrit J.-C. Sagne, nous avons besoin de l'œuvre divine en nous, de la délivrance et de la guérison : c'est en fait désigner notre besoin de salut, qui nous atteint personnellement dans la communication de la victoire pascale de Jésus. Le chemin vers notre propre vie en son accomplissement est notre quête de Dieu, puisque lui seul peut nous donner le salut, la délivrance et la guérison : lui seul peut faire du neuf dans notre vie (cf. Ap 21, 5 ; Is 43, 19 ; 2 Co 5, 17) [547]. »

Jésus accomplit son œuvre de salut pour nous tout particulièrement dans l'Eucharistie :

> « En actualisant le sacrifice de la Croix, l'Eucharistie nous donne Jésus en son accomplissement filial par son offrande totale au Père et elle est en cela déjà le mystère pour nous aussi de notre propre accomplissement filial en Jésus [548]. »

À partir de cette source, c'est tout notre être qui va être renouvelé par l'Esprit Saint.

> « La guérison intérieure est la guérison véritable par l'accès à la vérité de notre condition filiale. Parler de guérison intérieure, c'est désigner la construction de l'homme intérieur que saint Paul évoque dans l'épître aux Éphésiens (Ep 3, 14-19 et 4, 13).

546. *Ibid.* p. 128.
547. *Ibid.* p. 129.
548. *Ibid.* p. 129.

La construction de l'homme intérieur, c'est le travail que l'Esprit Saint opère au fond de notre cœur par la foi. L'Esprit Saint forme en nous l'enfant de Dieu, il nous rend fils ou filles de Dieu par une grâce d'adoption en union à Jésus, le Fils unique de Dieu, notre Frère aîné. Dans cette perspective, la guérison intérieure nous fait recouvrer notre entière liberté filiale, autrement dit l'entière liberté spirituelle, c'est-à-dire la docilité totale à l'Esprit Saint [549]. »

C'est un processus lent et progressif.

« La guérison intérieure n'est habituellement pas le soulagement rapide des symptômes qui nous gênent sensiblement. Dieu est plus que tout pressé de nous conduire à la véritable liberté spirituelle, en nous purifiant à partir du fond de nous-mêmes pour atteindre graduellement notre sensibilité et nos comportements quotidiens [550]. »

Ce sera l'œuvre de toute notre vie. Dans la docilité à l'Esprit Saint, nous vivrons notre vie d'enfant de Dieu ; nous assumerons de mieux en mieux notre responsabilité de père ; nous recevrons progressivement la guérison de nos blessures intérieures. Enfin, à notre mort, nous plongerons dans l'Amour du Père, source de notre être, et vivrons l'épanouissement de notre filiation pour une béatitude éternelle.

Ce livre s'achève, mais notre exode continue. Vivons-le dans la confiance en notre Père et dans un abandon confiant à Celui qui nous aime infiniment.

549. *Ibid.* p. 130.
550. *Ibid.* p. 131.

Prières

Ô Père, voici ma vie

Père, c'est à toi que je m'adresse, avec une confiance tranquille et paisible. Ton Fils m'a appris que tu étais mon Père, qu'il ne fallait pas t'appeler d'un autre nom. Tu n'es que Père.
Père, je viens simplement te dire que je suis ton enfant ; je te le dis sérieusement, et pourtant avec l'envie de rire et de chanter, tellement c'est beau d'être ton fils ; mais c'est sérieux, car tu m'as tellement aimé, et moi si peu.
Père, fais de moi ce que tu veux ; me voici pour faire ta volonté. Ta volonté, je le sais, elle est que je devienne semblable à ton Unique, le Frère Aîné qui m'a appris ton Nom, que je marche par le même chemin. Je sais cela, et avec quel amour je l'accepte !
Ô Père, je n'ai point de force, mais j'ai la tienne. Me voici : travaille en moi, taille et coupe, soulève-moi ou laisse-moi tout seul, je ne te ferai jamais l'injure d'avoir peur ou de croire que tu m'oublies. Et si je trouve la croix très lourde et que je n'y vois plus, je pourrai du moins te répéter inlassablement que je crois à ton amour et que j'accepte ta volonté. Mais je veux boire au même calice que ton Fils. Ô Père, ne me le refuse pas… Mais tu ne me le refuseras pas, puisque je sais que telle est ta volonté.
Père, me voilà ; je n'ai pas fini de te faire de la peine, mais tu ne finiras jamais de me pardonner.
Quant à l'amour, je serai toujours battu… non, car tu me donneras le tien. Tu me donneras ton Amour, ton Fils en qui je pourrai tout.
Seigneur Dieu, voici ma vie, pour que tu en fasses ce que tu voudras, pour que tu en fasses la vie de Jésus-Christ.
Mais tu ne pourras empêcher que, partout où tu m'enverras, joyeux ou désolé, malade ou bien portant, comblé

ou humilié, l'Esprit en moi ne clame vers toi, véhément, appelant ton Amour impérieusement, pour mes frères les hommes qui ne savent pas que tu es Père.
Ô Père, voici ma vie, mais donne-moi mes frères, que je te les rende.
(Père S. Lyonnet)

Prière de bénédiction au Père

A – Béni sois-tu, Père très **A**imant ! Avec ton Fils et l'Esprit-Saint, tu es l'Amour. Tu es la source de tout amour.
B – Béni sois-tu, Père très **B**on ! Avant même la fondation du monde, tu nous as bénis de toutes bénédictions spirituelles aux cieux, dans le Christ. Ta Bienveillance pour nous est infinie !
C – Béni sois-tu, Père **C**réateur ! Tu as tout créé avec sagesse et par amour ; tu nous as choisis en ton Fils de toute éternité : chacun de nous, créé à son image, est une merveille à tes yeux !
D – Béni sois-tu, Père très **D**oux ! Tu as un cœur de Père et de mère à la fois. À notre baptême, tu nous as enfantés à la vie divine dans l'eau et dans l'Esprit. Merci pour Marie, la Mère de ton Fils, que tu nous as donnée pour Mère.
E – Béni sois-tu, Père **E**xcellent ! Tu as créé Adam et Ève de façon merveilleuse. Comme, à cause du péché originel, l'humanité était tombée au pouvoir de la mort, tu nous as sauvés par ton Fils et, à notre baptême, tu nous recrées de façon plus merveilleuse encore. Béni sois-tu pour l'Église, famille de tes enfants bien-aimés, Corps mystique de ton Fils et Temple de l'Esprit !
F – Béni sois-tu, Père **F**idèle ! Tu as choisi Israël et lui as promis un Sauveur. Ce Sauveur, c'est ton Fils, Jésus-Christ ; il est mort pour racheter nos péchés et il est ressuscité pour notre vie ; il est avec nous tous les jours jusqu'à la fin du monde ; il récapitulera en lui tout l'univers.

G – Béni sois-tu, Père très **G**rand ! Par Jésus, ton Amour a triomphé du Mal, du péché et de la mort. Tu nous protèges contre Satan, nous fortifies dans la tentation, et nous fais grandir en sainteté.
H – Béni sois-tu, Père très **H**umble ! Tu t'es penché sur Marie, ton humble servante ; par elle, ton Fils, qui est Dieu, s'est dépouillé pour prendre notre humanité ; puis il s'est humilié jusqu'à mourir sur une croix pour nous sauver. Mais toi tu l'as ressuscité et fais asseoir à ta droite dans les cieux : béni sois-tu, toi qui élèves les humbles !
I – Béni sois-tu, Père **I**mmortel ! Tu étais avant tous les siècles et tu vis éternellement. À notre baptême tu nous as déjà communiqué ta Vie, et, par-delà notre mort, elle s'épanouira pour toujours auprès de toi, avec Jésus, l'Esprit-Saint, Marie et tous les saints.
J – Béni sois-tu, Père **J**uste ! Ta justice te conduit à nous faire ici-bas miséricorde : tu nous justifies dans le Christ. Accorde-nous de vivre selon la justice, dans la docilité à l'Esprit Saint, pour qu'à notre mort, nous n'ayons pas à craindre ton jugement.
L – Béni sois-tu, Père de **L**umière ! Tu as envoyé parmi nous ton Fils, la Lumière du monde, et l'Esprit qui nous conduit à la vérité tout entière. Merci pour l'intelligence que tu nous donnes de tes mystères ; merci pour le Pape et les théologiens qui nous éclairent. Fais de nous un peuple de prophètes dans notre monde enténébré !
M – Béni sois-tu, Père **M**agnanime ! Alors que beaucoup refusent ta lumière, tu prends patience et leur laisses le temps de se convertir. Béni sois-tu pour ton infinie Miséricorde !
N – Béni sois-tu, Père **N**ourricier ! Tu as nourri Adam et Ève au Paradis ; tu as nourri Israël au désert ; tu nous donnes la nourriture pour notre corps, et nous nourris quotidiennement de ta Parole et du vrai Pain de vie : le Corps eucharistique de ton Fils.
O – Béni sois-tu, Père qui **O**rientes les tiens ! Tu es la source de notre vie ; tu as fait de nous tes enfants ; par

tes commandements, transmis par ton Fils, tu nous balises le chemin vers le Ciel où tu nous attends. Merci pour les Pasteurs que tu nous donnes et qui nous gouvernent : ils sont pour nous les ministres et représentants de ton Fils bien-aimé.
P – Béni sois-tu, Père Tout-**P**uissant ! Sans cesse, tu nous accordes ton pardon et nous donnes la paix du cœur. Béni sois-tu pour les prêtres, dont tu as fait les ministres de la réconciliation !
R – Béni sois-tu, Père, **R**oi de l'univers ! Avec ton Fils, tu règnes au ciel pour l'éternité et fais de nous un peuple de rois. Par l'Esprit Saint, tu nous donnes de participer à la victoire du Christ sur le Mal, sur le péché et sur la mort, béni sois-tu !
S – Béni sois-tu, Père **S**aint. Toi seul es Saint ! Nous nous unissons à la louange et à l'exultation des Anges et des Archanges qui ne cessent de proclamer ta gloire ! Fais de nous un peuple de saints !
T – Béni sois-tu, Père, au sein de la **T**rinité ! Béni sois-tu, toi, la source de toute paternité ! Béni soit ton Fils, qui nous a révélé ton immense amour de Père ! Béni soit l'Esprit Saint qui nous donne de le goûter et d'en vivre.
U – Béni sois-tu, Père, toi qui es **U**n avec le Fils et le Saint-Esprit. Tu nous permets de vaincre nos divisions et de tendre vers l'unité dans l'Église, entre confessions chrétiennes, dans nos familles et dans le monde entier. Seigneur, rassemble-nous dans la paix de ton amour !
V – Béni sois-tu, Père, **V**ainqueur du Mal. Tu as déjà lié Satan et un jour, tu le jetteras définitivement en enfer. Alors, tu rassembleras tous tes enfants autour de toi dans le Ciel, pour une béatitude éternelle. Amen !

Petite bibliographie

La famille

Jean-Paul II, *Exhortation apostolique Familiaris consortio sur les tâches de la famille chrétienne dans le monde d'aujourd'hui*, 1982.

Jean-Paul II, « Lettre aux familles », 1994.

Catéchisme de l'Église catholique (CEC) : commentaire des quatrième, sixième et neuvième commandements.

Mgr Jacques Jullien, *Demain la famille,* éd. Mame, 1992.

Cardinal André Vingt-Trois, *La famille, quinze questions à l'Église,* éd. Mame Plon, 2002.

Cardinal André Vingt-Trois, *La famille, un bonheur à construire*, Parole et Silence, 2011.

Le Père

Cardinal Godfried Danneels, *Le Père, Paroles de Vie*, Noël 1998, Service de presse de l'Archevêché, B Malines.

Conseil Pontifical pour la famille, *Paternité de Dieu et paternité dans la famille* (congrès de 1999), Pierre Téqui, 2000.

P. Marie-Dominique Philippe, *Le secret du Père*, éd. Saint-Paul, 2000.

P. Marie-Dominique Philippe, « Sept conférences sur la paternité » aux AFC du Gros Caillou, à Paris, en 1981-82.

Xavier Lacroix, *Passeurs de vie*, Bayard, 2004.

Nombreux ouvrages de psychologues et psychiatres : cf. note p. 172.

LE NOTRE PÈRE

Benoît XVI, *Jésus de Nazareth,* tome I, *Du baptême dans le Jourdain à la Transfiguration*, ch. V, Flammarion, 2007.

Cardinal Godfried Danneels, *Notre Père qui es aux cieux*, Paroles de Vie, Noël 1984, Service de presse de l'Archevêché, B Malines.

Catéchisme de l'Église catholique, § 2759 à 2865.

Mgr Joseph Boishu, *Notre Père*, éd. des Béatitudes, 1997.

LA PATERNITÉ DÉFAILLANTE

Élodie Tibo, *L'inceste*, Guide Totus, Sarment éd. du Jubilé, 2005.

Tim Guénard, *Plus fort que la haine*, Presses de la Renaissance, 1999.

Témoignages dans de nombreux livres traitant de la guérison intérieure.

LA DÉLIVRANCE

Francis MacNutt, *La délivrance pour aujourd'hui*, éd Bénédictines, 2008.

LA GUÉRISON INTÉRIEURE

Nelly Astelli Hidalgo, *La guérison des blessures reçues dans le sein maternel*, éd. Saint-Paul, 2007.

Bernard Dubois, *Guérir en famille*, éd. des Béatitudes, 1998.

Bernard Dubois et Daniel Desbois, *La libération intérieure*, Presses de la Renaissance, 2010.

P. Joseph-Marie Verlinde, *Parcours de guérison intérieure I et II*, Presses de la Renaissance, 2003.

Simone Pacot, *L'évangélisation des profondeurs*, éd. du Cerf, 1999.

Simone Pacot, *Ose la vie nouvelle*, éd. du Cerf, 2006.

Simone Pacot, *Reviens à la vie*, éd. du Cerf, 2007.

Simone Pacot, *Ouvrir la porte à l'Esprit*, éd. du Cerf, 2007.

Le pardon

Jean-Paul II, *Encyclique Dives in Misericordia sur la Miséricorde divine*, 1980.

Jean-Paul II, *Exhortation apostolique Reconciliatio et poenitentia, sur la réconciliation et la pénitence dans la mission de l'Église aujourd'hui*, 1984.

Catéchisme de l'Église catholique, § 1422 à 1498 : Le sacrement de pénitence et de réconciliation.

Mgr Jean Laffitte, *L'offense désarmée*, éd. du Moustier, 1991.

Table des matières

Composition et mise en pages réalisées par
LG Compo - 28200 - Châteaudun
Janvier 2012

Dépôt légal : février 2012
IMPRIMÉ EN FRANCE

Achevé d'imprimer le 14 février 2012
sur les presses de l'imprimerie « La Source d'Or »
63039 Clermont-Ferrand
Imprimeur n° 15696

PEFC/10-31-2008

*Dans le cadre de sa politique de développement durable, La Source d'Or a été référencée IMPRIM'VERT® par son organisme consulaire de tutelle.
Cet ouvrage est imprimé - pour l'intérieur - sur papier offset "Amber Graphic" 80 g provenant de la gestion durable des forêts, des papeteries Arctic Paper dont les usines ont obtenu les certifications environnementales ISO 14001 et E.M.A.S.*